사랑의열매 나눔총서 07

기부의 윤리학

THE ETHICS OF GIVING: PHILOSOPHERS' PERSPECTIVES ON PHILANTHROPY, FIRST EDITION

사랑의열매 나눔총서 07

기부의 윤리학

폴 우드러프,
엘리자베스 애슈퍼드,
브랜던 보쉬,
토머스 E. 힐 주니어,
윌리엄 매캐스킬,
제프 맥머핸,
안드레아스 모겐센,
토비 오드,
크리스틴 스완턴 지음

강선정 옮김, 양옥경 감수

교유서가

발간사

기부의 의무와 자선단체의 선택

사회복지공동모금회는 지난 2008년부터 우리 사회의 나눔 문화 확산을 위해 나눔총서를 시리즈로 발간하고 있습니다. 2008년 나눔총서Ⅰ『비영리조직의 역량강화 보고서*Sustaining Nonprofit Performance: The Case for Capacity Building and the Evidence to Support It*』를 시작으로, 2010년 나눔총서Ⅱ『착한기업을 넘어 : 선진기업들의 전략적 사회공헌』(공저), 2010년 나눔총서Ⅲ『기업 사회공헌활동의 동향과 전략』(공저), 2012년 나눔총서Ⅳ『일곱빛깔 나눔』(공저) 등을 발간해 우리 사회의 나눔 문화 확산과 비영리 조직들의 역량 강화를 위해 노력해왔습니다.

또한 2021년에는 다섯번째 나눔총서인『임팩트 세대: 차세대 기부자들의기부혁명*Generation Impact: How Next Gen Donors are Revolutionizing Giving*』과 여섯번째 나눔총서인『민주사회의 필란트로피: 필란트로피의 역사, 제도, 가치에 대하여*Philanthropy In Democratic Societies: History, Institutions, Values*』를 발간해 차세대 기부자들에 대한 인식 제고와 함께 민주사회에서 필란트로피의 변화에 대해 살펴보았습니다.

그리고 연이어 2022년 올해에도 사회복지공동모금회는 우리 사회의 나눔 문화를 확산하고, 기부에 대한 근본적인 질문에 도움을 주고자 일곱번째, 여덟번째 총서를 발간하게 되었습니다. 그중 일곱번째 나눔총서인 『기부의 윤리학*The Ethics of Giving*』은 번역서로서 다소 난해한 부분도 있지만 기부에 대한 가치와 철학에 대해 우리가 근본적으로 고민해보고 성찰해보아야 하는 여러 내용을 담고 있습니다.

고대 철학자 아리스토텔레스는 "돈을 주는 것은 쉬운 일이고 누구나 할 수 있다. 그렇지만 누구에게, 얼마나 많이, 언제, 무엇을 위해, 어떻게 주어야 하는지를 정하는 것은 누구나 할 수 있거나 쉬운 일이 아니다"라고 했습니다. 한 연구에 따르면 우리나라 국민의 절반 정도가 종교적인 이유를 포함해 여러 가지 이유로 기부를 한다고 하는데 언제, 누구에게, 얼마를, 어디에 기부할지 기부할 때마다 고민이 될 것이라고 생각합니다. 이 책은 왜 기부를 해야 하는지, 누구에게 기부해야 할지, 얼마를 기부해야 할지, 어디에 기부해야 하는지 등에 대해 9명의 철학자들의 주장을 담은 논문을 모은 것입니다. 이들 철학자들은 대체로 이 주제를 처음 다루는 철학자들로 필란트로피에 대한 새로운 관점과 이에 따른 자신들의 생각과 목소리를 철학적 논의로 풀어내고 있습니다.

이 책의 저자들은 기부 행위에 대해 칸트의 '도덕적 의무를 이행하는 것'에서부터 덕윤리, 두터운 기부 개념, 효율적인 이타주의, 그리고 최대선을 이행하라는 공리주의의 입장까지 다양한 사례와 반증을 들어 설명하고 있습니다. 또한 반려동물에 대한 유산 기부가 덜 효율적인 기부인지, 초과의무적인 기부인지에 대한 주장과 함께 반론에 대해서도 언급하고 있습니다. 기부 행위와 관련해 어떻게 하는 것이 기부자의 행복을 증진시키는지에 대한 주장과 동시에 기부금을 필요로 하는 빈곤한 사람들에게 더 많은 선이 행해지도록 기부를 해야 한다고 하는 철학자들의 주장도 싣고 있습니다.

사실 인간 행위에 대한 윤리적 판단은 매우 어렵습니다. 너무나 많은 변수들이 작동하기 때문이지요. 그럼에도 이 책은 현재 기부하고 계시거나 기부를 생각하고 계신 분들이 기부를 왜 해야 하는지, 누구에게, 얼마를 해야 하는지, 어디에 기부할지에 대한 여러 가지 고민들을 어느 정도 해소하는 데 큰 도움이 될 것이라고 생각합니다. 또한 비영리단체에 계신 분들도 이 책을 통해 기부자들의 고민을 미리 파악하고, 기부에 대한 여러 가지 고민에 대해 논리적으로 설명할 수 있는 작은 단초가 될 수 있을 것으로 기대합니다.

끝으로 이번 일곱번째 나눔총서가 발간되기까지 협조와 지원을 아끼지 않은 교유서가 관계자 분들과 다소 어려운 철학적 내용을 꼼꼼히 번역해주신 강선정 선생님, 나눔 윤리와 관련해 깊이 있는 통찰로 이 책의 감수를 맡아주신 이화여자대학의 양옥경 교수님께 감사의 말씀을 드립니다.

2022년 2월

사회복지공동모금회

회장 조 흥 식

감수의 말

기부의 본질은 도덕적 의무

양옥경(이화여대 교수, 사회복지공동모금회 나눔문화연구소 운영위원장)

『기부의 윤리학』이라는 이 책은 개인 기부를 정기적으로 하는 사람들이 어떤 이유로, 어떤 목적으로, 어떤 효과를 기대하며 기부를 하는지 윤리학의 관점에서 풀어낸 학술서이다. 매달 혹은 매년 기부할 곳을 결정할 때 어떤 기준으로 정하는지 윤리학의 이론적 접근을 다양한 시각으로 분석해놓은 전문서이다. 그러면서도 기부자로 하여금 "아, 내가 이래서 이곳에 기부를 했구나"라고 자신의 기부 행위를 돌아보고, "아, 나는 이 문제의 해결을 위해 이곳에 기부를 해야겠구나"라고 기부를 결심할 수 있도록 안내해주는 좋은 지침서이기도 하다.

윤리학은 어렵다. 매우 복잡해 모든 상황에 동일한 기준을 제시하지 않는다. 정론, 반론, 논증, 정설, 역설 등의 과정을 거쳐 분석의 분석을 하는 식으로 말의 향연을 펼친다. 그래서 사실 단번에 읽어내려가기가 쉽지 않다. 윤리학의 추상적 논제가 그대로 등장하는 총 7장의 글로 구성된 이 책은 기부에 관한 다음의 세 가지 핵심 질문에 대한 답을 제시한다.

기부는 왜 해야 하는가? 기부는 의무인가? 그렇다. 기부는 사회의 일원으로서 누구나 가져야 하는 도덕적 의무이다. 이것은 저자들이 이론적인 검증을 통해 내린 공통의 결론이다. 기부가 의무라면 기부하지 않는 사람은 의무를 소홀히 하는 것인데 그렇다면 그것은 괜찮은 것인가? 그렇지 않다. 저자들은 기부의 의무는 지켜져야 한다는 점을 다양한 검증 과정을 통해 윤리학적으로 분명하게 이야기하고 있다.

근대윤리학의 창시자인 칸트는 자신의 저서 『실천이성비판』에서 무제약적 선으로의 의지에 절대권을 부여하면서 인간 이성의 의지에 근거한 절대적이고 보편적인 도덕 원칙을 정립하고 정언명령으로 명명했다. 인간의 이성명령이다. 그래서 인간은 조건이나 단서와는 상관없이 절대적이고 본질적으로 옳은 것은 무조건적으로 수행해야 한다는 것이다. 따라서 인간은 수단이 아닌 궁극의 목적으로 여겨져야 하며 또한 이것은 모든 사람에게 동일하게 적용되어야 한다. 인간 존엄의 가치이다. 칸트의 실천이성윤리에 따르면 우리는 선을 행할 의무를 우리의 의지를 가지고 실행해야 하며, 이것은 강제 없는 강제 의무이며 또한 기부라는 행위로 나타난다는 것이다.

그러나 이 선행의 의무는 불완전한 의무이다. 언제 어떻게, 얼마나 도와야 하는지 명확하지 않기 때문이다. 토머스 E. 주니어힐(Thomas E. Hill Jr.)는 선하게 행동하라는 이 불완전한 의무가 타자의 행복을 자신의 목적으로 삼으라는 엄격한 정언명령에 기인한다고 주장한다. 우리 모두는 행복하고자 하는 도덕적 당위가 있기 때문에 그 도덕적 당위를 우리의 다른 의무를 이행하는 수단으로 삼아야 한다. 즉 불행한 상황에 놓인 타인의 행복 추구를 자신의 의무를 이행하는 수단과 목적으로 삼아야 한다는 것이다. 존 롤스(John Rawls)가 상호부조를 자연적 의무로 본 것과 맥을 같이한다. 그러나 이 의무를 수행하는 어떤 선행들은 도덕적으로 요구할 수 없을 정도로 영웅적인 것도 있는데, 토머스 E. 힐 주니어는 이것을 칸트의 의무를 넘어서는 초과의무라고 했다. 일반적인 선의 의무를 넘어서는 최대선의 의무 이행이라는 것이다.

타인의 행복이 최대의 목적인 선의 의지에서조차도 자선단체에 기부하는 것이 초과의무로 이해된다면 어느 정도 초과의무가 되는지 더 자세하게 살펴보아야 한다고 제프 맥머핸(Jeff McMahan)은 이야기하고 있다. 기부가 초과의무이기 때문에 기부하지 않는 것은 잘못된 것이 아니다. 효율성을 따지는 것도 의미가 없다. 더 효율적인 자선단체에 기부해 더 큰 해악을 막는 것과 덜 효율적인 자선단체에 기부해 더 작은 해악을 막는 것 중 대부분의 사람들은 개인적인 이유로 관심을 갖기 때문에 종종 덜 효율적인 자선단체에 기부하는 것에 전혀 반감이 없다. 그들이 더 큰 해악을 막지 않는 것은 그들이 더 효율적인 자선단체에 기부했다면 덜 효율적인 자선단체에 기부함으로써 편익을 얻는 사람들에게 더 나쁜 결과를 초래하기 때문에 상쇄될 뿐만 아니라 더 효율적인 자선단체에 기부하지 않았다고 해서 더 큰 해악이 일어났을 것이라는 증거가 없기 때문이다.

어디에 기부해야 하는가? 객관적인 측면에서 더 효율적이고 덜 효율적인 단체란 없다. 효율성의 기준은 기부자에게 있기 때문이다. 따라서 어떤 자선단체에 기부할 것인지를 결정하는 것은 효율성보다는 자기 신념에 의한다. 이것은 버나드 윌리엄스(Bernard Williams)가 설명한 자기충실성이라는 것인데, 브랜던 보쉬(Brandon Boesch)는 필란트로피에 대한 공리주의적 접근은 효율성을 담보할 수 있으나 기부자가 평생 자신의 가치관에 근거해 헌신해온 자기충실성에 위협이 될 수 있다고 비판한다. 자기충실성은 기부자가 기부처의 결정권자라는 사실을 간과하지 않고 윤리적 신념을 이행하는 행위에서 나오는 성격 규정이다. 따라서 기부처를 선택하는 데 있어 기부자 자신의 평소 신념과 자기정체성대로 자기충실성에 근거해 결정해야 한다는 것이다. 신중하게 생각해 자신의 신념과 사회의 공리를 최대한으로 증가시킬 수 있는 곳에 기부하는 것이 맞다는 것이다.

효율적 이타주의를 논의하기 위해 엘리자베스 애슈퍼드(Elizabeth Ashford)는 제3세계의 사례를 제시하고 있다. 극심한 빈곤의 구조적 부정의의 시정과 빈곤으로 고통받는 사람들의 생명보호의 위기 상황에 대한 대응, 이 두 가지 의무 중 어떤 것이 효율적 이타주의에 입각한 의무인가를 집중적으로 분석해보아야 한다는 것이다. 구호단체에 기부해야 할 의무는 사람들의 자급적 생계수단을 박탈하지 말라는 1차적 의무가 위반되었기 때문에 발생한다. 엘리자베스 애슈퍼드는 이 위반의 가장 큰 원인은 이것을 방지할 국제규범집행 메커니즘을 이행해야 할 의무를 이행하지 못한 우리의 계속된 실패 때문이라고 비판한다. 그러면서 효율적 이타주의가 극심한 빈곤의 구조적 원인을 외면하고 부정확한 가정과 부적절한 도덕적 프레이밍을 강화한다는 주장을 펼친다. 근본적인 것은 외면한 채 자애로운 기부자와 감사해하는 수혜자로 구분하고, 구원자 코스프레를 하게 되는 경우가 많다는 것이다. 기부는 엄밀하게 말해서 필란트로피적인 것이 아니라 정의의 책무를 다하는 공정한 몫의 기부라고 한 폴 우드러프(Paul Woodruff)의 주장과 일치한다. 그럼에도 우리가 효율적인 구호단체에 기부해야 할 의무는 경제적 권리를 부정의하게 박탈당해 인권침해 수준에 놓인 사람들을 돕는 예비 차원의 보완적 의무 때문이다. 보완적(backup) 의무 프레이밍은 빈곤의 부정의한 구조적 기반을 인식한다면 구호단체를 지지해서는 안 된다는 가정의 불합리성을 부각시킨다. 왜냐하면 이것은 해당 정부가 구조를 개혁하고 역량을 갖출 때까지 극도의 위급성을 처리하고 있는 것이기 때문이다. 우리는 양쪽 모두의 도덕적 의무에 동등한 중요성을 부여해야 한다.

얼마를 기부해야 하는가? 피터 싱어(Peter Singer)는 선행 의무에 관한 희생의 원칙을 제시하고 있다. 물론 나는 선행 의무를 희생의 개념과 연동하는 것에는 동의하지 않는다. 그러나 피터 싱어는 우리 힘으로 나쁜 일이 벌어지는 것을 막을 수 있다면, 그 결과 그에 상응하는 도덕적으로 중요한 다른 무언가를 희생시키지 않으면서 그럴 수 있다면 도덕적으로 그렇게 해야 한다는 '희생의 원칙'을 제시하고 있다. 그러나 윌리엄 매캐스킬(William MacAskill)과 동료들은 피터 싱어의 희생의 원칙이 기준이 없어 전 재산을 내놓아야 할 수도 있는 등 너무 과도하다고 지적하면서 '매우 약한 희생의 원칙'을 채택할 것을 주장한다. 또한 소득의 10퍼센트 기부라는 희생의 기준도 제시하고 있다. 이를 성립시키기 위해서는 타자에게 줄 수 있는 편익 대 스스로에게 줄 수 있는 편익을 계산해보아야 한다. 한 실험에서 사람들에게 돈을 나누어주면서 24시간 안에 마음대로 사용하라고 한 뒤 그들의 행복감을 측정했다. 그 결과 자기 자신을 위해 사용한 사람보다 다른 사람에게 사용한, 즉 우발적 소득을 친사회적 지출에 사용한 사람들이 더 큰 행복감을 느꼈다고 보고했다. 저자들은 이 실험을 10퍼센트의 기부는 기부자의 웰빙(Well-being, 안녕감)을 미미하게 감소시키거나 심지어 삶의 질을 보다 향상시킬 수도 있다는 주장의 근거로 제시하고 있다. 그러면서 이 희생이 타인에게는 최소 100배 이상의 더 많은 편익을 제공할 것이라고 주장한다. 따라서 10퍼센트는 도덕이 요구하는 최저치라는 것이다. 부유한 나라의 중산층 시민 대부분은 도덕적으로 타자의 삶을 효율적으로 개선하기 위해 최소한 소득의 10퍼센트를 사용해야 한다는 결론을 내린다. 틀리지 않은 말이다. 물론 이 10퍼센트가 왜 도덕이 요구하는 최저치인지에 대한 논지를 밝히고 있지 않아 설득력이 떨어지는 아쉬움은 있다.

이 책의 감수를 마치면서 나는 독자들에게 **기부 가계부** 또는 **기부 다이어리**를 작성해보기를 제안한다. 나는 사회복지공동모금회 서울지회 배분위원장이던 2005년 12월 EBS 〈생방송 시선〉에 출연해 생활 가계부를 쓸 때 기부 가계부도 작성해보기를 제안해 당시 꽤 좋은 반응을 얻기도 했다. 기부도 할 곳을 미리 정하고 예산도 세워 제대로 기부했는지 결산도 해보는 것이 필요하다는 이야기이다. 아주 작은 선행 의무인 내 소득의 1퍼센트 정도를, 의미를 부여하고, 내가 그 효과를 보고 싶고, 내가 그 영향력을 확산하고 싶은 바로 그런 곳에 기부해보기를 권한다. 생명보호도 좋고, 정의구현이어도 좋다. 국내의 아픈 노인도 좋고, 해외의 빈곤 아동도 좋다. 우리 모두 평소 가지고 있던 신념과 소신에 맞춰 각자가 가진 예산의 범위 안에서 기부의 의무를 이행하며 우리 사회에 선한 영향력을 행사하는 굿필란트로피스트(Good Philanthropist)가 되어 기부 가계부와 기부 다이어리를 멋있게 써보는, 그래서 기부가 일상이 되는 2022년을 만들어보면 어떨까 싶다.

차례

일러두기

- 'philanthropy'는 흔히 '자선'으로 번역하지만 박애, 선행, 나눔 등 다양한 의미를 내포하고 있다. 그러나 학문 분야마다 philanthropy를 정의하는 방식이 다르므로 특정 의미에 국한되지 않도록 원어 발음을 한글로 표기하되, 국립국어원의 외래어표기법을 따르는 대신 비영리 현장에서 보편적으로 사용되는 '필란트로피'로 표기했다.

기부의 윤리학

폴 우드러프(Paul Woodruff)

필란트로피(philanthropy)는 사람과 기관 모두의 생사가 걸린 문제일 수 있다. 어떤 사람들의 삶은 필란트로피에 달려 있고 다른 많은 사람들의 삶의 질 또한 좌우하기도 한다. 필란트로피는 기부금을 지원받는 기관에서 가르치는 우리 같은 사람들에게도 매우 중요하다. 우리는 다양한 대의명분 중에서도 철학을 후원하기 위해 기금을 조성하는 이들에게 의존하고 있다. 그럼에도 불구하고 우리 중 극소수만이 필란트로피의 여러 난제를 직접적으로 다룬다.

필란트로피에서 철학은 윤리학의 다른 주제들보다 더 중요한데 이것은 이론상의 차이가 서로 다른 필란트로피 실천을 가리키기 때문이다. 예를 들어 결과주의는 대체로 생명 구조나 건강 회복과 관련해 가장 큰 선(善)을 행할 수 있는 곳에 기부하라고 촉구한다. 제1세계에 속한 우리에게 이것은 아주 먼 곳의 사람들을 위해 기부해야 한다는 뜻이다. 사회적 관습의 영향을 받은 덕윤리는 기부에 대한 보다 지역적인 접근을 요구할 수도 있다. 그리고 (칸트가 암시하듯이) 정의로운 세상이었다면 부의 원래 주인이었을 이들에게 부를 돌려주라고 부유한 사람들에게 요구하는 것이 정의라면, 정의는 부유한 사람들에게 누가 그들 부의 정당한 소유자인지 판단할 것을 요구한다. 또한 정의는 체제적 빈곤이 침해하는 권리들을 포함한 인권의 보장을 요구할 수도 있다.

우리는 이 책에서 윤리학에 대한 다양한 이론적 접근법을 모색하며 다음과 같은 질문들에 답하고자 했다.

> 기부는 왜 해야 하는가? 인색한 부자들이 이해하지 못하고 있는 것은 무엇인가? 관대함은 유덕한가? 기부는 의무일까? 의무라면 기부하지 않는 것은 분명 잘못일 것이다. 그리고 다음과 같은 질문이 뒤따른다. 필란트로피의 의무는 좁은 의무인가, 넓은 의무인가? 좁은 의무라면 필란트로피의 의무는 특정한 대의명분들에 한정되며, 어쩌면 특정한 만큼만 기부하라고 요구할 수도 있다. 기부의 대의명분과 정도를 어떻게 정할 수 있을까? 하지만 어쩌면 필란트로피는 초과의무적(supererogatory)인 것일 수도 있다. 다시 말해서 의무로서 요구받는 정도를 넘어서는 선행이기에 실천한다면 칭찬할 만하지만 실천하지 않는다고 해서 비난할 수는 없을 것이다. 필란트로피와 이타주의 사이에는 어떤 관계가 있는가—이기적이거나 사리를 추구하는 필란트로피스트는 존재할 수 있는가? 필란트로피스트는 종교, 예술, 교육, 인권, 동물권, 기아나 질병으로부터 생명을 구하는 것과 같은 다양한 대의명분의 가치를 어떻게 측정해야 하는가? 수많은 생명을 구할 수 있을 돈을 예술에 기부하는 것은 잘못된 것인가?

이 책은 탁월한 철학자들의 논문을 모은 것으로 대체로 이 주제를 처음 다루는 철학자들이다. 새로운 생각과 목소리를 필란트로피에 관한 철학적 논의로 이끄는 것이 목표였다. 비교적 친숙한 결과주의적 접근법은 물론 덕윤리와 칸트 윤리학까지 제시될 것이다.

당대의 철학자들은 필란트로피에 대해 윤리학의 다른 주제에서보다 통례에서 크게 벗어난 이론을 가지고 있다. 윤리적인 삶을 살고 있다고 여겨지는 대부분의 사람들은 필란트로피의 대의명분에 거의 기부하지 않는 것 같고 그나마 실행한 기부도 최대로 효율적인 경우가 드물다. 필란트로피를 통해 자신이 할 수 있는 최대의 선을 행하는 사람들은 극소수이다. 그럼에도 대부분의 사람들은 길을 가다가 우물에 빠진 아이를 보았을 때 위험이나 손해 등이 거의 없이 아이를 구할 수 있는 상황이라면 아이를 구해야 한다는 직관을 공유하며, 아이를 익사하게 방치하는 것은 잘못이라는 것에 동의한다. 하지만 거리가 멀면 이러한 직관은 흐려진다. 지구 반대편에서 우물에 빠져 죽어가는 아이에 관한 소식을 듣고도 수표책을 꺼내지 않는 것은 잘못일까?

실제로 자선 기부에서 종종 지역 편향이 나타난다. 이러한 편파성은 비합리적인가? 도덕적 실패를 나타내는가? 만약 그렇다면 대단히 만연한 실패이다. 문제는 또 있다. 즉 자기 지역의 기부는 종교, 교육, 예술에 치우쳐 있다. 이 대의명분들은 꽤 칭찬할 만한 것일 수도 있지만, 기아나 말라리아의 참화(ravage)로부터 아이들을 지키는 대의명분들에 비하면 인류의 고통을 경감시키는 데 기여하는 바는 거의 없다.

대부분의 도덕 이론은 공동의 도덕적 직관들을 어느 정도 설명한다. 칸트는 독자들이 거짓 약속 등의 문제들에 대해 동의한다고 가정한 다음 자신의 이론이 그러한 동의의 근거를 어떻게 제공할 수 있는지 보여준다. 필란트로피의 경우 일부 당대 철학자들은 다른 역할을 맡았다. 이들은 흔히 윤리적 기부로 여겨지는 것의 이면에 존재하는 원칙의 근거를 제공하는 것이 아니라 규범과 다른 종류의 기부를 주장했는데, 이러한 기부를 '효율적 이타주의(effective altruism)'라고 일컬었다. 효율적 이타주의는 가장 큰 선을 행한다는 양적인 증거가 제시될 수 있는 대의명분들에 대한 기여를 요구한다. 효율적 이타주의의 대표적인 옹호자는 피터 싱어(Peter Singer)이며, 이 책의 필자 중 한 명인 윌리엄 매캐스킬(William MacAskill) 역시 효율적 이타주의를 지지하는 유려한 글을 저술했다.

효율적 이타주의를 옹호하기 위해 결과주의자가 될 필요는 없지만 지금까지 등장한 이 운동의 주요 대변인들은 결과주의자들이다. 역시 이 책의 필자인 엘리자베스 애슈퍼드(Elizabeth Ashford)는 정의에 근거해 효율적 이타주의를 지지했다. 칸트주의자들과 덕윤리학자들은 비슷한 결론에 이를 수도 있다. 하지만 더 작은 선을 선택하면 잘못된 것인지에 대해서는 이론마다 차이가 있다. 만약 내가 옥스팜(Oxfam)에 기부하면 가장 큰 선을 행할 수 있는데도 지역 도서관에 기부해 더 작은 선을 행하기로 했다면 잘못된 것일까? 강경한 행위 공리주의자들은 그렇다고 대답할 가능성이 크지만 다른 학파의 윤리학자들은 의견이 다를 것이다. 제프 맥머핸(Jeff McMahan)은 이 책에서 전혀 기부하지 않는 것이 잘못이 아니라면 더 작은 선을 위해 기부하는 것은 잘못되지 않은 것 같다고 말한다. 토머스 E. 힐 주니어(Thomas E. Hill Jr.)는 칸트주의자가 왜 예술과 교육에 기부하는 것에 찬성할 것인지를 설명하며, 브랜던 보쉬(Brandon Boesch)는 공리주의적 고려사항들과 경쟁하는 자기충실성(integrity) 개념을 주장한다. 크리스틴 스완턴(Christine Swanton)의 덕 이론은 이러한 문제들에 관한 새로운 비공리주의적 사고방식들을 제시한다. 나는 정의에 관한 나름의 생각을 후기에 추가했다.

다음은 각 장에 대한 요약이다.

1. 토머스 E. 힐 주니어, '필란트로피 기부의 의무와 선택 – 칸트주의적 관점'

토머스 E. 힐 이전의 철학자들은 칸트의 이론이 필란트로피에 미치는 영향을 거의 탐구하지 않았다. 힐은 칸트 해석에 특출한 이력이 있으며, 칸트가 직접적으로 다루지 않은 윤리적 쟁점에 칸트주의적 방법론을 독자적으로 적용한 철학자로도 유명하다. 주된 방법론은 합리성에 근거한 체계적인 도덕 입법과 관련이 있다. 칸트주의자들은 이것을 인간적인 조건에 적용해 이성의 지배를 받는 인간들이 동의할 만큼의 가치를 얻고자 하는 원칙들을 제안한다.

칸트의 용어로 표현하자면 필란트로피가 이행하는 것은 넓은 의무 또는 불완전한 의무이다. 이것은 타자를 어떻게, 언제, 얼마나 많이 도와야 하는지에 관해 명시적이지 않다는 것을 의미한다. 하지만 타자의 행복을 우리 자신의 목적으로 삼는 것은 엄격한 의무에 포함된다. 다시 말해서 도덕 원칙은 우리에게 필란트로피스트가 되라고 요구하면서도 그 실천에 대해서는 어느 정도의 여지를 남긴다. 그것은 우리가 가족, 친구, 이웃 모두에게 공정할 것을 요구하지 않는다. 토머스 E. 힐이 이해하는 선행의 원칙은 모든 경우에 적용되는 의사결정의 과정이 아니며, 그 어떤 경우에서도 어떤 행위를 취해야 하는지 결정하지 않는다. 결국 선행의 원칙은 도덕 입법 체계에서의 한 가지 원칙이며, 많은 사람들이 더 요구하는 다른 원칙들이 적용되는 경우도 있을 것이다. 예를 들어 (롤스(Rawls)의 것과 같은) 상호부조의 원칙은 본질적으로 칸트주의적이며 선행의 의무보다 확정적이다.

토머스 E. 힐은 여러 반론에 대응하면서 왜 칸트가 자기 자신의 행복이 아니라 타자의 행복을 바라는 의무를 규정하는지 설명한다. 칸트의 주장에 따르면 우리 모두는 자신의 행복을 추구하므로 이를 명령으로 삼는 것은 말이 되지 않는다. 또한 그는 칸트 윤리학이 초과의무, 즉 의무를 넘어서는 것에 관한 우리의 직관을 어떻게 설명할 수 있는지 보여준다. 모든 선행은 타자의 행복을 자신의 목적으로 삼으라는 엄중한 의무를 간접적으로 수행한다. 이 의무하에서 선한 행위는 여러 방식으로 도덕적 가치를 지니며, 어떤—더 많은 것을 요구하는—선행은 성자나 영웅의 것에 속하기도 한다.

토머스 E. 힐은 결론에서 세 가지 난제를 다루는데, 첫번째는 정의이다. 어떤 경우 부의 소유는 정부가 시정하지 못한 부정의의 증거이다(라고 칸트는 지적한다). 그렇다면 부자들에게는 보상이라는 확정적 의무가 주어진다. 이것은 필란트로피가 아니라 정의의 문제이다. 두번째는 우선순위이다. 토머스 E. 힐이 해석하는 칸트주의적 도덕은 가치 있는 대의명분들에 기부하라고 요구하지만, 무엇이 가치 있는지에 관해서는 명확한 지침을 제시하지 않는다. 타자의 기본적인 욕구를 충족시키는 것은 가치 있지만, 칸트가 생각하는 넓은 의미의 인간 존엄성에 중요한 교육과 예술을 후원하는 것도 가치가 있다. 세번째는 동기의 문제이다. 가끔씩 칸트는 동정심에 의한 기부는 도덕적 가치가 없다고 주장하는 것처럼 보이지만, 토머스 E. 힐은 그런 시각이 어째서 지나친 단순화인지 설명한다. 칸트는 도덕적 관점에서 동정심이 어느 정도 가치 있다고 인정한다는 것이다.

2. 크리스틴 스완턴, '덕윤리, 두터운 개념, 선행의 역설'

크리스틴 스완턴은 이 책의 대다수 독자들에게 생소할 수 있는 이론이자 일종의 덕윤리인 두터운 개념 중심주의(Thick Concept Centralism, TCC)를 제시한다. 두터운 개념은 충실성, 상냥함, 사랑, 공정성 등을 포함한다.

옳고 그름과 같은 얇은 개념(Thin concept)은 유덕하게 드러났을 때 두터운 개념에 비하면 기껏해야 부차적인 것이다. 충실한 행위는 언제 유덕한가? 크리스틴 스완턴에 따르면 충실한 행위가 덕의 과녁—아리스토텔레스의 이른바 중용—을 맞힐 때이다. 스완턴은 행위가 유덕하려면 행위자가 유덕해야 한다는 행위자 중심적 관점을 거부한다.

크리스틴 스완턴의 일반 명제는 그의 이론으로 필란트로피의 특정 역설들을 해결할 수 있다는 것이다. 그는 그 역설들이 이른바 복지주의적 결과주의 전통 때문에 발생한다고 보았다. 이 전통은 덕은 제쳐둔 채 도덕은 복지의 관점에서 이해되는 선의 추구에 있다고 주장한다. 크리스틴 스완턴이 반기를 드는 이 전통은 옳고 그름과 같은 얇은 도덕적 개념에 의존하므로 더 좋은 상태보다 더 나쁜 상태를 선호하는 것은 결코 옳지 않다는, 스완턴의 표현에 의하면 단순한 사유에서 멈춘다.

크리스틴 스완턴의 접근법은 우리가 타자와 함께하는 방식을 강조한다. 우리는 '타자와 유대할 필요가 있다.' 우리는 공동체를 지탱하는 여러 자질을 함양해야 하는데, 이러한 자질에는 우리에게 특별한 개인과 단체 그리고 프로젝트에 대한 관심이 포함된다.

크리스틴 스완턴은 자신의 이론이 다음과 같은 역설에 어떻게 대처할 수 있는지 보여준다. (1) 왜 필란트로피는 지나친 요구처럼 느껴질까? 사람들이 단순한 사유에 얽매인 나머지 개인적 유대에 대한 존중으로 필란트로피를 완화하지 않기 때문이다. (2) 왜 초과의무—의무를 넘어서는 것—는 역설적으로 보일까? 덕의무를 '행위자의 본성과 발전에 따라 보정된' 것으로 이해할 수도 있다는 사실을 잊기 때문이다. 성인과 영웅은 그렇게 보정된 의무를 초월하는 이들이다. (3) 필란트로피스트는 이유에 근거해 행동 방침을 정할 수 없을 때 어떻게 해야 할까? 어떤 자선단체를 어느 정도 지원해야 하는가? 여기서 크리스틴 스완턴은 서사적 덕(narrative virtue)이라는 개념을 제시한다. 서사적 맥락에서는 복지 최적화와 무관한 사랑과 충실의 유대 같은 요소들에 의해 유덕한 영향을 받을 수 있다. (4) 나의 기부로 인해 아무것도 달라지지 않는다면 왜 기부를 해야 하는가? 이런 경우에는 기부해야 할 몫이 없는 것처럼 보이는데, 이는 설령 기부하더라도 그로 인한 결과에 나의 지분이 없기 때문이다. 크리스틴 스완턴의 대답은 복잡하다. '달라지는 것이 없는' 경우에 행위 실패는 유덕할 수도 무덕할 수도 있다. 두 경우의 차이를 알려면 두터운 개념이 필요하다. 특히 공정(fairness)을 두터운 개념으로 취급해야 한다.

크리스틴 스완턴의 이론은 다채롭고 생산적이다. 보통 사람들은 그의 이론을 복지주의보다 난해하다고 생각할 수도 있지만 동시에 그 이론의 결론이 필란트로피에 대한 일상적인 생각에 더 가깝다는 것도 인식할 것이다.

3. 제프 맥머핸, '선의 이행과 최대선의 이행'

제프 맥머핸은 효율적 이타주의의 옹호자로서 자신의 논증 결과에 실망한다. 기부가 초과의무적이라면—즉 기부하지 않는 것이 잘못된 것이 아니라면—비효율적 기부가 잘못된 것이 아님이 밝혀진 것이다. 이에 제프 맥머핸은 '우리가 지금까지 생각한 것보다 훨씬 더 작은 선행이 초과의무적'이라는 것을 보여주기 위해 효율적 이타주의자들에게 도전한다. 리오나 헴슬리(Leona Helmsley)가 인류 복지에 한 푼도 기부하지 않은 것이 잘못이 아니었다면 그녀가 인류 복지가 아닌 개들의 복지에 우선적으로 기부한 것은 잘못이 아니다. 제프 맥머핸은 이 결과에 대한 일부 반례들을 면밀히 살펴보고 일련의 미묘하면서도 효과적인 차이점을 도출한다. 더 작은 선의 이행이 잘못된 것처럼 보이는 경우들이 실제로 발견되지만 이것은 더 큰 선의 이행에 추가적인 대가가 전혀 발생하지 않는 경우들이다.

리오나 헴슬리는 개들의 복지에 관심이 있었는데, 만약 자신의 유산을 인류 복지에 사용하기로 마음을 돌렸다면 개들의 복지에 대한 관심을 희생시켜야 했을 것이다. 이러한 희생은 (우리가 처음에 동의하기로 한) 리오나 헴슬리가 이행할 의무가 전혀 없는 것, 즉 필란트로피 실천의 대가에 추가된다. 리오나 헴슬리의 사례는 극단적이지만 우리 중 많은 사람들은 우리가 더 효율적으로 기부한다면 측정 가능한 선행을 더 많이 할 수 있다는 것을 알면서도 자선 기부를 통해 지원하는—예술이나 교육 등—것에 관심을 가지고 있다. 그렇다고 예술에 기부하는 것이 잘못된 것일까?

리오나 헴슬리의 선택에 대한 제프 맥머핸의 변호는 그가 처음부터 밝힌 가정에 의존한다. 문제의 유산은 법적·도덕적으로 리오나 헴슬리가 마음대로 기부할 수 있는 그의 소유라는 것이다. 만약 그 돈이 법적으로는 그의 소유이나 도덕적으로는 그렇지 않다면 리오나 헴슬리는 그 돈이 도덕적으로 속한 곳에 기부할 의무가 있으며, 그렇게 하는 것은 초과의무적이지 않다. 기부가 초과의무적인 것은 도덕적으로 자기 돈에 한해서일 뿐이다. 제프 맥머핸은 기부가 어느 정도부터 초과의무가 되는지 더 면밀히 살펴볼 필요가 있다고 결론을 내린다.

4. 엘리자베스 애슈퍼드, '극심한 빈곤은 부정의한 비상사태'

이 글은 효율적 이타주의에 관한 논의—구조적 부정의를 바로잡는 것이 나은지, 개별적 기부를 통해 구조적 부정의의 결과를 보상하는 것이 나은지—에 크게 기여한다. 제1세계와 제3세계 사이에서 발생한 부정의의 결과는 극심한 빈곤이다. 극심한 빈곤은 최소한의 영양을 섭취할 식단 등

생존에 필수적인 것을 마련할 수 있는 여유가 없는 상태를 의미한다.

쟁점은 부유한 행위자들—본인과 가족의 이익을 해치지 않으면서 극빈층을 도울 수 있는 이들—의 의무가 무엇인가이다. 효율적 이타주의자들은 부정의의 시정을 주장하는 이들에게 방어적인 태도를 취해왔다. 엘리자베스 애슈퍼드는 양측이 마치 경쟁관계에 있는 것처럼 논쟁할 이유가 없음을 보여준다. 효율적 이타주의가 정의의 의무라는 것이다. 극심한 빈곤은 부유한 행위자에게 두 가지 의무, 즉 부정의를 시정할 의무와 극심한 빈곤이라는 비상사태에 대응하는 보완적(backup) 의무를 부여한다. 엘리자베스 애슈퍼드는 인권을 세 가지로 나눈 헨리 슈(Henry Shue)의 분석을 바탕으로 앞의 두 가지 의무가 양립 가능할 뿐 아니라 서로 필연적으로 연결되어 있음을 보여준다. '부유한 행위자가 비정부기구(NGO)에 기부해야 한다는 의무는 보완적 의무로 이해해야 한다. 이 의무는 인간의 자급적 생계권이 부여하는 1차적 의무가 위반되었기 때문에 발생한다.'

이 장에는 효율적 이타주의에 대한 다양한 이론적·실천적 반론에 대한 철저한 검토와 설득력 있는 답변이 포함되어 있다. 비상시 예비책으로서의 효율적 이타주의는 다른 필요한 개입 조치를 대체하거나 훼손하지 않는다. 그의 논증은 여기에서 요약하기에는 너무 복잡하지만 관련 담론에 크게 기여하는 내용이므로 널리 읽혀야 한다는 것은 분명하다.

5. 브랜던 보쉬, '자기충실성 및 정체성과 자선단체의 선택'

브랜던 보쉬는 자선단체 선택에 있어서 선하고 비자의적이며 비공리주의적인 고려사항이 존재함을 보여주고자 한다. 그는 버나드 윌리엄스(Bernard Williams)의 유명한 논증을 바탕으로 개인의 자기충실성이 공리주의적 추론의 근거를 약화시킬 수 있다고 이야기한다. 해악을 막기 위해 평생 헌신해온 가치를 저버리라고 요구받는 경우가 그러한 예일 것이다. 브랜던 보쉬는 정체성 이론을 바탕으로 요구되는 자기정체성이라는 개념을 보다 구체화한다. 그가 보기에 정체성이란 스스로 주장하는 표찰이 아니라 행위를 통해 선택하는 것이다. 정체성을 갖는다는 것은 특정한 이유에 근거해 행위하거나 최소한 진지하게 고려하기 위해 일관되게 선택하는 것이다. 나아가 정체성이 있다는 것은 덕을 구체적으로 예시하는 방식이다.

브랜던 보쉬가 전개하는 이론에서 정체성을 저버리게 되는 때는 유의미한 이유를 고려하지 않을 때뿐이다. 인권이라는 대의명분에 공감하면서도 기부금의 대부분을 다른 대의명분을 위해 기부할 수도 있지만 이것은 인권에 대한 공감에서 나오는 신념을 진지하게 고려할 때만 가능하다. 자선 기부는 정체성과 관련된 질문에 특히 중요한데, 바쁜 사람들이 윤리적 신념을 표현할 수 있는 유일한 방식이 대체로 기부이기 때문이다. 이러한 요소는 일반적으로 필란트로피에 관한 철학 저작에서 간과되어왔다. 윤리적 신념이나 소수 집단에 대한 연대의 표현으로 수표를 쓰는 것은 자의적인 것이 아니다. 기부에는 효율성과 상관없이 타당한 윤리적인 이유가 존재한다. 이 장의 마지막 부분인 유쾌하지만 가치 있는 결론 부분에서 브랜던 보쉬는 모금의 특정 전략(그 유명한 아이스버킷챌린지 등)이 자기충실성에 도전한다고 지적하고 있다.

브랜던 보쉬의 글은 필란트로피라는 주제로 대학원생들 대상으로 개최된 전국 대회에서 소개되었다. 그의 글이 선택된 것은 필란트로피에서 간과하기 쉬운 주제에 대해 독창적이면서도 탁월하게 논증하고 있기 때문이다.

6. 윌리엄 매캐스킬, 안드레아스 모겐센, 토비 오드, '기부는 지나친 요구가 아니다'

5장까지 읽은 독자들은 지나치게 요구적이지 않은 기부는 의무라고 동의할지도 모른다. 그렇다면 지나치게 요구적인 것은 무엇일까? 일부 독자들은 피터 싱어의 희생의 원칙이 과도하게 요구적이라고 생각했다. 이 장의 필자들은 매우 약한 희생의 원칙을 채택한다. 부유한 나라의 중산층 대부분은 수입의 10퍼센트를 (사실상) 효율적 이타주의에 의거해 기부하라는 것이다. 3명의 필자는 이 원칙이 지나치게 요구적이지 않다고 주장하며, 그것이 필란트로피적 의무를 소진시키지는 않는다고 본다.

필자들의 논증은 부가 웰빙(well-being)에 미치는 효과에 근거한다. 극빈층을 위한 작은 부의 증가는 세계에서 부유한 기부자의 부가 그만큼 감소되어 줄어드는 웰빙보다 훨씬 더 많이 극빈층의 웰빙을 증가시킬 수 있다. 즉 효율적 이타주의는 대부분의 사람들이 생각하는 것보다 많은 편익과 적은 비용을 발생시킨다. 이 놀라운 연구와 여기서 도출되는 결론은 널리 알려져야 한다. 엘리자베스 애슈퍼드의 주장과 더불어 이들의 주장을 받아들인 너그러운 독자들은 분명 기부 금액을 늘릴 것이다.

7. 폴 우드러프, 후기 : '정의와 자선 기부'

우리가 자선 기부로 여기는 모든 것이 필란트로피적인 것은 아니다. 그중 일부는 정의를 고려해 요구된다. 이러한 고려는 효율적 이타주의를 가리키기도 하지만 엘리자베스 애슈퍼드가 보여주듯이 다른 방향을 가리킬 때도 있다. 부유한 나라에서 우리 다수의 부와 행복은 다른 사람들에게 강요되거나 다른 사람들이 치른 희생을 바탕으로 획득한 것이다. 그러므로 우리에게는 필란트로피의 의무뿐만 아니라 서로 경합하는 정의의 책무들까지 있을 수 있다.

필란트로피 의무는 광범위하고 이행방식이 다양할 수 있다. 정의의 의무는 분명 더 좁아야 하는데, 특정 수혜자들에게 그리고 (일부의 경우) 특정한 만큼 이행되어야 한다.

후기에서는 우리가 정의에 의해 갖게 될 수 있는 나눔의 책무에 대한 범위를 알아보고, 공정한 분배의 논증을 도입하며, 승차를 전혀 원하지 않을 수도 있는 무임승차자에 관한 문제에 대해 논한다.

이 책에서 나의 글은 내 아버지 아치볼드 M. 우드러프 주니어(Archibald M. Woodruff Jr., 1912~1984)에게 바친다. 아버지는 재산의 대부분을 자선적 대의명분을 위해 기부하거나 유증했다. 나는 아버지의 뜻을 이어받아 그리고 이 책에서 이야기하고 있는 주장들에 영향을 받아 효율적 이타주의자들이 가장 효율적으로 여길 대의명분을 위해 전적으로 기부하지는 않지만 소득의 10퍼센트 이상을 정기적으로 기부하고 있다. 내가 받은 교육 덕분에 그동안 나의 생활과 소득이 가능했기에 그 돈의 일부를 교육 분야에 환원하는 것이 옳다고 생각했다. 여기에는 필란트로피에 관한 우수한 최근의 작업이 대부분 실시된 옥스퍼드대학의 철학 연구가 포함되어 있다. 또한 비슷한 이유에서 예술 분야에도 선별적으로 기부하기도 했다. 나는 필란트로피가 민감한 주제라는 것을 잘 알고 있다. 이것은 실제로 가치와 개인 정체성이라는 내밀한 쟁점을 건드리기 때문이다. 브랜던 보쉬가 지적하고 있듯이 기부는 기부자가 어떤 사람이며, 어디에 자신의 책무가 있다고 여기는지에 관한 기부자의 의식을 반영한다. 필란트로피에 대해 글을 쓰는 사람들은 자신의 주장대로 돈을 사용해야 한다. 나는 그렇게 하려고 노력해왔다.

| 1장 |

필란트로피 기부의 의무와 선택 -칸트주의적 관점

토머스 E. 힐 주니어(Thomas E. Hill JR.)

왜 부자는 다른 사람의 삶을 개선하기 위해 자신의 자원을 나누어야 할까? 필란트로피는 의무인가, 개인의 도덕적 선택인가, 아니면 도덕적으로 선한 행위이기는 하나 의무는 아닌 어떤 것인가? 필란트로피가 의무라면 어느 정도 기부해야 하는가? 필란트로피스트가 어떤 대의명분에 기여하는지가 중요할까? 실천에 있어서도, 도덕 이론상으로도 어려운 질문들이다. 답을 찾다보면 다음과 같이 보다 일반적인 질문들에 직면하게 된다. 부자이든 아니든 자신의 재화를 다른 사람에게 주어야 할 이유가 무엇인가? 무엇을, 언제, 누구에게, 얼마나 주어야 하는지 어떻게 정할 수 있는가? 질문하는 사람의 상황이 중요하겠지만 상황의 어떤 요소들이 관련이 있을까? 예를 들어 어떻게 얻은 부인지, 빈곤에 대처하는 제도가 정당한지, 기부가 인간의 기본 욕구들을 충족시키는지, 수혜자가 자격이 있는지, 기부의 동기가 올바른지 등이 중요할까? 이 글에서 나는 이러한 질문들 중 일부에 대해 넓은 의미의 칸트주의적 관점에서 답하고자 한다.

먼저 내가 생각하는 칸트의 도덕 이론에 대한 요점을 제시할 것이다.

여기에는 타자에게 도움을 주는 것에 관한 칸트의 일반 원칙과 보다 구체적인 도덕 원칙을 비판적으로 평가할 수 있는 도덕적 관점에 대한 추상적인 칸트주의적 관념이 모두 포함된다. 그런 다음 내가 이해하는 칸트주의적 입장에 대한 다음의 반론들을 살펴볼 것이다. (1) 데이비드 커미스키(David Cummiskey)는 내가 해석한 칸트의 타자를 돕는 의무가 **무기력하다**고 주장한다. 도덕이 즉각적인 행동을 요구하는 경우 타자를 돕는 것을 선택사항으로 간주하기 때문이다. (2) 마이클 슬로트(Michael Slote)는 칸트의 주장은 타자의 행복보다 **자신의 행복을 등한시할 것을 요구하며** 자신을 타자보다 덜 중요하게 여기게 한다고 비판한다. (3) J. O. 엄슨(J. O. Urmson)의 유명한 반론에 따르면 칸트주의 윤리학은 타자를 도우려는 성자나 영웅 같은 행위 중 일부가 **초과의무적**(supererogatory)이라는—선한 행위이나 의무의 영역을 넘어선다는—합당하고 상식적인 생각을 부정한다. 마지막으로 나는 선한 대의명분을 지지하라는 부자들의 도덕적 의무의 본질과 범위에 관한 보다 구체적인 질문들에 칸트주의적 관점을 어떻게 적용할 수 있는지 짧게 고찰할 것이다. 예를 들어 얼마를 기부해야 하는지 정할 때 **어떻게 축적한 부인지, 궁핍한 이들이 도움받을 자격이 있는지의 여부**가 중요할까? 인간의 기본적인 욕구를 충족시키는 것이 단순히 호의를 베푸는 것보다 중요할까? 어째서 비교적 시시한 취미보다는 교육과 예술을 육성해야 하는가? 칸트는 이러한 구체적인 질문들에 명확하게 답을 하지는 않았지만 그의 도덕 이론은 그 질문들과 관련이 있다.

연구 배경 및 최고의 도덕 원칙(들)

윤리에 관한 칸트의 저작은 방대하고 오랫동안 널리 알려졌으며, 이를 다양하게 해석하고 동조하거나 비판하는 논평 역시 무수히 많다. 이 글의 목적을 위해 이러한 논평을 모두 (가장 훌륭한 것들조차) 심도 있게 살펴볼 수는 없지만 기본적인 일부 관념과 칸트의 도덕 이론 및 최고의 도덕 원칙의 정식은 간단히 되짚어보고자 한다. 그런 다음 이어지는 절에서는 모든 정식들 중 최고의 것들을 결합시키는 원칙에 대한 나의 해석 또는 재구성을 필란트로피 기부에 대한 우리의 질문처럼 보다 구체적인 윤리적 질문과 관련 있는 방식으로 약술할 것이다. 나의 목표는 칸트를 옹호하는 것이 아니라 일부 핵심 개념을 설명하고, 현시대의 칸트**주의적** 이론이 그런 개념들을 어떻게 확장시킬 수 있는지 고찰하는 것이다.

우리는 칸트의 도덕철학의 두 가지 측면을 구별할 수 있는데, 개략적으로 메타윤리학과 규범윤리학이라는 친숙한 구분이다. 메타윤리학에서는 ('당위(ought)'나 '의무(duty)' 같은) 일반 도덕 개념에 대한 칸트의 **분석**(내지는 설명)과 그의 관점에서 그 개념들이 전제하는 (의지의 자율성 같은) 특수한 철학적 관념을 분류할 수도 있다. 최고의 도덕 원칙을 식별하고 '수립하기' 위한 칸트의 **논증**도 메타윤리학에 속한다고 볼 수 있으며, 자유롭고 자율적인 의지라는 자신의 관념을 경험과학의 전제들과 조화시키려던 그의 영웅적인 시도 역시 그러할 수 있다. 우리의 목적을 위해 가장 중요한 점들은 다음과 같다.

1. 도덕적 선택을 이끌고 제약하는 것은 도덕적 이유에 대한 존중이어야 하며, 이를 위한 전제는 이성적 행위자들이 합리적 선택의 일반 원칙을 암묵적으로 수용하고 대체로 따르는 것이다. 이 원칙 중 일부는 가언명령(이라고 내가 부르는 것)을 예시하는데, 신중함 및 도구적 선택과 관련이 있다. 정언명령 정식들에 표현된 최소한 한 가지의 다른 필

요한 합리적인 원칙은 도덕적으로 요구되는 의도 및 선택과 관련이 있다.

2. 도덕 원칙은 인간존재 그리고 우리처럼 합리적인 원칙을 따르거나 쉽게 위반할 수 있는 모든 존재에 대한 **명령**이다. 명령은 합리적인 원칙이 지시하는 대로 행동**해야 한다**는 심지어 **반드시** 행동**해야 한다**는 관념을 표출한다.[1]
3. 도덕명령들은, 적어도 가장 근본적인 명령(들)은 특정한 방식으로 행동하기를 (합리적으로) 선택해야만 하고, 이것은 그 행동이 행위자의 행복을 증진시키거나 개인적인 목적을 달성하게 돕기 때문이 아니라는 관념을 표출한다. 운이 좋은 행위자는 도덕적 행위로 인해 행복이 증진될 수도 있지만 이것이 도덕적이어야 하는 이유는 아니다.
4. 정언명령에 표현된 합리성의 근본적인 요구는 **선험적 종합** 원칙('**순수** 실천이성의 원칙')일 것이나, 인간의 조건과 행위자의 특수한 상황에 도덕 원칙을 구체적으로 적용하기 위해서는 경험적 사실이 필요하고 중요하다(*G* 220-221 [4:419-420]).
5. 선택과 관련한 특수한 상황에 대한 정서적 상태와 감정에도 불구하고 책임감 있고 도덕적인 행위자라면 누구나 도덕적 요구를 인식했을 때 그것을 따를 수 있는 능력(또는 '자유')을 가지고 있으며, 적어도 가장 중요한 도덕적 선택에서 도덕이 요구하는 바를 알 수 있다고 전제해야 한다.

이러한 칸트의 도덕철학의 **메타윤리학적** 측면은 중요하고 논쟁적이며 학자들에게 까다로운 문제이지만, 이 글의 목적을 위해서는 칸트의 **규범**윤리 이론에 집중하는 것이 최선이다. 여기에는 『윤리형이상학 정초

Groundwork for the Metaphysics of Morals』에서 최고의 도덕 원칙을 설명하고자 한 유명한 시도와 『윤리형이상학*The Metaphysics of Morals*』에서 반복적으로 등장하는 정의와 미덕이라는 쟁점에 미치는 최고의 도덕 원칙의 영향을 상술 및 예증하려는 차후의 시도가 포함된다. 칸트는 정언명령 정식에서 표현한 최고의 도덕 원칙이 도덕적으로 포괄적이고 무조건적으로 합리적이며, 일반적인 도덕적 이해에서 전제된다고 주장했다. 인간의 기본적인 욕구와 약점, 합리적·도덕적 능력은 물론 취약성까지 고려해 인간 조건에 체계적으로 적용할 경우 최고의 도덕 원칙은 비교적 명시적이면서도 상당히 추상적인 인간을 위한 사회적 정의와 개인적 미덕의 특정 원칙들을 규정한다. 이 원칙들은 개인의 윤리적 결정뿐만 아니라 법체계 및 국제관계를 위한 합리적·이성적 기준에 관한 칸트의 관념을 나타낸다.

유명한 세 가지 정식에는 도덕의 근본적인 요구가 (약간의 변형이 가미되어) 요약되어 있다고 여겨진다(*G* 221-237 [4:420-437]). 개략적으로 보편법칙의 정식은 우리가 보편법칙이기를 바랄 수 있는 준칙에 따라서만 행위하라고 한다. 인간성 정식은 인류를, 각각의 인간을 수단으로서가 아니라 항상 목적으로서 대하라고 한다. 목적의 왕국 정식은 가상의 목적의 왕국에 있을 법한 법에 따라 행동하라고 한다. 정식들과 그 상호관련성에 대한 해석은 매우 다양하다. 비평가들은 충분히 예측 가능한 반론들을 제기했고, 칸트주의자들은 종종 유용한 보충과 수정을 제안하면서 대응했다.[2] 나는 여기서 그 막대한 문헌을 검토하지는 않을 것이며, 대신 보다 구체적인 도덕 원칙들과 그 한계를 평가하기 위한 칸트의 기본 틀을 재구성해 요약할 것이다. 이 기본 틀은 자선 기부의 목적과 타자의 행복을 추구하라는 일반적 책무, 그리고 절박한 곤경에 처한 이들을 도우라는 특수한 의무에 관한 우리의 생각을 이끌고 제약하기 위한 것이다.

도덕적 원칙과 선택을 고찰하기 위한 칸트주의적 틀

논쟁의 여지가 있으나 칸트의 정언명령 정식들은 어떤 근본적이고 신중한 관점의 다양한 측면을 표현하기 위한 것이다. 다른 정식들에서 나온 관념들을 결합하는 정식은 **우리는 언제나 가상의 목적의 왕국 법을 따라야 한다**이다. 이 이상적인 도덕 국가는 합리적이고 자율적인 사람들의 결합체로 정의되는데, 이들은 자신들이 **저자**이자 **주체**인 공동의 도덕 원칙을 따른다.[3] 구성원들은 서로를 '목적 그 자체'로서 존중한다. 각 개인의 인간성은 무조건적이며 비교 불가능한 가치인 존엄성을 가지고 있다. 인간은 '의지의 자율성'을 가지고 있으며, 따라서 입법자로서 그들은 '개인적인 차이를 무시하고' 모두가 승인할 수 있는 법만 제정한다. 가장 근본적인 도덕적 요구는 이 이상적인 도덕 결합체의 모든 구성원이 수용할 수 있는 보다 구체적인(또는 중위적인) 원칙들에 부합하는 것이다. 좀더 일반적으로 이야기하면 모든 합리적이고 도덕적인 행위자들에 의해 그리고 그들을 위해 승인되는 한 이러한 원칙들을 권위 있는 것으로 보아야 한다는 것이다. 그 행위자들은 개인적인 차이는 제쳐두고 각 개인의 인간성에 내재된 **존엄성**을 존중하는 원칙을 찾아내고자 한다. **인간성**이란 한 사람의 합리적 능력, 즉 단순히 자신을 목적으로 삼는 것뿐만 아니라 일관되게 생각하고, 사실을 이해하고, 각자의 목적과 수단을 조정하고, 합리적이고 도덕적인 요구들을 각자의 행복이나 개인적인 목적을 추구하는지와 무관하게 인정하고 존중하는 능력이다.[4] 나는 종종 이러한 추상적인 개념들로부터 칸트 텍스트 너머의 칸트**주의적** 숙고의 틀을 개발할 수 있다고 제안했다. 이 틀은 명시적인 도덕 원칙들을 평가하고, 여러 잠재적인 갈등을 조화시키기 위해 노력하며, 가능한 예외에 대해 숙고하기 위한 하나의 관점이다(Hill 2012,

Chapter 8, 10, 11, 14; Hill 2016).

여기서 도덕 입법 관념은 칸트의 보편법칙과 인간성 정식들만 채택해 일반적으로 해석한 것보다 몇 가지 명백한 이점이 있다.[5] 예를 들어 그 관념은 우리의 도덕규범들이 상호작용하는 방식에 관한 체계적인 사고를 장려한다. 법과 윤리를 융합하는 일 없이 우리는 규칙과 법칙을 함께 평가해야 한다는 것을 비유를 통해 알 수 있다. 어떤 법의 맥락에서는 '보편법칙'으로서 타당할 수도 있는 것이 다른 법의 맥락에서는 용납되지 않을 수도 있다. 예를 들어 만약 정의법이 정부의 복지를 요구하지 않는다면 우리는 불우한 이들을 위한 개인적인 지원에 대해 좀더 까다로운 요구사항들이 필요할지도 모른다. 또한 체계적 사고는 원칙들 간의 잠재적인 갈등을 드러내고, 이런 갈등을 어떻게 처리할지에 관한 광범위하고 비판적인 성찰을 야기한다. 법과의 비유는 입법자들이 합당한 한계와 예외를 구체적인 규칙들에 허용하면서도 근본적인 도덕적 관점을 자신들의 헌법으로 계속 긍정할 수 있음을 시사한다. 더욱이 보편법칙의 정식으로 **준칙**을 시험하려는 시도가 야기하는 문제들을 감안할 때 입법적 관점은 더 유망하기까지 하다. 왜냐하면 입법적 관점을 적용하면 무엇이 허용 가능한지 정하기 위해 개인의 행위와 의도에 관한 가장 두드러진 서술을 선택할 것을 요구하지 않기 때문이다. 만약 모든 진실한 서술에서 행위자의 의도적인 행위와 방침이 '제정된' 도덕 원칙의 체계와 양립할 수 없다면 그것들은 금지될 것이다. 이러한 원칙은 모두가 따라야 하는 도덕'법칙' 또는 객관적 준칙이므로 그 원칙과 일관되게 바랄 수 없는 개인적 준칙에 따라 행위하는 것은 잘못된 것이다.

칸트의 모델을 관대하게 적용하려면 모두가 항상 원칙을 지키는 이상적인 세계에서만 적절한 원칙을 찾는 것이 목적이라고 추정해서는 안 된다. 우리의 관심사는 현실세계의 실제 인간들을 위한 도덕적 요구인데, 대부분의 현실세계 사람들은 약하고 무지하며 일부는 부패하고 심지어 악하기까지 하다. 칸트의 모델은 **실제적**이고 위험할 정도로 불완전한 세상에서 **불완전한**(비이상적) 도덕적 행위자들을 위한 중위적 도덕 원칙을 어떻게 표명하고 평가할지에 관한 하나의 **이상(理想)**을 제공한다. 다시 말해서 우리는 숙고중인 입법자들이 현명하고 정보에 밝으며 일관되고 무관한 편견에서 자유롭다고 생각해야 하지만, 입법자들이 숙의중인 것은 대체로 어리석고 정보에 어두우며 일관되지 못하고 개인적인 편견에 사로잡힌, 즉 실제적인 인간 조건에 구애되는 그들 자신을 포함한 모든 사람에게 적합한 원칙이다. 이것은 입법자들이 별다른 생각이나 노력 없이 쉽게 따를 수 있도록 기본적인 도덕적 요구를 희석해야 한다는 뜻은 아니지만, 원칙은 유능한 성인이라면 누구나 이해하고 따를 수 있어야 하며, 경솔하고 게으르고 나약하거나 부패한 사람들이 옳은 행위를 하지 못해 직면하게 되는 문제에 적절하게 대응할 수 있도록 사려 깊고 양심적인 사람들을 이끌어야 한다. 이러한 인간적 한계의 존재를 무시한 윤리는 교화된 천사들의 세상에서나 적합하다. 예를 들어 자선적 대의명분에 얼마를 기부해야 하는지에 관한 원칙을 고안할 때 실제로 모든 사람이 문제 해결을 위해 '자신의 공정한 몫'을 행하지 않을 개연성을 간과해서는 안 된다. 이는 남을 돕지 않으려는 이들을 용인하는 것이 아니라 명백한 것을, 즉 그들이 옳은 일을 하고자 하는 사람들이 직면하게 되는 문제의 원인이 된다는 것을 인정하는 것이다.

칸트의 추상적 모델을 조정 없이 적용할 때 발생하는 문제는 또 있다. 칸트의 이상적인 목적의 왕국에서는 완전히 합리적이고 자율적인 도덕률 입법자들 모두가 그들이 제정하는 법칙이나 원칙에 **동의**하지만, 현실세계에서는 우리가 알고 있다시피 가장 양심적인 숙고자들조차 동의하지 않는 경우가 종종 있다. 그렇다면 칸트의 도덕적 입법 모델은 독립적인 도덕적 진실을 확신에 차서 결정할 수 있게 하는 절차라기보다는 도덕 원칙에 관한 **양심적** 성찰을 위한 이상적인 관점으로 해석하는 것이 최선일지 모른다. 만약 그렇다면 우리는 이성적인 선의의 사람들이 종종 동의하지 않는다는 사실을 인정하고 다른 이들과 충분히 상의한 후 스스로 최선의 판단을 내려 칸트주의적 숙고의 관점을 채택한 모두가 승인하고 다른 이들에게 권할 만한 원칙들에 부합되게 행동하는 것을 **옳은 행위에 매진하기 위한 우리의 기준**으로 삼게 될 것이다. 우리는 이렇게 온건한 방식으로 칸트**주의적** 이론을 해석하는 것이 도덕적 의사결정을 이끄는 원칙을 **제안하고** 모든 이성적 인간이 실제적으로 동의할 만한 가치를 **열망한다고** 보는 것이지, 원칙이 유효하거나 양심적인 의사결정의 지침으로서 실제적 동의가 필요하다고 주장하는 것은 아니다.

칸트의 불완전한 의무로서의 선행과 상호부조

「덕론Doctrine of Virtue」(『윤리형이상학』 2부)에서는 (합리적으로 유능한) 모든 인간에게 적용하기 위한 보다 실질적인 도덕 원칙에 관한 칸트의 가장 포괄적이고 체계적인 설명을 하고 있다.[6] 여기에는 재산, 계약, 결혼, 공정한 헌법 규정, 국가의 강제 및 처벌 권한, 국제적·범세계적 권리 등에 관한 법과 정의(Recht)의 원칙들이 포함된다. 모든 인간을 위한 실질적인 도덕 원칙에는 '자신에 대한 의무'(자살, 거짓말, 비굴, 부절제, 자위, 자기개발 등)와 '타자에 대한 의무'(존경, 사랑, 감사, 우정 등)가 있다. 이 글의 주제와 특히 관련이 있는 것은 타자를 위한 **실천적 사랑**의 의무인데, 이것은 타자의 행복을 추구하라는 의무와 빈곤한 사람을 도우라는 (때때로 융합된) 더 명시적인 의무를 포함한다(*MM* 198-208 [6:448-461]). 의지로 애정을 가질 수는 없으므로 **실천적 사랑**을 갖는 것만이 우리의 **의무**이다. 이는 우리가 우연히 느끼게 될 수 있는 감정과 무관하게 타자에게 **선하게 행동하는** 것이다. 이 의무는 타자의 **허용 가능한** 목적을 추구하는 것이고, 타자의 목적이 허용 가능하다고 추정되면 우리는 우리가 정의하는 대로가 아니라 타자가 생각하는 대로 타자의 행복에 기여해야 한다. 우리가 진정 다른 사람들의 행복을 목적으로 삼는다면 당연히 그들을 단지 기쁘게 하거나 호의를 베풀거나 개인적인 특정 프로젝트를 도우려고 하지 않을 것이다. 더 중요한 것은 그들이 생존과 건강을 위한 기본적인 자원, 교육과 문화를 위한 기회를 가지고 사랑하는 사람들의 지속가능한 미래를 보장받는 것이다.

선행이라는 이 일반적인 의무는 **불완전한 의무**이다. 이것은 적어도 어떻게, 언제, 얼마나 타자를 도와야 하는지 명확하지 않다는 뜻이다.[7] 칸트의 도덕 체계에서 불완전한 의무는 정의, 자기 존중, 타인 존중이라는 보다 엄격한 **완전한** 의무의 제약을 받는다. 예를 들어 우리는 종종 기부할 자선단체나 기부 방법 등을 선택할 수도 있지만, 결코 정당하게 취득한 다른 사람의 재산을 훔치거나, 자선적 대의명분을 위한 기금을 얻기 위해 굴욕적이거나 비굴한 방식으로 잠재적 후원자들을 속이거나 구걸하거나 '아첨해서는' 안 된다. 또한 중요한 것은 다른 사람을 존중하지 않거나 그의 자존심을 상하게 하는 방식으로 다른 사람을 도우려고 해서는 안 된다.

칸트의 도덕 체계에서 **선하게 행동하라**는 광범위하고 불완전한 의무는 **타자의 행복을 자신의 목적으로 삼으라**는 엄격한 덕의무(정언명령)에 기인한 것이다. 다시 말해서 이 일반적인 의무는 우리가 어떻게, 어느 정도까지 타자를 도와야 하는지 정확하게 명시하지는 않지만 허용 가능한 목적

달성 능력에 기여하라는 중대한 약속을 자신의 개인적인 목적에 포함시켜야 한다는 **엄격한 비선택적(nonoptional) 의무**이다. 다른 사람을 돕는 일에 다소 무심하다고 해서 **악한** 사람이 되지는 않지만, 선행의 원칙을 거스르며 다른 사람의 행복 추구를 자신의 중대한 목적으로 삼는 것을 거부한다면 악한 사람이 되는 것이다(*MM* 153 [6: 390]).

특수한 선행의 사례 중 하나는 궁지에 몰린 사람들, 예를 들어 생존과 견딜 만한 생활에 대한 기본적인 욕구를 충족시키기 위해 즉각적인 도움이 필요한 사람들을 돕는 것이다. 이러한 맥락에서 추정컨대 도와야 할 의무가 타자의 행복 추구라는 일반적인 의무보다 확정적이고 엄격해질 수 있다. 어떤 사람이 쉽게 도울 수 있을 때(그리고 다른 사람들은 도울 수 없거나 도울 생각이 없을 때) 돕지 않는 것은 정언명령에 의해 반드시 잘못되었다고 판단될 것이기 때문이다. 타자의 행복을 그 자체로 추구하라는 일반적이고 불완전한 의무는 칸트주의 윤리학이 타자 돕기에 관해 이야기하고자 하는 것을 모두 대변하지는 않는다(그럴 수도 없다). 이것은 모든 조건에서 모든 사람을 위한 최소한의(최저선이나마) 요구이다. 타자에게 무관심해서는 안 되며, 타자의 행복을 목적으로 여겨야 한다는 것이다. 그러나 다른 고려사항들도 관련이 있을 수 있다. 예를 들어 나는 쉽게 도울 수 있지만 다른 사람들은 아무도 도울 수 없고 도우려고도 하지 않는 급박하게 위험한 상황에서 내가 돕지 않는 것은 위기에 처한 사람의 인간성에 무관심함을 거의 확실하게 증명하는 것이며, 이것은 설령 내가 일반적으로 타자의 행복을 나의 목적으로 여긴다고 해도 마찬가지이다. 칸트주의적 도덕법칙의 입법자들은 인간성이나 합리적·자율적으로 사는 능력을 그 자체로 목적이자 무조건적이고 비교 불가능한 가치로 여겨야 한다. 따라서 '가격'만 있는 상대적으로 사소한 것을 포기하면 쉽게 막을 수 있는데도 굶어죽거나 충격적으로 비참한 환경에서 사는 사람을 방치하는 것은 인류의 존엄성에 반하는 일이라고 간주한다.

이와 같이 급박한 (지역적·세계적) 경우가 아니라면 우리가 **누구의** 행복을 추구할지 선택할 때 자유롭게(그리고 잘못 없이) 사랑하는 사람들을 위해 편파적이어도 괜찮을까? 도덕적 관점에서 보면 그 누구의 행복도 본질적으로 다른 사람의 행복보다 더 중요하지 않지만, 이것은 각 개인이 타자를 도울 때 공평한 신의 관점을 가져야 할 의무가 있다는 의미는 아니다. 칸트는 누구나 타자의 행복을 **바라야** 한다고 설명한 뒤("모든 타자의 안녕에서 기쁨을 얻기") 이웃을 사랑하라는 성서의 명령은 "타자의 안녕과 행복을 나의 목적으로 삼는 **실천적** 자애(선행)"를 의미한다고 설명한다(강조는 필자). "바람에 있어서 나는 모든 이에게 **똑같이** 자애로울 수 있는 반면, 행위에 있어서 나는 준칙의 보편성을 침해하지 않으면서도 사랑의 상이한 대상에 따라(어떤 이는 다른 이보다 나에게 더 중요하다) 그 정도를 매우 달리할 수 있기 때문이다"(*MM* 200-201 [6:451-452]).

따라서 선행이라는 일반적인 의무를 이행함에 있어 가족과 친구에 대한 편파성은 특별한 상황을 제외하고는 반대할 만한 것이 되지 못한다. 또한 나는 일부 논객과는 달리 칸트는 분명 긴급한 상황 이외에는 자신의 행복을 추구할 수 있는 광범위한 영역이 존재하며, 타자의 허용 가능한 목적이 자신의 것과 상충할 때 항상 타자를 우선시할 필요는 없다고 생각했을 것이라고 본다.

지금부터는 칸트의 입장 또는 그에 관한 나의 이해에 대한 반론들을 살펴볼 것이다. 데이비드 커미스키와 마샤 배런(Marcia Baron)은 칸트의 입장에 공감하지만 그것에 관한 나의 설명에는 부분적으로 반대하며, 마이클 슬로트와 J. O. 엄슨은 각자 이해한 바에 따라 칸트를 비판한다.

타자를 도우라는 칸트주의적 의무는 지나치게 무기력한가?

데이비드 커미스키(1996, 219ff.)는 '칸트주의적 결과주의'를 옹호하면서 칸트의 선행 원칙에 관한 **탄탄한** 해석을 주장한다.[8] 데이비드 커미스키는 인간성과 결부된 가치(생각하고 배우고 추론하고 목표를 정하는 능력 등)가 '가격'만 있는 가치(물질적인 것과 사소한 쾌락)보다 우선해야 함을 인정한다. 그러나 그에 따르면 그 우세한 가치들은 여전히 서로 균형이 잡혀 있으며 최대한으로 추구되어야 한다. 따라서 데이비드 커미스키가 타자를 도우라는 칸트주의적 의무를 지나치게 요구적인 것으로, 임의적 선택의 범위를 심각하게 제한하는 것으로 보는 것은 놀라운 일이 아니다. 데이비드 커미스키는 내가 해석한 그 의무가 지나치게 많은 중요한 선택들을 임의적으로 허용하기 때문에 무기력하다고 주장한다.[9] 그는 다음과 같은 예를 들어 입장을 분명하게 밝혔다. 해변에서 휴식을 취하고 있던 건장한 수영선수가 배가 뒤집어져서 많은 사람들이 살려달라고 외치는 것을 보았다고 가정하자. 수영선수는 자신의 작은 배를 타고 사고 현장으로 달려가 한 사람씩 구하다가 어렵지 않게 사람들을 더 구할 수 있음에도 구조를 멈추고 '나는 가끔씩 그리고 특정한 방식으로만 다른 사람을 살릴 의무가 있어. 그러니까 오늘은 할 만큼 한 거야'라고 생각한다. 데이비드 커미스키에 따르면 나의 무기력한 해석의 문제는 이 같은 식의 생각을 용인한다는 것이다.

나는 데이비드 커미스키가 칸트의 텍스트 해석과 앞에서 이야기한 느긋하고 태만한 구조자를 용인하게 만든다고 생각한 문제의 내 초기(Hill 1971) 글에 대한 그의 이해에 대해 이미 반박한 바 있다. 해당 텍스트의 요점을 여기서 복기하지는 않을 것이며, 그와 나의 의견 차이를 나름대로 설명하기만 할 것이다. 나는 데이비드 커미스키의 이야기 속 구조자가 도움을 청하는 사람을 어렵지 않게 더 구할 수 있음에도 몇 명만 구조한 뒤 만족하는 것이 잘못되었다는 데 동의하며, 그런 구조자의 행동과 태도를 용인하는 그 어떤 도덕 이론도 의심해볼 이유가 있다는 데 동의한다. 그러나 타자를 도우라는 칸트주의적 의무에 대한 나의 해석에는 그런 의심을 살 만한 함축이 없다. 내가 앞에서 그리고 「욕구 충족과 호의 베풀기Meeting Needs and Doing Favors」(Hill 2002)에서 설명했듯이 칸트의 **일반적인** 선행 원칙은 『윤리형이상학』에 가장 분명히 제시되었듯이 모든 상황에서 모든 인간에게 적용할 수 있어야 할 도덕 원칙 체계의 일부이다. 이 원칙만으로는 구조나 타자 돕기, 자선단체에 기부하는 모든 상황에서 무엇을 행해야 하는지 구체적으로 정할 수 없다. 공리주의와 결과주의적 이론들은 종종 최소한 완벽하게 확정적인 지침을 제시하기를 열망하지만 칸트의 일반적인 선행 원칙은 그런 지침이 되기 위한 것이 아니다. 칸트의 원칙은 모두가 타자의 행복을 목적으로 삼는 것이 정언적 명령이라고 하면서도 어떻게 그리고 어느 정도까지 타자의 행복을 추구해야 하는지는 구체적으로 언급하지 않는다. 단순히 모든 원칙이 그렇듯이 이 원칙을 특정한 상황에 적용하려면 **판단**이 필요하다고 말하려는 것이 아니다. 더 중요한 것은 그것이 광범위하고 불완전한 의무로서 자유로운 선택을 위한 '놀이방'을 남겨둔다는 것이다(*MM* 153 [6:390]). 진심으로 타자의 행복을 목적으로 삼아 계획과 방침, 도덕적 혹은 비도덕적 목적에 통합시킨다면 이 일반적인 원칙은 충족된다. 타자의 행복에, 즉 타자가 나름의 허용 가능한 개인적 목적을 달성하는 일에 무심해서는 안 되지만 그 원칙만으로는 무엇을, 언제, 얼마만큼 해야 하는지 정할 수 없다. 타자를 도울 수 있는 기회와 자원은 상황에 따라 다르며 정의, 가족과 친구로서의 책임, 인간 존엄성에 대한 존중, 감사, 자기 자신의 복지와 적법한 소망 같은 다른 도덕적 고려사항들이 관련될 수 있다.

그렇다면 이 일반적인 선행 원칙**만으로는** 앞에서 이야기한 태만한 구조자가 더 많은 사람을 구해야 하는지, 몇 명만 구하고 그만두어도 되는지 엄격하게 정할 수 없을지 모른다. 구조를 중단하는 것은 그가 타자의 행복을 목적으로 삼는 것조차 실패했음을 시사하고, 따라서 선행 원칙을 거부한 것이므로 잘못된(심지어 악한) 것이다. 하지만 고려해야 할 것이 더 있다. 그는 왜 구조를 중단했는가? 급히 파티에 가던 중이었거나 단지 텔레비전을 보면서 쉬기 위해서? 이런 이유였다면 그의 우선순위가 잘못된 것이다. 정언명령은 사람들의 인간성에는 가격을 정할 수 없는 가치인 존엄성이 있다고 시사한다. 태만한 구조자가 단지 재미나 안락을 위해 사람들이 물에 빠져 죽게 내버려두는 것은 그러한 칸트주의적 우선순위를 명백하게 위반하는 것처럼 보인다. 다른 요소도 관련이 있을 수 있지만 선행 원칙은 모두에게 중요하나 비확정적인 도덕적 요구를 나타낼 뿐 타자를 도울 기회가 있는 모든 경우의 결정 절차가 아니라는 것이 일반적인 요지이다.

때때로 칸트는 『윤리형이상학』에서 타자를 돕는 것에 관한 보다 구체적인 원칙을 환기시키는 것처럼 보인다. 특별히 더 중요하거나 변명의 여지가 없다는 가정하에 심각한 곤경에 처한 이를 또다시 발견한 경우 치러야 할 희생이 작다면 도와야 한다는 것이다(*G* 224 [4:423]; *MM* 202 [6:453]). 내가 보기에 이것은 통상적인 도덕성이며, 개략적으로 이야기하면 롤스(1999, 297-298)가 상호부조의 원칙이라고 일컬은 것이다. 상호부조의 원칙은 일반적인 선행 원칙보다 더 확정적이고, 태만한 구조자를 비난할 수 있는 근거가 되기에 충분해 보이지만 역시나 그 자체로 모든 경우를 해결할 수는 없다.[10] 조너선 댄시(Jonathan Dancy 2004)가 종종 상기시켜주듯이 어떤 상황은 우리의 원칙이 처음에 권하는 것처럼 보이는 판단을 강화할 수도, '좌절시킬' 수도 있다. 조너선 댄시는 우리가 항상 이 '좌절시키는 것들'을 식별해 일반적인 원칙에 내장된 예외로서 간단하게 추가할 수 있을 것이라고 생각하지 않는다. 나는 그런 시도를 하지 않을 것이지만 나중에 칸트의 선행 원칙과 상호부조의 원칙이 특정한 상황에 적용되는 방식에서 변이들을 정당화할 수 있는 칸트주의 윤리학의 몇몇 요소들을 언급할 것이다. 이는 모든 변이를 정확히 들어맞게 체계적으로 정리할 수 있다고 말하려는 것이 아니라 우리가 무엇을, 얼마나, 누구에게 도움을 주어야 하는지 판단하고자 할 때 칸트주의적 윤리학으로 여러 중요한 복잡한 요소들을 인지할 수 있다고 말하려고 하는 것뿐이다.

타자의 행복을 자신의 행복보다 중요시해야 하는가?

마이클 슬로트(1992, 4-57, 98)는 다른 사람들 역시 곤혹스러워했을 수도 있는 칸트의 입장에 반론을 제기한다.[11] 그는 칸트의 말대로라면 타자의 행복을 추구할 의무는 **직접적**인 반면, 스스로의 행복을 추구할 의무는 **간접적**인 것이 된다고 지적한다. 또한 칸트가 자기 자신의 행복을 평가절하하도록, 마치 스스로를 타자보다 중요하지 않은 것처럼 대하라고 요구한다며 이는 모두가 반대할 만한 것으로 합의할 수 있다고 추단한다. 물론 마이클 슬로트는 칸트의 원칙이 **다른 사람들**에게 우리의 행복을 추구할 **직접적** 의무를, 그들 자신의 행복을 추구할 **간접적** 의무를 부여한다는 것을 알지만 이것조차도 반대할 만하다(고 주장한다). 행복을 추구함에 있어 자신을 타자보다 경시하라고 **모두에게** 요구하기 때문이다.

내가 생각하기에 자신의 행복에 대한 이러한 경시는 반대할 만하지만, 칸트가 반복해서 주장한 모든 사람의 도덕적 평등과 비굴을 거부해야 할 의무와는 맞지 않는다. 나는 마이클 슬로트의 반론이 몇 가지 오해에 근거한다고 생각한다. **자신의** 행복 추구라는 제한적 의무가 **간접적**인 이유는 비참한 상황에 처하면—자신과 타자에 대한—**다른 의무들**을 이행할 능력과 의지가 꺾이기 때문이다. 사실상 우리에게 자신의 행복을 돌보아야 할 도덕적 당위가 있다는 주장은 그것을 **그 자체로** 도덕적 목적으로 취급하는 것이 아니라 단순히 우리가 다른 의무를 이행하는 수단 또는 이행 가능하게 하는 조건으로 취급하는 것이다. 어느 누구든 스스로를 자신의 의무를 다하거나 무덕을 피하기 어렵게 혹은 불가능하게 만드는 비참한 상황에 처하게 해서는 안 된다. 칸트의 관점에서 간접적 의무는 직접적 의무보다 반드시 덜 엄격하거나 덜 중요한 것이 아니다. 칸트에 따르면 정의라는 완전한(법적) 의무는 **간접적**(윤리적) 의무인 반면, 정신을 수양하고 타자에게 감사하라는 덜 엄격하고 덜 확정적인 (불완전한) 요구들은 **직접적** 의무이다(*MM* 20-22 [6:218-221]).

또한 칸트가 스스로의 행복을 추구할 직접적 의무가 없다고 말한 이유는 우리의 행복을 타자의 행복보다 덜 중요하게 여겨야 한다는 것이 아니라 우리는 **자연적 필연에 의해** 이미 자신의 행복에 관심을 가지고 있기 때문이다. 물론 특별한 경우에는 자신의 행복에 대한 관심이 덜 우선시되거나 가려지거나 유예되거나 우울감 때문에 일시적으로 사라질 수도 있지만, 자신의 (목적으로서의) 행복이 단지 모두의 **특별하고** 비도덕적인 개인적인 목적을 실현하기 위한 **일반적인** 목적인 한, 깊은 우울감 때문에 모든 것에 무관심한 이들만이 목적으로서의 행복이 전무할 수 있다.[12]

더욱이 타자의 행복을 추구하는 의무와 유사한 자신의 행복을 추구하는 의무가 있다면 그것은 모순적일 것이다. **자신의** 행복 추구에 관한 이 가상의 직접적 의무를 간단히 설명한다면 대략 다음과 같을 것이다. "모두가 자신의 행복을 목적으로 채택하는 것은 도덕명령이며, 따라서 모든 사람은 반드시 자신의 (허용 가능한) 목적을 때때로, 어떤 방식으로든, 어느 정도로, 그리고 **적어도 그렇게 선택한다면** 추구하기를 바라야 한다." 칸트에 따르면 모든 사람은 필연적으로 자신의 행복을 목적으로 바라지만 어차피 필연적인 일을 행하는 것이 의무가 될 수는 없다. 더욱이 우리는 타자가 원하지 않는 경우 타자의 개인적인 과제를 도우려고 해서는 안 되기 때문에, 자신에 대한 그 가상의 선행 의무는 수혜자(자기 자신)가 도움을 거절하는 경우 잠재적 시혜자(자기 자신)가 잠재적 수혜자(자기 자신)를 돕도록 허용하지 않을 것이다. 자신의 행복을 추구하라는 그 가상의 모순적인 직접적 의무는 나에게 사실상 이렇게 이야기할 것이다. "그것은 나의 의무이지만 내가 행하지 않기로 결정한다면 하지 않아도 된다." 칸트는 특별한 상황을 제외하고는 타자의 의지에 반해 타자를 도와서는 안 된다고 명시적으로 이야기하지 않을 수도 있지만 그는 이를 당연하게 여겼을 가능성이 크다. 내가 이렇게 이야기하는 것은 마이클 슬로트의 반론이 착오인 이유를 설명하는 데 도움이 되기 때문이지만 우리의 더 광범위한 논의에도 중요하기 때문이다. 왜냐하면 선의의 필란트로피스트들이 다른 문화권의 사람들에게 선택권이 주어지면 그들이 거부했을 방식으로 행복하게 만들려고 애쓰는 경우가 너무 많기 때문이다.

타자의 행복 추구는 선행이지만 의무를 초월하는 것일까?

J. O. 엄슨(1958)은 그의 대표적인 글 「성자와 영웅Saints and Heroes」에서 이의를 제기했다. 칸트 윤리학은 성자 같고 영웅적인 행위는 선하고 도덕적이지만 행위자에게 그것을 행하라고 도덕적으로 요구할 수는 없다는 상식

적인 생각을 수용하지 못한다는 것이다. 그는 어떤 행위가 성자 같고 영웅적인 것은 특별히 어려운 상황에서 또는 특출한 자비심으로 **의무를 이행하는** 경우들이기 때문임을 인정하면서도, 누군가 다른 사람에게 요구하거나 요구하지 않는 것에 대해 비난할 수도 있을 행위를 확실하게 초월하는 다른 경우들에 우리의 주의를 환기시킨다. 어떤 철학자들은 이 같은 행위를 **초과의무적**이라는 더 넓은 범주로 분류하기도 한다. 여기에는 친구에게 특별히 기분좋은 선물을 주는 등의 사소한 호의를 베푸는 것이 포함될 수 있다. 누가 보아도 분명한 문제는 칸트가 **꼭** 이행**해야 하는 의무가 아닌** 행위는 **도덕적으로 선한** 행동이 될 수 없음을 부정하는 것 같다는 것이다. 칸트는 도덕 교육이 슈퍼히어로 같은 행위의 사례에 호소해서는 안 된다고 주장하며, 널리 알려져 있듯이 **의무에 근거해** 행한 모든 행위가 도덕적 가치를 가질 수 있음을 부정한다(1997b, 127-128 [5:155]; *G* 199-201 [4:397-399]). '선한' 행위는 이성이 규정하는 것이며, 무조건적으로 선한 행동은 불완전하게 합리적인 존재인 우리에게 **정언적** 명령이다. 그리고 칸트주의 윤리학은 무엇이 의무 또는 '의무를 초월한 선행'인지 확정할 수 있는 그 어떤 독립적인 실질적 목표(최대의 행복이나 가장 본질적으로 가치 있는 영역)도 합리적 의지의 기준에 우선해 제안하지 않는다.

그러나 여기서 쟁점들은 생각보다 더 복잡하다. 나는 아주 초기의 글(Hill 1971)에서 칸트 윤리학에서 어떤 행위들은 선행이기는 하지만 의무에 의해 엄격히 요구되지 않는다는 일반적인 생각과 가장 흡사한 부분을 찾아내려고 했다. 그리고 이 설명에 가장 부합하는 행위의 주체가 다음과 같다고 제안했다. (1) 진심으로 그리고 양심적으로 (즉 '의무에 근거해') 타자의 행복을 목적으로 채택하고, (2) 이러한 이유에서 타자의 삶을 개선하기 위해 꾸준히 왕성한 활동을 이어왔으며, (3) 특별한 도움이 필요하지 않은 이에게 호의를 베푸는 이유가 양심에 따라 타자의 행복을 자신의 목표로 삼았기 때문이며, (4) 정의와 존경 같은 엄격한 의무가 해당 행위를 요구하지도 금하지도 않는 상황에서, (5) 한 기여가 대부분의 사람들이 기대할 수 있는 정도를 넘어서는 사람. 이러한 행위들은 두 가지 측면에서 도덕적으로 '선한 행동'처럼 보인다. 첫째, 도덕적으로 허용 가능한 목적을 사용해 도덕적으로 규정된(다소 비확정적이지만) 목적을 의도적으로 추구하고, 수혜자가 요구하거나 기대할 선행적 **권리**가 없는 일을 한다. 둘째, 궁극적인 동기는 의무로 추정되기에 **도덕적으로 가치 있게** 보인다. 선행이라는 일반적인 의무는 언제, 어떻게, 어느 정도까지 타자의 행복을 증진해야 하는지 명시하지 않기 때문에 구체적인 맥락에서의 **특정한 행위를 요구하지 않는다**—행위자는 이미 그 목적을 진심으로 택한 이들이므로 다양한 방식으로 타자의 행복을 증진할 수 있었을 것이다. 따라서 어떤 의미에서 이런 행위자는 호의를 베풂에 있어 '의무를 초월했다'고 할 수 있다. 이와 유사한 몇 가지 조건을 제시하면 어떤 (더 중대한) 영웅적 또는 성자 같은 행위는 '의무를 초월한다'고 주장할 수 있을지 모른다.

그러나 내가 초기의 글에서 언급했듯이 문제는 만약 선한 행위자가 자신의 특정한 행위가 엄격히 요구되지 않는다는 것을 알고 있다면 그는 **의무에 근거해** 행위한다고 할 수 없기 때문에 그 행위는 **도덕적 가치**를 가질 수 없다는 것이다. 이런 의미에서 특수한 행위는 결국 '도덕적으로 **선한** 행동'일 수 없으며, 그 결과 '도덕적으로 선하지만 요구되지는 않는 행동'이라고 할 수는 없다.

마샤 배런은 이러한 추론을 환영하면서 칸트의 윤리학에는 초과의무(supererogation) 개념이 자리할 곳이 없다고—그리고 없는 것이 마땅하다고—주장했다.[13] 마샤 배런은 우리로 하여금 행위가 마치 **선하지만 의무**

를 초월할 수 있는 것처럼 말하게 만드는 현상은 특별히 칭찬받을 만한 행위에서 나타나는 덕을 '**놀라운** 관대함, **흔치 않게** 사려 깊은, **믿을 수 없을 정도로** 용기 있는'과 같이 묘사함으로써 대체로 더 잘 표현할 수 있다고 제안한다. 그러나 문제는 행위가 **의무 이행 의지의 강도**를 나타내기 때문에 칸트주의적 의미에서 덕을 발휘한다는 점이다. 예를 들어 '놀라운 관대함'은 자신의 자원을 나눠주는 **의무를 다하기 위해 어떤 장애물도 극복하겠다는 확고한 의지**를, '믿을 수 없을 정도로 용기' 있는 **의무를 행하기 위해 두려움을 견디겠다는 의지의** 믿기 힘든 **꿋꿋함**을 나타내는 것일 터이다. 이러한 의미에서의 비범한 덕의 발휘는 흔히 우리가 **선하지만 의무를 넘어선** 행위에 대해 이야기할 때 떠올리는 것이 아니다. 그러므로 나는 행위가 도덕적으로 선하지만 요구되는 것이 아닐 수 있음을, 칭찬받을 만하지만 (어쩌면 자리를 잘못 잡은) 의무감에 근거했을 수 있음을 나타내기(또는 대체하기) 위해 칸트주의 윤리학이 단순히 덕이라는 용어를 사용할 수 있다는 마샤 배런의 제안을 이해할 수 없다.

「욕구 충족과 호의 베풀기」(215-218)에서 마샤 배런의 제안에 대한 나의 대안은 칸트의 텍스트를 확대 해석하면서 만약 행위가 의무에 근거해 간접적으로, 즉 도덕적으로 요구되는 목적이기 때문에 채택하고 계속해서 지지하는 비확정적인 목적을 위해 행해졌다면 그 행위를 도덕적으로 가치 있다고 여기는 것을 칸트주의 윤리학이 허용할 수 있다는 것이었다. 이 같은 경우 선한 행위는 설사 목적을 달성할 수 있는 다른 수많은 방법이 있어서 그 특정한 행위가 엄격하게 요구되지 않았다고 하더라도 도덕적으로 가치 있을(또는 선할) 수도 있다. 나는 합리적으로 수정된 칸트주의 윤리학이라면 무엇이 엄격하게 요구되는지 이야기하는 원칙뿐만 아니라 어떠한 행위가 엄격하게 요구되지 않더라도 ('선한 행동'으로) 권장되고 칭찬받는지 이야기하는 원칙도 그것의 체계 안에 포함시켜야 한다고 제안했다.

복잡한 요소들

이 쟁점들에 관해서는 훨씬 더 많은 논의가 필요하지만 여기서 선행에 관한 칸트의 일반적인 개념들이 특정한 사례들에 적용되는 방식에 영향을 미칠 수 있는 요소들을 잠시 고찰해보고자 한다. 정의에 대한 고려, 제공된 편익의 중요성, 시혜자의 동기라는 세 가지 요소이다.

특정 맥락에서 정의의 관련성

정의에 대한 고려가 타자를 돕는 방식을 제약하는 것은 분명하다. 그런데 어떻게 제약하는가? 몇 가지가 꽤 확실해 보이는데, 가장 분명한 것은 칸트는 행복을 추구하고자 할 때 부정의한 수단을 사용해서는 안 된다고 생각했다는 것이다. 합법적인 국가는 설령 완벽하게 정의롭지 않은 국가라고 하더라도 강제할 수 있는 완전한 법적인 의무를 부여해 개인이 존중해야 할(아마도) 완전한(그러나 간접적인) 윤리적 의무가 있는 특정한 권리들을 정의한다. 일반적인 선행은 광범위하고 불완전한 의무일 뿐이며, 단순히 타자의 행복을 추구하기 위해 완전한 의무를 위반해서는 안 된다. 준법의 의무에는 예외가 있지만 이것은 정부가 거짓 증언과 같이 엄격한 의무 위반에 해당하는 것을 명령할 경우에 국한된다. 나는 이것이 칸트가 "본질적으로 비도덕적" 또는 "내면의 도덕성에 반한다"고 표현한 것의 예라고 생각한다(*MM* 98 [6:321-322], 136-137 [6:371]). 행복 추구를 위해 부정의한 수단을 사용해서는 안 된다는 일반적인 요지는 논쟁의 여지가 없지만 까다로운 사례들에서는 칸트 체계의 구조적 특징처럼 보이는 정의의 절대적 우위를 납득하기가 망설여질 수도 있다.

더 논쟁적인 것은 부정의한 수단으로 부를 축적한 부자들이 자신들의 부정의한 행위 또는 이익을 얻은 과거의 부정의로 인해 손해를 입은 사람들에게 **배상으로서** 상당한 부를 내놓아야 한다고 정의가 요구하는지의 여부이다. 아마도 우리 대부분은 앤드루 카네기, J. D. 록펠러, J. P. 모건이 그들이 초래한 해악을 외면하면서 얻은 부를 나눠야 할 **도덕적** 의무가 있다고 동의할 것이며, 또한 많은 사람들은 그 부자들이 그렇게 해야 할 법적인 의무가 있다고 덧붙일 것이다. 이러한 배상 의무가 일정한 법적 권리 체계 안에서 엄격하게 정의된다면 어쩌면 칸트의 체계로 그 의무를 설명할 수 있지만, 나는 이 문제에서 우리의 직관은 칸트에게서 찾을 수 있는 것보다 더 광범위한 정의에 의지하고 있다고 생각한다. 막대한 부에 수반되는 **윤리적** 의무와 관련해 칸트는 필요한 만큼보다 훨씬 더 많이 소유한 큰 부자들은 그들이 타자를 돕는 것이 **칭송받을 만한** 일이 아니라 빚을 갚는 일이라고 생각해야 한다고 말한다(*MM* 202-203 [6:453-454]). 또한 칸트는 막대한 부의 근원이 대체로 정부의 부정의이므로, 부자가 가난한 사람을 돕는 것이 정말로 필란트로피, 즉 의무가 아닌 선물인지 의심스럽다고 덧붙이고 있다.

필란트로피 기부에서의 우선순위-기본적인 욕구 대 교육·예술·오락

앞의 요약을 바탕으로 특히 인간성을 목적 그 자체로 중시하라는 도덕명령에 관한 칸트의 관념에서 분명히 해야 할 것은 선행이라는 일반적인 의무를 이행할 때 다른 조건이 같다면, 합리적이고 자율적인 인간의 기본적인 욕구를 더 사소한 관심사보다 일반적으로 우선시해야 하지만 이와 관련해 우리가 따라야 할 정확한 지침이 없다는 것이다. 칸트에게 있어 그 어떤 가치도, 인간에 내재된 인간성이라는 가치조차도 개인이 반드시 모으고 (설령 '부차적 제약'이 있더라도) 최대화하려고 노력해야 하는(또는 심지어 노력할 수 있는) 것은 아니다. 결과를 추구하고 예방하는 책임을 분배하기 위한 2차적 원칙들은 칸트주의적 입법자들이 일반적인 관점에서 볼 때 관련된 다수의 규범적·경험적인 많은 요소들을 고려해 모두를 위해 규정할 것들이라고 이야기하는 칸트주의자가 있을지도 모르겠다. 개개인의 인간성을 가장 잘 존중하는 방법은 이러한 관점을 취할 때 각자가 승인할 원칙을 고수하는 것이다. 칸트는 자기 자신에 대한 의무가 모든 의무의 근간이므로 그런 우선권이 있는 모든 사람이 이상적으로 승인할 수 있는 원칙을 수용해 자기 자신을 평가절하하지 말고 타자에 대응할 준비가 되어 있어야 한다고 이야기한다. 물론 이 모든 것은 매우 추상적이며 칸트주의 원칙 체계가 개개인에게 어떤 책임을 부과할지는 여전히 논란의 대상이다. 칸트는 어느 누구도 자살해서는 안 된다고 생각했지만 이와 동일하게 우리에게 인명 손실을 막을 책임이 있다고 생각하지 않았다. 물론 우리는 경찰이 살인을 예방할 수 있도록 협조해야 하며, 필요한 경우 생명을 구하는 기아 구제에 기여해야 하지만 이것은 우리가 필란트로피적 노력을 교육이나 예술 등은 외면하고 이러한 대의명분들에만 쏟아야 한다는 뜻은 아니다. 교육과 예술도 가치 있는 대의명분이다. 예술과 자연의 아름다움에 대한 감상은 인간의 영혼과 상상력의 가치 있는 표현으로 일상적인 걱정들로부터의 초연함을 수반하는데, 이것은 도덕적인 태도를 위한 토대를 마련해줄 수 있다. 교육은 여러 목적에 유용한 지식을 증진시키고, 사람들이 미신과 복종, 단조롭고 고된 일과 침체된 정신에서 해방될 수 있도록 도와줄 수 있다(Kant 1997a).

동기는 기부자와 기부의 가치에 어떤 영향을 미치는가?

칸트는 『윤리형이상학』에서 우리가 **의무로부터** 모든 의무를 이행하기 위해 노력해야 한다고 이야기한다. 완벽하게 덕이 있는 사람이 존재한다면 그렇게 하겠지만 인간은 약점이 있는 존재이므로 그렇게 하기 위해 노력하는 수밖에 없다(*MM* 196-197 [6:446-447]). 칸트는 『윤리형이상학 정초』에서 의무에 근거한 행위만이 도덕적 가치가 있다는 더 급진적인 명제를 옹호한다(*G* 199-201 [4:397-399]). 동정심이나 심지어 복합적 동기에 근거한 행위도 도덕적 가치가 없다는 것이다. 불우한 사람들에 대한 동정심을 없애고 연민과 친절에 근거해 다른 이를 돕는 사람들을 절대 칭찬하고 격려하지 말라는 뜻일까? 우리가 기부를 우리의 희망과는 대조적인 엄격한 요구로 경험하지 않는 한 필란트로피를 포기하거나 도덕적으로 선택적인 취미로 여기는 편이 낫다는 뜻일까? 그렇지 않다. 칸트의 (인정하건대 논쟁적인) 주장에서 그런 메시지를 얻는다면 중대한 실수일 것이다.

첫째, 칸트는 『윤리형이상학 정초』에서 단순히 의무에 부합하는 행위와 대조적인 의무에 근거해 행하는 행위에 초점을 맞추고 있는데, 이것은 그런 행위가 의무에 오롯이 헌신하는 **선한** 의지를 예증하기 때문이자 그의 목표가 그런 의지의 기본적인 원칙을 찾는 것이기 때문이다(*G* 193 [4:392], 202-203 [4:401-402]). 동정심과 복합적 동기에서 행한 행위는 칸트가 이해한 것과 같이 순수한 선한 의지를 나타내지 않으므로 **도덕 원칙에 대한 존중에 근거한 행위로서** 칭찬받을 가치가 없다. 이러한 행위는 도덕적으로 가치 있는 동기에 대한 칸트의 이상을 나타내지 않는다. 그럼에도 동정심이 있든 없든 타자의 행복을 목적으로 삼고 불우한 이웃을 돕는 것은 여전히 우리의 의무이다. 그렇게 하지 않는다면 '의무에 부합한' 행위조차 하지 않는 것이다. 둘째, 칸트는 『윤리형이상학』에서 동정심이 우리의 이기적인 성향을 물리치는 데 도움이 될 수 있다고 인정한다(*MM* 204-206 [6:456-458]). 우리는 덕을 쌓기 위해 노력하면서 불우한 이들에게 동정적인 관심을 기울여야 한다. 왜냐하면 이것은 도덕적 원칙에 대한 존중에 근거해 책임을 다함에 있어 방해가 되는 이기적인 감정을 없애는 데 도움이 되기 때문이다. 그렇다면 동정심은 도덕적인 관점에서 가치가 없는 것이 아니다. 우리는 동정심을 기르기 위해 노력해야 하며, 동정심을 잘 느끼는 사람을 보면 우리 모두가 바라고 목표로 삼아야 할 인격적 특성을 가지고 있다고 감탄하게 된다. 셋째, 도덕적으로 중요한 의무 동기는 올바르게 행동하겠다는 진심에서 우러난 신념이며, 이것은 하기 싫은 일을 하기 위해 이를 악물고 노력할 때만 작동될 필요는 없다. 선한 사람들은 도덕의 요구에 따라 유혹에 저항할 준비가 되어 있겠지만, 그들이 해야 할일을 하고 싶지 않을 때에만 도덕 원칙을 존중해 행위할 수 있다고 가정할 이유는 없다. 더욱이 부정의를 지양하고 불우한 이들을 도울 때 철학자의 추상적인 도덕 법칙의 정식을 우리의 마음속에 간직하는 것은 필요하지도 가능하지도 바람직하지도 않다. 칸트의 관점에 따르면 기본적인 도덕적 기준은 좋든 나쁘든 모든 도덕적 행위자에게 매우 분명하다. 또한 논쟁의 여지가 있지만 도덕성에 대한 신념은 포괄적이고 종종 간접적인 방식으로 우리의 삶을 형성하는 데 이용될 수 있고 이용되어야 하며, 반드시 모든 선한 행위에 즉각적으로 수반되는 동기부여적 사유일 필요는 없다(Herman 2007).

| 2장 |

덕윤리, 두터운 개념, 선행의 역설

크리스틴 스완턴(Christine Swanton)

선행의 이유는 윤리학에서 매우 중요하며, 윤리학의 가장 까다로운 이론적인 문제들은 대부분 역설이다. 예를 들면 초과의무의 역설, 지나친 요구성(demandingness)의 문제, 자선활동 등에 있어 이유로 인한 선택의 과소결정(underdetermination), '내가 하든 말든 달라지는 것이 없다'라는 '집합적 선행(pooled beneficence)'의 역설 등이 있다(Cullity 2000). 앞으로 이 역설들을 다룰 것이다. 나는 이러한 문제를 해결하기 위해 필요한 것은 존 맥다월(John McDowell)이 실재에 대한 윤리적 접근 양태(mode)라고 부르는 것, 윤리의 로고스(logos)라고 부르는 것의 변별적 본질에 대한 올바른 인식이 필요하다고 주장한다. 간단히 말해서 이 양태는 (여러 가지가 있지만) 특히 이유의 윤리적 실재에 대한 개방성으로 여겨진다. 이유는 친절한, 관대한, 보살피는, 비조작적(nonmanipulative), 굴욕적, 냉담한 등의 이른바 두터운 개념을 통해 다채롭고 상황적인(situated) 방식으로 식별된다. 이 개방성은 이러한 실재의 존재 양태와 그 결과로서 존재론을 구성한다. 이 장의 후반부에서는 이러한 관념을 실천적 합리성의 역설의 맥락에서 선행의 이유에 적용한다.

지금까지 선행 윤리라고 부를 만한 것들은 대부분 복지주의적 결과주의 전통에 팽배한 비교적 얇고 비평가적인 개념들에 의해 지배되어왔다. 이 전통을 추동하는 것은 다음의 세 가지 주요 관념이다.

1. 도덕은 본질적으로 복지와 관련이 있다(복지주의 도덕(Welfarist Morality)).
2. 복지는 본질적으로 아레테적(aretaic)이지 않은 방식으로 이해된다(복지의 아레테적 무관성(Aretaic Independence of Welfare)).
3. 도덕적 행위자는 (복지주의적으로 이해되는) 선을 최대화해야 한다. 본 명제는 다음 세 가지 명제가 뒷받침한다.
   3a. 옳음을 결정하는 유일한 관계는 추구의 관계이다(추구의 헤게모니(the Hegemony of Promotion)).
   3b. 더 좋은 현상보다 더 나쁜 현상을 선호하는 것은 결코 옳지 않다(단순한 사유(the Simple Thought)).[1]
   3c. 우리는 더 적은 가치보다 더 많은 가치가 있는 현상을 낫다고 여긴다(다다익선(the More Is Better) 명제).

G. M. E. 앤스컴(G. M. E. Anscombe)의 유명한 1958년 논문을 필두로 현대의 덕윤리 전통은 앞의 명제들에 의문을 제기해왔다. 필리파 풋(Philippa Foot 1985)은 '단순한 사유' 명제와 '다다익선' 명제를 공격했다. 덕윤리 이론은 '복지의 아레테적 무관성'을 철저히 비판한다. 나는 『덕윤리: 다원론적 관점*Virtue Ethics: A pluralistic View*』(Swanton 2003)에서 '추구의 헤게모니' 명제를 일관되게 반박했다. 버나드 윌리엄스(Bernard Williams 1985)

는 두터운 평가적 개념을 통해 이해한 그 나름의 윤리적 개념으로 분석적 전통을 지나치게 약화한 좁은 도덕성 구상에 의문을 제기한다.

두터운 개념 중심주의

덕윤리는 윤리에서 두터운 개념의 중심성에 관한 버나드 윌리엄스의 시각을 공유한다. 이 장의 목적은 그의 시각의 덕윤리적 버전 하나를 개괄하고 옹호하는 것인데, 이 버전을 나는 두터운 개념 중심주의(Thick Concept Centralism, TCC)라고 부를 것이다. 이 장의 목적을 위해 옹호에 완전히 집중하지는 않겠지만 다음 절에서 두터운 개념 중심주의의 형이상학적 기초와 본질에 대해 필요한 만큼 배경적 지식을 제공할 것이다. 두터운 개념 중심주의 옹호론의 성격은 '먹어봐야 맛을 안다'는 논지의 방어에 가깝다. 나는 윤리적 사유를 비평가적이거나 규범적으로 얇은 개념들로 축소하는 것이 여러 역설을 야기하며, 이러한 역설들을 두터운 개념 중심주의로 해결할 수 있음을 보여주고자 한다.

그렇다면 두터운 개념 중심주의란 무엇인가? 두터운 개념 중심주의는 두 가지 명제로 정의된다.

두터운 개념의 중심성

두터운 평가적 개념이 윤리에서 중심적인 것은 이러한 의미에서이다. 이유가 되는 특징을 보여주는 개념들의 네트워크에서 (대체로 선행의 이유인) 돕기, 쾌락 제공, 기호 충족, 편익 제공과 같은 비교적 비평가적인 특징들이 이유 제공의 지위를 제대로 평가받기 위해서는 친절한, 냉담한, 관대한, 굴욕적, 조종적인 등 광범위한 두터운 평가적 개념으로 더 개념화되어야 한다.

다음은 선행 윤리의 한 예이다. 극단적인 요구성을 초래하는 것은 "각 개인이 똑같이 실재적이며, 자애로운 행위자에게 요구를 발생시키는 일련의 개인 각각은 반복적으로 그렇게 하고 있다는 단순하고 비편파적인 사유"이다(Thomas 2006, 133). 이러한 비인격적인 구상은 두터운 개념의 이유-공급 지위가 가지성(intelligibility, 可知性)이라는 두터운 개념의 정서적 조건, 특히 가깝고 소중한 존재와의 유대, 자신의 과제 등 인간적 관심사의 영역과 관련된 조건과 함께 제공되는 인간 고유의 의미가 결여되어 있다. 선행의 이유와 그 요구를 앞에서 이야기한 것과 같은 관심사를 다루는 비환원적으로(irreducibly) 규범적인 유덕 및 무덕 개념이라는 넓은 범주로 이해한다면, 극단적인 요구성을 어떻게 줄일 수 있을지 알 수 있다. '두터운 개념의 중심성' 명제라는 덕윤리 형식에서 두터운 개념을 파악해 얻는 평가적인 형태는 편익 제공이나 돕기 등의 유덕함을 정하는 복잡한 기준으로 해당 행위를 추가적으로 평가하기 위한 전제조건이다.[2]

두번째 명제는 (우리의 목표에는 다소 혼란스럽게도) 수전 헐리(Susan Hurley)가 비중심주의(noncentralism)로 명명한 것이다. 이 명제는 두터운 개념을 통해 구체화된 행위의 이유와 옳은 행위를 연결시킨다.

비중심주의

"행위의 이유에 관한 비중심주의는 **옳음**과 **당위**라는 일반적인 개념이 **정당한**과 **불친절한** 등의 이유를 제공하는 명시적 개념보다 논리적으로 선험적이고 그와 무관하다는 시각을 거부한다"(Hurley 1985, 56).[3] 친절한, 인내심 강한, 충실한, 정직한, 용감한 등의 모든 행위가 덕스럽거나 옳은 것은 아니라고 가정할 때 우리는 이같이 묘사된 행위에 '유덕한'이나 '옳은'이라는 단언을 허용하는 기준의 측면에서 이러한 이유들을 평가할 필요가 있다.

다음 절에서는 마르틴 하이데거(Martin Heidegger)의 업적에 기반을 두고 있지만 기본적으로 존 맥다월적인 객관주의 실재론적인 형이상학적 구상에서 두터운 개념 중심주의를 더 자세히 설명할 것이다. 이 구상에 따르면 윤리적 사실은 존재하지만 감성, 건설적 상상력, 행위자의 해석과 완전히 무관하게 존재하지 않는다. 존 맥다월은 윤리학이 실재론적 구상에서 비환원적으로 규범적인 동시에 자연주의적이라고 주장함으로써 윤리학에 크게 이바지했다. 존 맥다월의 주된 추동력은 이 구상을 자연과학적인 이해에 결부시키는 제한적인 자연주의의 구상들에 대한 반론이다. 그는 「두 종류의 자연주의Two Sorts of Naturalism」(1995, 164)에서 다음과 같이 주장했다.

> 과학적 탐구의 비인격적인 태도가 귀중한 실재 이해 양태를 획득하기 위한 방법론적 필요임을 인정하는 것과 이에 관해 싹트기 시작한 이해를 객체성(objectivity) 개념에 대한 형이상학적 통찰을 위해 현시대에 채택하는 것은, 그리하여 모든 사유 양태에서 객체적 올바름이 실재에 대한 이런 종류의 접근에 반드시 입각하도록 하는 것은 매우 다른 문제이다.

특히 그는 윤리학은 실재에 대한 **변별적**(distinctive) 접근 양태로서 비환원적으로 규범적이며, 그가 보기에 변별적인 덕 지향을 통해 확보되는 '객체적 올바름'을 제공할 수 있다고 주장한다. 실재에 접근하는 변별적인 윤리적 양태의 본질은 무엇인가? 이 질문은 사실 다음과 같은 두 가지이다.

1. '실재에 대한 접근 양태'란 무엇인가?

2. 실재에 접근하는 변별적인 **윤리적** 양태의 본질은 무엇인가?

두터운 개념 중심주의의 형이상학

첫번째 질문에 대한 답은 우리를 윤리의 형의상학으로 이끈다. 존 맥다월의 관점을 이해하는 사람들은 소수인데, 가장 큰 이유는 그가 존재론이 아니라 개념이나 인식론에 관해 이야기하고 있다고 오해받는 경우가 많기 때문이다. 특히 앞의 인용 부분에서 무슨 일이 일어나는 중인지 이해하려면 존 맥다월이 이야기하는 '접근'의 의미를 인식론적이 아닌 존재론적인 측면에서 이해해야 한다. 어떻게 그리고 왜 더 기본적인 접근 개념—세계에 대한 개방성—이 존재론을 낳는지 이해해야 한다. 따라서 존재론은 단순히 존재하는 개체(entities)가 아니라 인간존재에 의해 유의미하게 관여**되어** 존재하는 개체이다. 속성은 윤리학, 예술, 생산, 장비 등 유의적인 관계의 틀 안에 있는 개체에 기인한다. 이렇듯 유의적인 관계의 틀을 통한 개방성은 '존재(being)' 또는 개체의 존재론을 구성하며, 존 맥다월이 제안했듯이 하나 이상의 개방성 양태가 있을 수 있고 따라서 수학적·윤리적 양태 등 하나 이상의 존재 양태가 있을 수 있다.

그러므로 접근에 대한 두 가지 개념은 인식론적인 것과 보다 더 기본적인 것으로 구별되어야 한다. 보다 더 기본적인 개념은 '세계에 대한 개방성'이며, '단지 어느 환경에 서식하는 것'과 달리 개념화를 통해 가지적(intelligible, 可知的)이게 되었다. 존 맥다월(2007, 343)은 이러한 구분의 바탕에 마르틴 하이데거가 있다고 이야기한다. 실제로 우리는 접근의 개념뿐만 아니라 이해의 개념도 명확히 할 필요가 있다. '접근'처럼 '이해'는 가지성과 정당화된 믿음 사이에서 모호하다. 윤리성이 존재하기 위해 필요한 윤리성처럼 폭넓은 특정 유형의 속성들에 대한 우리의 의도적 접근과 예를 들어 덕이나 덕스러운 행위에 대한 우리의 개방성이 올바른 것으로 정당화되어야 하는 도구인 인식론적 개념 사이에서도 마찬가지이다. 존 맥다월(1994, 82)의 표현대로 일단 우리가 (우리에게 개방된 것으로서 윤리학의 가지성을 구성하는) 실천윤리의 세계에 눈을 뜨면 인식론이 장악한다. "그때부터 그것의 상세한 배치에 대한 우리의 제대로 된 인식은 윤리적 사고의 성찰적 감독에서 영원한 정제의 대상이 된다."

마르틴 하이데거와 존 맥다월의 용어에 따라 진정한 의지에 대한 변별적인 윤리적 접근 양태를 구성하는 규제 구조나 유의적인 관계를 참조의 수월함을 위해 윤리의 로고스라고 부르겠다. "로고스의 본래 의미는…… 연결, 관계…… 그 안에 서 있는 것을 유지한다……. 로고스는 규제하는 구조이다."[4] 사물은 (의도적으로 평가된다는 의미에서) 마르틴 하이데거가 'b로서의 a' 구조라고 부르는 것을 통해 평가된다(Heidegger 1995, 436 참조). "'로서(as)'는 우리가 모든 것을 이해하고 접근할 수 있는 기본 구조이다."[5] '그 안에 서 있는 것'(로고스)은 b를 통해 '유지되는' 사물 a이다. **특정한** 로고스는 사물을 b**로서** 유의하게 만든다.

이러한 그림에 따르면 의도적인 접근 양태와 개체 사이에는 양방향의 존재론적 의존성이 있다. 윤리학의 경우 이것은 윤리적 사실을 인정하지만 행위자들의 감성과 완전히 무관하게 존재하는 사실은 인정하지 않는다. 그러나 감성만 인정하지도—마치 우리가 탁자의 갈색이나 딱딱함과 같은 윤리적 사실의 소극적인 관찰자에 불과한 것처럼—않는다. 이러한 맥락에서 실재론자인 아이리스 머독(Iris Murdoch)은 올바른 정서적 지향, 건설적 상상, 그리고 개체들에 대한 개방성의 일부로서 필요한 해석적 노력을 강조했다. 더욱이 이 양방향의 존재론적 의존성 안에는 존재론적 우위가 없다. 마르틴 하이데거(1994, 18-19)는 개방성이 '4중(fourfold)'으로 '우리에게 개방된 사물[존재]'과 '사물에게 개방된 우리[존재]'를 포함하며, '단일체(unity)'이지만 그럼에도 분석적 분리를 허용한다고 주장한다.[6] 즉 '4중 단일체 개방성'의 면면은 이해를 위해 분리해서 설명할 수 있지만 실제로 분리되어 있는 것은 아니다.

양방향의 존재론적 의존성을 이해하려면 타자에 대한 응답성 윤리를 고려해보자. 이것은 필란트로피에 있어서든 살해 금지에 있어서든 마찬가지이다. 에마뉘엘 레비나스(Emmanuel Levinas)는 우리에게 열려 있는 타자의 존재를 강조한다. 타자의 얼굴은 우리에게 명령의 근원이지만, "타자의 부름은 그 어떤 선험적·현상학적·해석학적 심지어 신학적 렌즈를 통해서 들리는 것이 아니라 그 자체가 존재와 언어, 행위의 근원이자 근거이다" (Wall 2005, 122). 에마뉘엘 레비나스는 명령받는 이의 응답성의 본질을 제대로 인식하지 못한다고 비판을 받아왔지만, 만약 명령받는 이 본인이 극도의 잔인성과 냉담 혹은 심지어 완전한 무관심함 때문에 타자에게 열려 있지 않다면 그 타자의 '부름'은 윤리적 명령으로 가지적이지 못할 것이다. 반면 폴 리쾨르(Paul Ricoeur)는 명령받는 이가 타자에게 사랑의 '선물'을 주는 행위의 본질을 너무 강하게 생각한 결과 우리에 대한 타자의 개방성을 명령의 근원으로 제대로 인식하지 못한다는 비판을 받았다(Wall 2005, 124).

덕윤리와 두터운 개념

이제 두번째 질문에 대한 답을 살펴보자. 실재에 접근하는 변별적인 윤

리적 양태의 본질은 무엇인가? 간단히 답해보겠다. 실재에 접근하는 변별적인 윤리적 양태를 구성하는 규제 구조 또는 유의관계—윤리의 로고스—를 가장 근본적인 수준에서 설명하는 것은 두터운 개념 중심주의이다. 두터운 개념은 형이상학적 의미에서 윤리학의 중심이다. 즉 윤리의 로고스의 중심이다.

두터운 개념은 존 맥다월이 이야기한 것처럼(앞의 인용, 1995, 164) 윤리의 로고스 안에서 구체적으로 어떻게 '윤리적 사유를 실재에 고정'시키는가? 이 고정이라는 구상을 적절하게 이해하려면 여러 쟁점을 해결해야 한다. 이런 구상을 전개하는 데에는 다음과 같은 몇 가지 단계가 있다.

(A) 앞에서 언급한 양방향의 존재론적 의존성을 고려하면, 인간이 윤리의 세계에 열려 있기 위해 필요한 여러 가지 기본적인 지향성의 구상이 있어야 한다.
(B) 윤리성의 영역에 대한 관념이 필요하다. 윤리의 로고스는 실재의 어느 영역을 수용하는가?
(C) 윤리성 영역을 정당하게 다룰 만큼 풍부한, 평가성의 본질에 대한 구상이 필요하다.
(D) 그렇게 얻은 평가성을 의무성, 그리고 일반적으로 행위의 이유와 연관시켜야 한다.

(A)에 대해 살펴보자. 두터운 덕과 무덕 개념을 숙달하는 것은 단지 이야기할 때 사용하는 문제가 아니라(심지어 사이코패스도 규칙을 숙지함으로써 어느 정도 사용할 수 있다),[7] 데이비드 흄이 생각했듯이 그가 도덕감각(moral sense)이라 일컬은 것의 근본적인 정서적 조율과 그것이 가능하기 위한 정

서적 조건, 특히 동정심을 통한 충분히 광범위한 자애(benevolence, 타자의 좋음을 갈망하는 것)가 요구된다.[8] 데이비드 흄은 윤리적 존재 양태(주로 유덕하거나 무덕한)에서 무언가(사람 또는 행위)의 개방성은 도덕감각을 자극하는 '힘'과 정서적 조건에 의해 구성된다고 보았다. 이러한 기본적인 정서적 지향성은 그 자체로 하나의 개념이 아니라 윤리적인 개념들을 적절하게 갖기 위한 전제조건이다. 데이비드 흄이 가정한 도덕감각이 없는 도덕적 괴물들에게, 예를 들어 자기 손가락을 긁기 싫어서 수많은 사람의 고통을 택하는 데이비드 흄의 악명 높은 사이코패스 괴물들에게 윤리는 가지적이지조차 않다. 데이비드 흄이 좁은 의미에서 **이해**의 작동으로 감정, 쾌락, 고통을 들어낸 기능으로 이해한 '이성(Reason)'만 있는 괴물의 눈은 윤리학의 세계성에 열려 있지도 않다.

그러나 도덕감각 등을 통한 윤리의 세계에 대한 정서적 개방성은 윤리적 역량을 갖추기 위해 충분하지 않다. 그래서 우리는 희망, 사랑, 자존감, 기쁨, 신뢰, 정직, 용기 등과 같은 광범위한 두터운 개념에 대한 익숙함(familiarity)[9]을 요구하고, 이것은 다시 자존감과 기쁨의 적절한 표현과 언제, 어떻게 용기와 정직이 요구되는지, 무엇을 희망해야 하는지, 누구를 신뢰하고 언제 신뢰해야 하는지 등을 파악하는 데 필요한 다양한 정서적 해석(emotional construal)[10]을 요구한다. 윤리적 개방성이 무엇을 요구하는지에 대한 고차적인 설명을 찾기 위해 데이비드 흄까지 거슬러올라가지 않아도 된다. 아이리스 머독의 저작이 최고의 출처이기 때문이다. 아이리스 머독은 데이비드 흄의 도덕감각을 훨씬 더 능동적인 것으로 보고 있다. 아이리스 머독의 '도덕 지각(moral perception)'은 정서로 충만한 사랑하기와 정의로운 주시(attention)를 말한다. 이 '지각'은 윤리적 측면에서 세계 전체에 편만해 있다. 아이리스 머독에게 있어 **윤리적으로** 올바른 그림을 확보하기 위해 세계를 해석하는 일은 전형적으로 '도덕적인' 별개의 행위에만 국한되지 않고 편만해 있다. 이것은 책임과 의무의 문제에만 국한되지 않고, '도덕적'으로 여겨지는 것(그것이 무엇이든)뿐만 아니라 광범위한 두터운 개념을 통해 사람과 상황에 대한 공들인 해석과 재해석을 지속적으로 편입한다(윤리적 올바름은 늘 **'우리의 완전한 파악을 초월하기'** 때문이다—Broackes 2012, 64).[11]

윤리의 세계에 대한 완전한 개방성을 위해 필요한 두터운 개념의 범위를 제대로 인식하려면 (B), 즉 윤리성 영역에 대한 설명에 기반해야 한다. 도덕적 또는 윤리적 지형의 복잡성을 적어도 다음의 세 가지 주요 방식으로 감소시키고자 하는 것은 분석적 전통과 특히 선행에 관한 글의 특징이다. 첫째는 (맥락에 관한 그리고 문화와 전통 같은 것들에 관한) 도덕적 개념의 비상황성(unsituatedness)이다(예를 들어 데릭 파핏이 간간이 묘사하는 예시들을 보라). 둘째는 도덕 개념의 (두터움과 대조적인) 상대적 얇음이다. 셋째는 도덕적 개념의 부족으로 조너선 하이트(Jonathan Haidt 2013, 109)가 이야기했듯이 "도덕에는 위해성과 공정성만 있는 것이 아니다." 이러한 경향의 해결책으로 판명된 사회심리학자들이 '도덕의 과학'이라고 부르는 비교적 새로운 학문의 영역은 인위적인 배경 설정과 (트롤리 문제 등) 사유 실험에서 벗어나 사람들이 일상적 경험에서 도덕에 대해 어떻게 생각하는지 직접적으로 질문한다. 그 결과 다음과 같이 분류되는 수많은 윤리적 매개변수가 식별되었다(Haidt 2013; Hofmann et al. 2014 참조). 돌봄/위해, 공정/불공정, 충실/불충실, 권위/전복, 신성함/퇴폐, 자유/억압, 정직/부정직, 자기 수양/자기 수양 결여 등이다. 나는 여기에 적어도 다음의 네 가지를 추가하고자 한다. 그것은 바로 데이비드 흄이 (『인성론*the Treatise*』 제2권에서) 보여주었듯이 자애/악의와 같지 않은 다른 사랑/미움, 창의성/창의성 결여, 희망/절망,

상냥함/상냥함 결여 등이다. 윤리성 영역의 한 측면인 창의성은 스스로의 재능을 개발해야 한다는 칸트의 도덕의무와 내면의 '천재'를 개발하라는 니체의 윤리적 요구를 정당화한다. 예를 들어 상냥함은 (이 덕이 '착함(niceness)'과 혼동되지 않는 한) 긴장 완화와 문제 해결의 맥락에서 사교성의 필요에, 희망은 우리의 유한성이라는 맥락에서 스스로의 과제를 보람 있게 여기려는 필요에 호소한다.

이것은 가치의 통용이 윤리에 대해 사유할 수 있는 상당히 얇은 매개체임을 보여준다. 나는 다른 글(2003, 2015b)에서 가치 이외에도 유대(충실, 상냥함, 사랑에 호소), 지위(권위, 정직, 공정, 고결에 호소), 행위자를 위한 좋음(자기 수양과 자율에 호소)의 측면에서도 생각해야 한다고 제안한 바 있다. 여기에서는 이 같은 윤리적 응답의 초석에 대한 다원론을 세세하게 설명하지 않고[12] (A)에서 식별된 윤리 영역의 풍부함을 제대로 다루는 평가성 구상을 개괄할 것이다.

윤리의 영역을 제대로 다루기 위해서 이 영역의 다양한 측면에 호소하는 광범위한 두터운 개념이 필요하다는 것은 확실하다. 극히 일부만 예로 들어보면 돌봄/자애의 경우는 관대한, 친절한, 예민한, 동정적 등이 있고, 위해의 경우는 잔인한, 악의적인, 비열한, 냉담한, 무모한, 무신경한 등이 있다. 사랑의 경우는 우정, 아가페, 다정함, 애정 등이 있고, 공정의 경우는 정의로움, 자격 있음, 합당함 등이 있으며, 불공정(또는 왜곡된 공정)의 경우는 기생성(parasitism), 니체의 이른바 '과학적 공정', 자비 없는 혹독한 엄벌주의 등이 있다. 불충실(또는 왜곡된 충실)의 경우는 징고이즘(jingoism), 맹목적 충실 등이 있고, 권위의 경우는 (의례, 제도적 규칙, 상사의 지시 등에 대한) 복종이 있으며, 전복의 경우는 권위 콤플렉스, '신 행세(playing God)' 등이 있다. 자기 수양의 경우는 인내, 청결, 근면, 절제, 효율, 미루지 않음 등이 있고, 고결의 경우는 자연을 존중하는 환경의 유덕 중 다수를 포함할 수 있다. 상냥함과 연관된 유덕 개념에는 제인 오스틴(Jane Austin)의 온화함과 아리스토텔레스의 상스러움과 저속한 익살에 대비되는 재치, 데이비드 흄의 '방탕한 웃음'에 대비되는 쾌활함 등이 있다.

이상은 윤리성 영역의 일부 측면과 관련된 몇 가지 두터운 개념의 작은 표본에 지나지 않는다. 나는 여기에서 엄밀함을 시사할 생각이 없다. 두터운 개념이 따라다니는 윤리성 측면은 유동적이고 상호 연결되어 있다. 더욱이 다수의 두터운 개념은 연결고리를 제공한다. 예를 들어 억압에 저항하는 사람의 용기나 매우 위험한 곳에서 이루 말할 수 없이 악하고 해로운 행위를 보도하는 기자의 용기가 있을 수 있다.

두터운 개념은 어떻게 이해하고, 그 요지는 무엇인가? 이제 (C), 즉 윤리성 영역을 제대로 다룰 만큼 풍부한 평가성의 본질에 대한 설명으로 넘어가자. 이 본질은 윤리성 영역의 다양한 측면과 관련된 두터운 개념을 통해 이해할 수 있다. 이러한 개념의 핵심은 상황에 대한 평가적인 '형태'를 제공하는 것이다. 그러면 조너선 댄시(1993, 112)의 표현대로 그 속성에 '실천적으로 관련된 프로필'이 생긴다. 더 자세히 살펴보자. 조너선 댄시와 데비 로버츠(Debbie Roberts) 등에 따르면 두터운 개념은 "환원할 수 없을 정도로 두텁다." 즉 "평가와 비평가는 두터운 개념의 내용에 깊이 얽혀 있으며…… 두터운 개념의 내용은 얇은 평가적 구성요소(또는 구성요소들)와 비평가적 구성요소로 분리될 수 없다"(Roberts 2011, 507). 그렇다고 해서 이러한 개념이 우리가 해당 영역의 기본 관념을 가질 수 있도록 거친 비평가적 특징을 가질 수 없다는 것은 아니지만, 이마저도 두터운 개념의 적절한 적용을 위한 필요조건을 구성할 필요는 없다고 이야기하려는 것이다. 왜냐하면 두터운 개념은 비평가적으로 무형적(shapeless)이기 때문이다. 즉 "평가적 분류에 상응하는 비평가적 분류는 없다"(Roberts 2011, 503). 마거릿 올리비아 리틀(Margaret Olivia Little)은 다음과 같은 예를 들고 있다(2000, 279).

> '잔인한'과 같은 도덕적 분류에 따라 무리지어진 항목들은 자연적 수준에서처럼 하나의 인식가능한 부류를 형성하지 않는다. …… 무수히 많은 잔인한 방식에서—개를 발로 차기, 예민한 사람 놀리기, 누군가를 파티에 초대하지 않기—이들의 공통점을 논할 방법은 없다. …… 잔인성의 도덕 개념을 마음대로 쓰는 방법뿐이다.

데비 로버츠에 따르면 이러한 관점이 함축하고 있는 것은 어떤 행동이 예를 들어 잔인하거나 친절한지에 관한 덕의 특성은 맥락에 의지하며, 이러한 의존성의 본질은 체계화할 수 없다는 것이다. 특히 어떤 행위를 어떤 맥락에서 친절하거나 정직한 것으로 만드는 특성은 이를테면 그 행위를 반드시 옳거나 선한 또는 그 비슷한 것으로도 만들지 않는다.[13] 이러한 특수주의적인 입장은 로절린드 허스트하우스(Rosalind Hursthouse)가 '친절하라'거나 '용감하라'와 같은 '브이 규칙(v-rules)'을 통해 윤리가 적절하게 약한 의미에서 체계화될 수 없다는 것을 함축하지 않는다.[14]

비평가성에 형태를(또는 편익 제공처럼 덜 풍부하게 평가적인 것에 더 풍부한 형태를) 제공할 때 두터운 개념은 '세상의 진정한 특징'(Roberts 2013, 85)인 평가적 속성을 나타낸다. 그런데 이 형태는 어떻게 주어지는가? 조너선 댄시(2013, 58)는 두터운 개념에 대한 버나드 윌리엄스의 본래적 설명으로 돌아가야 한다고 제안한다. 버나드 윌리엄스는 "두터운 개념이 평가적인 이유는 그 개념과 관련된 역량이 그것의 평가적 요지에 관한 일반적인 이해를 필요로 하기 때문이다. 여기에는 두터운 개념의 실천적 관련성, 문제의 개념이 예시되게 만들 수 있는 차이의 종류가 포함된다"라고 결론을 내리고 있다. 그런데 평가적 요지라는 개념을 어떻게 이해해야 할까? 이것은 조너선 하이트(2013)가 윤리성 영역의 다양한 측면의 '기반(foundation)'이라고 부르는 것을 파악함으로써 가장 기본적인 수준에서 이해할 수 있다. 우리는 더 넓은 세상에 살고 있는 존재자인 인간의 삶에서 정의와 충실 같은 특성이 수행하는 다양한 역할을 이해해야 한다. 예를 들어 공정/기만 기반은 "착취당하지 않고 협동의 보상을 성취하는 적응적 도전(adaptive challenge)에 대응해 진화했다"(Haidt 2013, 178). 돌봄/위해 기반은 "취약한 아이들을 돌보는 적응적 도전에 대응해 진화했다. 이것은 우리가 괴로움과 곤란의 징후에 민감하도록, 잔인성을 경멸하도록 만든다"(Haidt 2013, 178). 충실/배반 기반은 동맹을 형성하고 유지하는 적응적 도전에 대응해 진화했다. 이것은 우리로 하여금 타인이 협동하는 사람인지 (아닌지) 보여주는 징후에 예민하게 만든다(178). 권위/전복 기반은 제도 내에서 사회적 계층구조와 역할에 대한 우리의 필요를 반영한다. 사랑/미움 기반에는 생물학적 근거로 "유아가 생존을 강화하는 방식으로 양육자에게 감정을 느끼고 행동하며 양육자를 사랑하게 돕는" '애착 체계'가 있다(Peterson and Seligman 2004, 287). 우리의 타고난 자질의 이러한 특성은 평생 지속된다(Peterson and Seligman 2004, 279). 다시 말해서 우리는 타인과의 연대에 대한 기본적인 욕구가 있는 생명체이다.

희망/절망 기반은 우리의 과제, 창의적 노력, 고민, 사랑을 가치 있게 생각하려는 기본적인 인간의 욕구(버나드 윌리엄스는 이것 없이 우리는 살아남을 수 없다고 생각한다)를 보여주는데, 이를 위해서는 실존적 절망, 마르틴 하이데거가 이야기한 만연하고 총체화(totalizing)하는 권태, 만성적인 심각한 우울 상태를 피해야 한다. 다양한 윤리적 기반과 관련된 두터운 개념은 그

넓은 영역 내에 위치한 특성에 보다 정제된 형태를 제공하며, 따라서 그 특성의 평가적 핵심을 한층 섬세하게 이해할 수 있다. 예를 들어 관대함, 잔인성, 냉담, 무관심은 돌봄/자비/위해 결합체 안에서 유덕/무덕을 구별하고, 사랑/혐오 결합체에서 다정함, 무신경, 집착, 수동 공격을 구별하며, 창의성/창의성 결핍 기반에서 진실성, 비모방성, 진정성을 구별한다.

이제 윤리의 로고스에 대한 네번째 측면인 (D)에 대해 살펴보자. 이것은 평가성과 행위의 이유 사이의 연결고리이다. 조너선 댄시가 두터운 개념의 일반적인 속성으로 '실천적 관련성'이라고 부른 것은 적어도 부분적으로 우리가 행위의 이유를 이해하는 데 있어서 두터운 개념의 작용을 나타낸다. 어떤 행위는 충실하거나 정직할 수 있지만 유덕한 것은 아닐 수 있다. 이러한 충실한 행위는 잘못 인식한 충실의 예일 수 있으며, 정직한 행위는 터무니없이 눈치 없는 행동일지도 모른다. 평가적 형태를 기부의 이유에 연결하는 것은 행위의 유덕함이다. 이러한 두터운 개념과 적절한 유덕/무덕의 개념을 구별하는 훌륭한 예를 신뢰성(trustworthiness)에 관한 캐런 존스(Karen Jones 2012)의 논의에서 찾아볼 수 있다. 캐런 존스는 신뢰성의 '도덕적 설명(moralizing)'에 대해 당연히 반대했는데, 신뢰성은 그 자체로 덕 개념이 아니라는 것이다.[15] 신뢰성은 비평가성에 평가적인 형태를 제공하는 두터운 개념이며, 이것에 대해 캐런 존스는 사람을 믿을 수 있어야 한다는 일반적인 사회적 욕구 측면에서 흥미롭게 설명하고 있다. 타인의 힘을 결집해야 하는 필요의 형태로 나타나는 우리의 의존성은 그것에 대한 기대와 응답성을 수반한다. 그러나 적절한 신뢰성이 덕이라고 생각하는 사람들은 일반적으로 신뢰성의 어떤 특성이 그런 종류의 신뢰성을 성품의 **탁월함**(excellence)으로 만드는지도 설명해야 한다.

유덕하게 충실하고 친절하고 정직하고 신뢰할 만하다고 간주되는 것은 두터운 개념의 분석을 (어떤 버전의) 덕윤리와 연결시킨다. 그러므로 유덕한 친절, 신뢰성 등은(성품이나 행위의 관련 유무와 무관하게) 개인의 덕윤리에 의존하는 이론적재적(theory-laden) 개념이다. 행위의 유덕함에 대한 이해에 관해서는 덕윤리학자들 간에 상당한 이견이 있다. 일부 학자들(특히 Slote 2001)에게 유덕함은 동기의 질에 달려 있고, 로절린드 허스트하우스(1999)와 같은 학자들은 유덕함을 성품대로 행동하는 유덕한 행위자의 행위의 본성이나 그 부합성의 측면에서 이해한다. 나의 목표 중심적(target-centered) 관점(Swanton 2003, 2010, 2015a)에서, 예를 들어 친절에 관한 행위의 유덕함은 행위와 관련된 친절이라는 덕의 목표(아리스토텔레스가 중용이라고 부르는 것)의 맥락상 유관하고 현저한(salient) 측면에 부합하는지에 달려 있다. 무엇이 덕의 (다차원적) 중용 달성에 해당하는지 알기 위해서는 그 덕의 요지와 기능을, 행위와 관련된 합격 개념으로서 덕의 기준을 알아야 하며,[16] 이것은 복잡하고 논쟁적일 수 있다. 구조적 수준에서 우리는 적어도 이렇게 말할 수 있다. 중용 달성은 (맥락적 현저성과 옳음의 다양한 형식과 관련해 유덕함의 기준이 어디에 설정되어 있는지에 따라) 해당 덕과 관련해 올바른 정도, 시간, 동기, 태도, 도구를 포함한다.[17] 나는 이 관점을 다른 지면에서 소개했으므로 여기에서는 유덕한 행위자가 덕의 과녁(target)을 겨냥하더라도 자신의 잘못 없이 맞히지 못할 수도 있다는 것만 지적하고자 한다. 또한 무덕한 사람은 덕의 과녁과 맥락상 유관한 측면을 맞혀서 결과적으로 옳은 행위를 할 수도 있다.

초과의무의 역설

두터운 개념 중심주의를 본격적으로 옹호하려면 많은 것을 고찰해야 한다. 여기에는 두터운 개념 중심주의의 형이상학뿐만 아니라 두터운 개념을 제대로 배치하는 윤리의 객체성에 관한 버나드 윌리엄스의 회의적인 우려, 그리고 존재자의 윤리적 양태와 광범위하게 해석된 과학적 양태 등 다른 양태들 사이의 관계까지 포함된다. 우리의 두터운 개념 중심주의 옹호는 간접적이다. 나는 선행의 여러 역설을 해결하도록 두터운 개념 중심주의를 작동시킴으로써, 즉 지나치게 얇은 평가적 개념, 그리고 자연과학에 더 적합한 유의관계라는 틀로 윤리를 설명하는 쌍둥이 악이 그러한 역설들의 근간이라고 주장할 것이다.

먼저 초과의무의 역설에 대해 살펴보자. 여기에서 의문이 생기는 것은 우리가 필란트로피가 초과의무적인지, 필란트로피가 초과의무적이라고 하는 것은 무슨 의미인지 알고 싶기 때문이다. 안타깝게도 이러한 질문들에 답하는 것은 쉽지 않다. 초과의무의 정의 자체가 명확함과는 거리가 멀기 때문이다. 두 가지 문제가 있다. 먼저 조너선 댄시의 『도덕적 이유*Moral Reasons*』(1993)에 나오는 두 가지 비평가적 정의를 생각해보자. 다음은 내가 인용한 것이다.

(a) "초과의무적 행위는…… '의무의 부름을 초월한 곳에' 존재한다"(127).
(b) "어떤 행위가 초과의무적이라는 관념은 특정 상황에서 행위자가 선을 최대한으로 추구하는 행위가 아닌 다른 행위를 선택할 수도 있다는 관념과 같다"(167).

(b)부터 살펴보자. (b)는 조너선 댄시가 옹호한 초과의무성 정식이다. 이 정의와 관련해 역설은 다음과 같은 방식으로 발생한다. '좋은 당위

(good ought)' 묶음(tie-up)이라고 칭하는 것을 가정해보자. 이 묶음은 다음과 같은 덕에 의해 초과의무의 여지를 주지 않는 것처럼 보인다.

1. 우리는 가능한 최대의 선을 가져올 최대의 이유를 가지고 있으며, 행위 이유가 가장 큰일을 해야 한다.

문제의 역설은 다음과 같이 추가적인 그럴듯한 말을 고려할 때 발생한다.

2. "행위자가 선을 최대로 추구할 행위가 아닌 다른 행위를 선택할 수도 있는 특정한 상황들"에서(Dancy 1993, 167).

결과주의적 합리성 모델들에서(이 장의 앞부분에서 언급한 '단순한 사유', '추구의 헤게모니' 명제, '다다익선 명제' 참조) (1)은 그럴듯해 보인다. 그러나 (2)를 지지하는 것은 도덕적 행위자에게 결과가 지나치게 요구적이라는 관점이다. 조너선 댄시는 결과주의에 대한 자신의 보다 일반적인 공격에서 (2)를 지지하고 (1)은 합리성과 윤리의 진실이 아니라고 이야기한다. 여기에서 평가성은 행위자 중립적 가치의 측면에서, 의무성은 이유의 측면에서 이해된다. 조너선 댄시에 따르면 '좋은 당위 묶음' 풀기는 (1)이 행위자 중립적 가치에만 적용되지만, 행위자 상대적인 가치를 낳는 행위자에 대한 희생은 행위에 찬성하는 쪽으로 이유의 균형에 영향을 미친다고 인정될 때 발생한다.

초과의무에 대한 정의 (b)는 초과의무 문제의 핵심을 건드리지 않는다. 다시 말해서 J. O. 엄슨(1958)에 의해 유명해진 구상에서 초과의무의 역설은 결과주의적 이론과 비결과주의적 이론 모두에 영향을 미친다는 것이다. 내가 크리스틴 스완턴(2003)에서 주장했듯이 지나치게 요구적인 희생은 행위자 상대적인 고려사항에도 영향을 미칠 수 있다. 초과의무의 역설은 심각한 장애가 있는 아이를 온종일 거의 혼자서 돌보는 사람이 입증하듯이 사랑과 돌봄에 쉽게 적용할 수 있다.

이제 초과의무에 대한 정의 (a)로 넘어가자. 이것은 초과의무의 역설이 여러 버전의 비결과주의에도 영향을 미친다는 인식을 허용한다. 그렇다면 정의 (a)에 적용되는 역설을 재정식화해보자.

(1*) 어떤 행위가 의무일 경우 우리는 그것을 이행할 최대의 이유가 있으며, 우리는 해야 할 최대의 이유가 있는 일을 해야 한다.

초과의무의 역설은 다음과 같은 추가적인 타당성이 주어질 때 발생한다.

(2*) 특정한 상황에서 행위자는 의무가 아닌 다른 행위를 선택할 수도 있다(유관한 의무 구상에서).

그러나 정의 (a)에는 선행과 필란트로피에 직접적으로 영향을 미치는 두번째 심각한 불명확성이 있다. 이것은 초과의무, 관대함, 자선 등 레베카 스탱글(Rebecca Stangl 2016)이 말하는 '평범한(mundane)' 행위 사이의 관계를 수반한다. 레베카 스탱글은 "**공정거래가 요구하는** 것보다…… 조금 더 관대하고 관용을 베풀며 기꺼이 도움으로써 의무를 초월하는 것이 가능하다"(Stangl 2016, 358)고 주장하는 J. O. 엄슨을 언급하면서 관대함과 자선을 정의의 의무와 혼동해서는 안 된다고 적절하게 주장한다. '공정거래'가 요구하지 않는 모든 기부 행위가 의무의 부름을 초월한 것이라고 보는 것은 실수이다. 인색한 기부 행위는 관대함이라는 덕에 의해 금지된다(Swanton 2015a: 44; Stangl 2016). 모든 일상적인 **관대한** 행위가 초과의무적이라고 여전히 주장될 수도 있으나(정의(正義)상 이런 행위는 인색한 것이 아니며 따라서 금지되지 않으므로) 이 역시 너무 애매하다. 관대하라는 일반적인 의무가 반드시 지금 여기에서 이 사람(또는 자선단체)에게 관대해야 하는 의무는 아니지만, 이런 경우에 일반적인 의무(칸트가 준칙이라고 부르는 것)의 달성을 '의무의 부름을 초월한다'고 하는 것은 심각한 오해의 소지가 있다. 명령되지 않은 관대한 행위는 의무의 부름을 초월한다는 이유로 전혀 수행하지 않는 것이 허용되며, 따라서 관대한 행위가 요구되는 경우를 제외하면 전혀 관대하지 않아도 된다고 주장하고 있는 것처럼 보이기 때문이다. 그러나 그렇게 허용 가능성의 주장에 따라 행동하는 것은 칸트의 선행에 대한 덕의무와 관대하라는 덕의 일반적인 요구를 위반하는 것이다.

지금부터 나는 의무의 부름을 초월한 (예를 들어 성스럽고 영웅적인) 존경스러운 행위를 설명하기 위해 초과의무의 개념을 유보할 것이다.

그럼에도 불구하고 마샤 배런(1995)의 칸트와 로저 크리스프(Roger Crisp 2013)의 아리스토텔레스와 같은 일부 관점에서 보면 덕의무의 기준들은 존경스러울 정도로 성스럽거나 영웅적인 행위에조차 초과의무의 여지를 주지 않는다. 로저 크리스프(2013, 22)는 아리스토텔레스에게 있어 다음이 명확하다고 주장한다. "유덕한 사람이 타자를 위해 죽는 것은 초과의무가 아니라 유덕한 것이다. 유덕함은 의무를 이행하는 것이다. …… 관대함도 비슷하다. 만약 그 유덕한 사람이 예를 들어 자신의 사치품에 돈을 쓰지 않고 옥스팜(Oxfam)에 거액을 기부한다면 그것이 그의 의무라고 결론지을 수 있다." 로저 크리스프가 볼 때 유덕한 사람이 목표로 삼는 아리스토텔레스의 '중용'은 '상황과 행위 또는 감정 사이의 관계'이며, 이 중용은 '적합한 것 또는 의무로서 적합한 것'으로 설명할 수 있다(22). 그러므로 그가 보기에 우리에게는 덕-적합성-의무 묶음이 있고, 따라서 덕-당위 묶음도 있다. 로저 크리스프가 볼 때 초과의무의 역설(정의 (a))은 (2*)를 거부함으로써 해결할 수 있지만 여기에는 지나치게 요구적인 윤리라는 대가가 따라올 것이다.

이제 두터운 개념 중심주의를 이용해 로저 크리스프가 옹호한 덕-의무-당위 묶음을 살펴보자. 크리스프의 반(反)초과의무주의적 입장은 얇은 개념에, 이 경우에는 아리스토텔레스의 중용, 옳음(올바름으로 이해되는), 의무, 적합성 사이의 연결고리라는 얇은 구상에 너무 많은 비중을 두고 있다. 올바른 행위는 중용과 관련해 두터운 개념의 작동방식에 둔감한 방식으로 이해된다. 또한 나는 그러하다고 주장할 것이다.

덕-적합성 묶음은 분명 존재하지만 내가 볼 때 덕-윤리 묶음이 존재하는지는 분명하지 않다. 중용에 합치하는 행위는 모두 의무를 수반하는가? 작동중인 중용에 부합하는 어떤 행위들은 의무가 아니라 칭송받을 만한 것이 됨으로써 적합해질 수는 없는가? 나는 그럴 수 있다고 생각한다. 중용에 부합하는 행위가 칭송받을 만하지만 요구되는 것은 아닐 수 있다는 견해의 근거는 덕에 기반한 적합성의 개념이 모호하다는 것이다. '적합함'은 최대의 이유가 있는 행위를, 덕의 존경스러운 본보기라는 기준과 관련된 상황에서 최선이라는 의미에서 설명할 수 있다. 이러한 관점에서 적합한 행위란 존경스러운 덕의 기준들에 의해 결정되는 최선의 행위이다. 이러한 기준들이 예수, 만델라, 간디, 호메로스 또는 아리스토텔레스적인 전사와 같이 성스럽거나 영웅적인 일부 모범적인 이들이 갖춘 덕으로서 이해되는 덕에 의해 정해졌다고 가정해보자. 이 모범적인 이들이 용기, 사랑, 너그러움 등의 존경스러운 덕을 갖췄다고 하자(Zagzebski 2010; Walker and Henning 2004 참조).

그러나 나는 존경스러움이라는 기준에 최고로 부합하지 못하는 행위를 이행할 불패(不敗)의 이유가 있을 수 있는 적합한 행위가 불패의 이유 때문에 행해지는 행위를 묘사할 수도 있다고 주장할 것이다. 이런 행위에는 존경스러운 덕의 기준과 그 기준에 대한 의무에 대해서는 존경할 만하지만 이행할 의무가 없는 초과의무적 행위를 포함할 수 있다.

덕 개념의 도입에 의해 적합성 및 의무 개념에 도입된 복잡성이 가려지는 것은 봉사, 기부, 돕기 같은 친사회적(prosocial) 행동을 적절한 덕 개념에 포함시키지 않으면서 이러한 행동의 관점에서 초과의무적 행위를 설명하기 때문이다. 이처럼 비교적 비평가적인 개념이 사용되면 '단순한 사유'가 합리적인 요구를 구현하는 것처럼 보인다. 최대한 베풀고 최대한 돕는 것이 가장 큰 선을 추구하는 것임을 고려하면 합리적이지 않을까? 그러나 덕 개념들에 의해 도입된 적합성 개념 속의 모호함은 역설을 해결하지 못한다. 우리는 여전히 다음과 같이 질문해야 한다. **모든** 행위자는 존경스러운 덕의 기준이 정한 의무에 따라 행위해야 하지 않을까? 그렇게 해야 하는지는 명백하지 않다. 더 큰 덕이나 심지어 존경스러운 덕을 열망하며 자기개발중인 행위자를 떠올려보자. 그는 니체의 표현대로 '치유(convalescent)중'일 수도 있고, 줄리아 애너스(Julia Annas 2011)의 표현대로 포부가 크고 배우는 중인 행위자일 수도 있다. 그는 언제나 존경스러운 덕에 따라 행위해야 하는가? 니체(1976, 4: "On the Higher Man" 13)는 그렇지 않다고 주장하며 다음과 같이 경고했다. "자신의 힘에 부칠 정도로 유덕하지 말라!" 여기에서 경고는 두 가지이다. 첫째, 자기개발의 길은 순탄치 않다. 특히 자기개발 과정에서 가장 존경스러운 본보기를 직접적으로 모방해서는 혹은 적어도 늘 그렇게 해서는 안 된다. 둘째, 역시 니체가 지적했듯이 우리 모두가 가장 존경스러운 덕을 열망할 필요조차도 없다. 모두가 '완벽해'지기를 열망해야 하는가, "가서 네 소유를 팔아 가난한 자들에게 주라. …… 그리고 와서 [예수를] 따르라"(Matthew 19:16-21, KJV)고 요구받는가? 물론 가난한 사람들에게 베풀어야 하지만 모두가 그렇게 하기 위해 가진 것을 모두 팔고 서번트(Servants) 등 일부 기독교 자선단체 사람들처럼 가난한 사람들과 함께 생활하면서 예수를 따르는 것과 동등한 일을 해야 하는가? 이러한 요구적인 윤리는 파머와 크라빈스키(Farmer and Kravinsky)의 사례(Angle 2009, 90-91에서 논의)에서처럼 심각한 자애(自愛)의 실패를 무수히 유발하기 십상이다.

이제 우리는 역설적으로 보이는 (2*)를 이해할 수 있다. '덕의무'는 존경스러운 덕에 따른 의무와 역치라는 구상에 따라 기준이 더 낮게 설정된 행위자의 본성과 발전에 따라 적절하게 보정된 의무 사이에서 모호하다. 물론 이렇게 되어야 하는 방식은 고도로 복잡한 쟁점이며, 그 세부사항은 여기서 더 자세히 다룰 수 없다.

과소결정의 역설

선행과 필란트로피 윤리의 대표적인 문제는 이유에 의한 과소결정(underdetermination)이다. 예를 들어 이유는 누구에게, 얼마나, 얼마나 많은 사람에게 베풀어야 하는지 결정할 수 없다. 덕윤리는 이 문제에 특히 취약하다고 생각할 수 있는데, 관대하고 자애로운 것과 같은 덕 개념이 모호하고 모든 경우에서 확정적인 행위를 규정하지 않기 때문이다.

보다 구체적으로 무엇이 문제인가? 그것은 다음의 문제가 유발하는 이유에 의한 과소결정의 역설이다. 일반적으로 해야 할 가장 큰 이유가 있는 일을 해야 합리적이라고 여겨진다. 나는 '가장 큰 이유'를 루스 창(Ruth Chang 2009, 248)의 방식으로 이해한다. "만약 x를 해야 할 이유가 y를 해야 할 이유를 능가하고, 이기고 침묵시키고 배제하고 취소하고 보류시키거나 더 긴박하다면 y보다 x를 선택할 가장 큰 이유가 있는 것이다." 그러나 루스 창을 비롯한 많은 사람들에게 "선택의 이유가 무엇을 해야 할지를 과소결정하는"(248) 경우가 종종 있다. 두 가지 대안이 모두 비통약적(incommensurable)일 수 있는 선택의 이유가 충분할 수 있고, 또는 (비극적인 딜레마에 대한 일부 이해를 바탕으로) "당신의 이유가 무엇이 되었든 아무런 정당한 선택도 제공하지 못할 수도 있다"(248).

흔히 선택할 이유가 '바닥날' 때는 아무 대안이나 충동적으로 선택하면 된다고 이야기하지만, 삶에서 중요한 선택과 필란트로피 기부 같은 중요한 결정에서 충동적인 선택은 만족스러워 보이지 않는다. 여기서 우리는 딜레마에 직면한 것처럼 보이는데, 이것이 실천적 이유의 두번째 역설이다. 이유가 바닥이 났는데 중요한 선택에서조차 더 고민하는 것은 부적절한 것 같다는 생각이 정당할 수 있지만, 충동적인 선택 역시 부적절해 보이기 때문에 해야 할 이유가 가장 큰 것을 찾아서 각 선택의 장점에 대해 더 고민하는 것은 적절해 보인다. 요세프 라즈(Joseph Raz 2002, 47)는 합리성의 두 가지 구상을 구별함으로써 (비통약성 문제와 관련해) 해법을 제시한 것으로 보인다.

> 나는 인간 행위자성에 관한 두 가지 구상을 대조할 것이다. 하나는 **합리론적** 구상으로, 하나는 **고전적** 구상으로 칭하겠다. 전반적인 개요에서 합리론적 구상은 모범적인 인간적 행위가 이행되는 것은 그 행위가 행

위자의 관점에서, 행위자의 모든 선택지 중 가장 강력한 이유로 지지받았기 때문이라고 간주한다. 고전적 구상은 모범적인 인간적 행위가 이행되는 것은 행위자가 합리적으로 적합하다고 여기는 모든 선택지 중에서 그가 그것을 이행하기로 선택하기 때문이라고 간주한다.

요세프 라즈는 고전적 구상을 선호해—이에 따르면 어떤 것을 심지어 루스 창의 관점에서 보더라도 이행할 최대의 이유가 없는데도 선택하는 것은 합리적일 수 있다—다음과 같이 결론짓는다.

> 광범위한 비통약성에 의존하는 인간 행위자성의 고전적 구상은 평범한 인간 경험으로부터 지지를 얻는다. 이것은 일반적으로 사람들이 무엇을 할지 결정하기 전에 가능한 모든 선택지를 조사하지 않는다는 것을 우리에게 가르쳐준다. 오히려 사람들은 이유에 의해 배제되지 않는다고 믿고 자신에게 끌리는 선택지를 찾아내서 실행한다(Raz 2002, 65).

하지만 '끌리는' 것을 선택하는 방식은 비판받을 수 있지 않을까? 만약 당신이 소심하고 우유부단하며, 선택지를 합리적으로 결정할 수 없어서 괴로워한다면? 또는 선택지 조사를 너무 빨리 포기해서 비난받을 수 있지 않을까? 루스 창 나름의 해결책은 그 자체로 규범적으로 평가되지 않은(창조의 행위), 이유가 바닥났을 때조차 선택을 합리화하는 특성을 찾는 것이다. 우리는 의지의 행위로 이유를 창조한다. 규범성을 부여하고 교착상태를 해소하기 위해 이유를 '취한다'. 그리하여 아무것도 존재하지 않던 곳에서 이유를 창조한다. 이것은 의지주의적(voluntarist) 이유이다. 하지만 의지 행위 역시 비판받을 수 있지 않을까?

이번에도 역시 문제가 발생하는 것은 다루어진 중대한 구상들—의지, 선택, 끌림, 충동적인 선택—이 지나치게 얇기 때문이다. 이것들은 윤리의 로고스에 적합한 개념들이 아니다. 뒤에 개괄된 이 역설에 대한 덕윤리 해법에는 이유가 바닥이 났을 때의 충동적인 선택을 위한 기준을 제공하기 때문에 이러한 문제가 없다. 일견 기술적(記述的) 특성으로 보이는 충동적인 선택은 덕의 기준에 의해 규범적으로 평가될 수 있다. 이 덕에 기반한 기준에 대해 살펴보자. 필란트로피와 관련된 직업을 선택하는 경우를 생각해보자. 당신은 구호단체에서 아주 좋은 자리를 제안받았지만 옥스퍼드대학에서 정치학·경제학·철학 학위를 추가로 받을 수 있는 기회도 주어졌다고 가정하자. 당신은 학자의 길에 마음이 이끌리면서도 구호단체에서 일하는 것과 관련된 당신의 지식이 옥스퍼드대학에서의 학업으로 강화될 것임을 깨닫는다. 고민 끝에 당신은 이유가 바닥났음을 알아차린다. 파티에서 우연히 유명한 구호 활동가인 존스를 만나 대화를 나눈다. 그 결과 아직 고려하지 않은 이유가 추가로 생기지 않았음에도 당신은 열정에 휩싸여 구호단체를 선택한다. 하지만 상황은 다르게 흘러갈 수도 있다. 당신은 존스가 아닌 학계의 친구를 만나게 되어 그가 옥스퍼드대학 학위에 대한 생각을 환기시킨다. 이에 당신은 옥스퍼드대학에 지원해 합격함으로써 그곳을 선택한다. 여기서 묘사된 것은 두 가지의 다른 서사이다. 당신은 당신 인생의 서사적 흐름을 따라갔다. 존스가 당신에게 말을 걸거나 학계 친구가 당신으로 하여금 기회를 깨닫게 했다. 삶이 특정한 경로로 당신을 이끌었다. 이것은 이유들 사이의 묶음을 파괴하는 행위의 이유에 해당하지 않는다.

그러나 여기에는 자의적인 무언가가 있지 않은가? 이것이 '한낱' 충동적인 선택보다 조금이라도 나은가? 만약 당신이 한 일이 대부분 당신의 통제에서 벗어난 인생의 서사적 방향의 맥락 안에 있다면 그 방향을 따라가는 것은 서사적 덕(narrative virtue)에 합치할 수도 있고, 그렇지 않을 수도 있다. 이러한 덕과의 합치는 (추가적인) 고민에서 탁월함의 문제일 필요는 없다. 어째서 그럴까? 서사적 덕이란 무엇이며, 이와 관련된 두터운 개념은 무엇인가? 우리의 서사를 다시 살펴보자. 다만 이번에는 한 가지가 달라진다. 존스가 당신에게 이야기했지만 당신은 집착적일 정도로 고민하는 사람이므로 마음을 정하지 못해 머뭇거린다. 당신은 사람과 자기 자신에 대한 믿음이 부족하다. 결단을 내리고 구호단체에 헌신할 수가 없다. 여기서 우리는 당신이 보기에 이유가 바닥이 났을 때 집착적으로 고민하는 경향, 자신의 운명을 완벽하게 통제하고 싶어하는 경향, 동요하고/동요하거나 머뭇거리는 기질, 헌신을 꺼리는 것, 미래에 대한 용기와 믿음 부족, 즉 희망의 덕 부족 등의 서사적 무덕(narrative vice)과 만나게 된다. 존스의 격려에도 열의를 갖지 못하는 것은 반대의 무덕을 드러내는 것일 수도 있다. 당신은 실제로는 그렇지 않은데 이유가 바닥이 났다고 상상하는 사람이다. 어쩌면 지적으로 태만한 사람인지도, 미래가 두려운 나머지 미래에 대해 생각할 엄두를 내지 못하는 사람일 수도 있다. 다른 사람의 말에 지나치게 좌지우지되는 부류의 사람일지도, 다른 사람의 제안이 조금이라도 솔깃하면 따르는 사람일 수도 있다. 어쩌면 다른 사람이 당신의 인생을 통제하기를 바라는 것일 수도 있다. 당신이 구호단체에서 일하는 것을 충동적으로 선택해도 그 선택이 서사적 덕에 합치된다면 당신의 선택은 적합하다. 이것은 이유에 의해 과소결정된 경우라 하더라도 변하지 않는다. 설령 불패의 이유 **때문에** 학위 대신 취직을 선택한 것이 아니라 존스와의 대화에 대한 열정적인 응답의 결과라고 하더라도 그 선택은 덕에 부합하거나 최소한 무덕을 드러내지 않기 때문에 적합하다. 당신은 서사적 흐름을 따라간 것이지만 어떤 면에서 그것은 적합하다.

서사적 유덕에 대해 좀더 살펴보자. 광범위하게 구체화된 합리성의 핵심적인 덕, 이른바 이유에 즉각 반응하는 기질은 서사적으로 차별화되어 있다. 즉 이것은 당신 삶의 서사적 특성의 맥락 안에서 나타난다. 또한 적절한 곳에서 가장 큰 이유가 있는 일에 대한 탐색을 멈추고 적합하다면 서사적 흐름을 따라가는 기질이 그것의 차별화된 형식에 포함된다. 이것은 다시 범위가 복잡하고 서사적으로 차별화된 이유들에 대한 응답성(responsiveness)이라는 광범위한 덕의 합치에 의해 결정되는데, 앞에서는 이런 이유들 중 일부만 언급되었다.

마지막으로 서사적 덕이 요구하지 않는 것들에 대해 살펴보자. 서사적 덕은 삶의 이야기, 관심사, 개인적 특질과는 매우 무관하게 지극히 최적의 결과를 가져올 수 있는 직업을 선택하라고 요구하지 않는다. 예를 들어 막대한 규모로 필란트로피를 실천할 수 있는 기회를 최대화하는 직업 또는 생명을 구하는 구호 활동가가 되라고 요구하지 않는다.

이제 이러한 분석을 자선단체 선택과 같은 필란트로피의 이유들에 적용해보자. 이유에 의한 과소결정에 직면했을 때 당신 삶의 서사적인 특수사항이 선택에 큰 영향을 미친다면, 당신의 선택이 다른 선택지보다 대체로 작은 선을 가져온다고 하더라도 그런 사항이 자선단체 선택에서도 중요한 역할을 할 수 있을까? 물론 광범위한 비통약성이 있을 수 있지만 최적에 미치지 못하는 결과를 초래하는 방식으로, 그럴 것임을 알면서도 기부하는 것을 허용할 수 있을까? 윤리학의 여러 기초에 적합한 두터운 개념이 강조하는 평가적 특징에 주목하면 이러한 기부가 어떻게 유덕할 수 있는지 알 수 있다. 사랑과 충실의 유대도, 타산(打算)을 추동하는 스스로에 대한 유대도 서사적 맥락에서 정당한 도덕적 힘으로 이러한 기부의 심리뿐 아니라 유덕함까지 증명한다. 사랑하는 사람이나 공동체, 절박하게 필요했던 심리적인 서비스를 당신에게 무료로 제공했던 지역의 암협회 같은 기관에 대한 사랑, 연대, 감사의 표현은 자선단체 선택을 정당하게 확정할 수 있다. 사랑, 충실, 연대, 돌봄은 모두 이러한 자선을 정당화하는 덕이다.

'달라지는 것 없음'의 역설

'달라지는 것 없음'의 역설은 우리가 할 이유가 없다고 여기는 일을 해야 한다는 요구와 관련이 있다. 이 같은 경우 사람들은 집단적으로 선행이나 문제 해결을 목표로 삼을 수 있다. 이러한 선은 개인의 행위로는 이행할 수 없거나 집단행동만큼 효율적으로 이행할 수 없다. 선을 제공하기 위한 이러한 집단적 행위는 실현 가능하다. 집단적 목표는 목표 달성을 위한 수단과 마찬가지로 합의된다. 그러나 선을 달성하기 위해 요구되는 개개인의 기여는 이러한 달성에 아무런 영향도 미치지 않는다는 사실이 밝혀졌다. 엄밀히 말해서 이 역설은 자선 기부가 '바다의 한 방울 물'이 되는 문제와 똑같지는 않지만 두터운 덕 개념은 이 문제에도 적용할 수 있다.

일반적으로 '달라지는 것 없음의 문제'는 다음과 같이 설명할 수 있다. 내가 내 몫의 기여를 하든 말든, 지불을 거부하든 말든, 이 꽃을 꺾든 말든, 이 구근을 파내든 말든 아무것도 달라지지 않는다. 그러므로 나는 이 같은 기부를 할 이유가 없고, 꽃을 꺾지 않는다거나 할 이유가 없다. 나는 적절한 덕 기술(description)에서는 그렇게 할 이유가 있을 수 있다고 주장할 것이다. 줄리아 네프스키(Julia Nefsky 2015)는 앞에서 언급한 역설을 해결할 수 있는 두 가지 접근법이 있다고 주장한다. 첫째, 이 문제의 대표적인 사례들에서 각 사례가 행위로 인해 '달라지는 것이 없다'는 식으로 서술하는 것이 거짓임을 부인하는 것이다. 둘째, 이 접근법의 한 방식인 나의 해결책은 "'달라지는 것 없음'이 '할 이유가 없음'을 함축하고 있음을 부인하는 것이다"(246). 나의 해결방식은 그 이유들이 근본적인 차원에서 두터운 유덕/무덕 개념으로 기술되는 것이다. 이것을 '두터운 개념 해법'이라고 칭할 것이다.

이 해결책의 핵심은 세 가지로, 관련된 사례에서 다음은 참이다.

(a) A를 하지 않는 행위는 '기생적인', '불공정한', '비열한', '냉담한' 등 관련된 무덕 개념에 포함된다.

(b) A를 하지 않는 행위가 예를 들어 **기생적**인 한 이는 그것을 하지 않을 이유에 해당한다.

(c) 그 이유는 궁극적이거나 기본적인데, 기생성은 기술적으로 특정된 이유에 의해 묵살되지 않기 때문이다. 예를 들어 나의 기여나 지불 등은 지각 가능한 차이를 만들지 않는다. 나의 기여는 하나의 몫을 구성하지 않는다. 다시 말해서 A를 하지 못하는 것이 그로 인해 달라지는 것이 없기 때문에 더는 기생적이거나 불공정하지 않다고도, 내가 A를 하는 것으로 인해 달라지는 것이 없기 때문에 A의 기생성 또는 불공정성에 대한 나의 실패가 더는 부정적인 정서(negative valence)를 갖지 않는다고도 말할 수 없다.

개럿 컬리티(Garrett Cullity 2000, 22)는 공정함이라는 덕 개념과 관련해 '두터운 개념 해법'을 채택했다. 그는 지각 가능한 차이가 발생하지 않을 것이므로 기여할 이유가 없다고 주장하는 '지각불가론자(imperceptibilist)'를 무임승차자에 비유하고 있다.

> 지각불가론자는 무임승차자와 같은 방식으로 특권을 가로채고 있다. 그는 우리가 따라야 할 집단 명령이 있는 상황에서 그것의 준수를 다른 사람들에게 맡겨둔다. 그 자신은 집단 명령을 준수할 의사가 없으며, 아무런 타당한 이유도 없이 스스로를 다른 사람들과 다르게 취급한다.

이는 지각불가론자도 무임승차자도 모두 불공정하게 행위하고 있다는 것이다.

그러나 '달라지는 것 없음'의 경우 이유를 특정하기 위해 사용되는 두터운 개념에 공정함만 있는 것은 아니다. 공정함은 '달라지는 것 없음'의 일부 경우에만 적합하다. '두터운 개념 해법'을 더 구조화할 수 있을까? '아무것도 달라지게 하지 않는' 행위들에 이유를 제공하기 위해 사용할 수 있는 가장 일반적인 덕은 관심 분야 내지는 관심 영역이 자기 몫을 하거나 '본분을 다하는' 이름 없는 덕이다. 우리가 '네 몫을 하기'라고(그런 경향이 있다고) 부르는 이 덕의 적용에 대한 세 가지 사항에 주목할 필요가 있다. 첫째, 집단선(集團善)의 달성에서 개별적으로는 아무것도 달라지게 하지 못하지만 집단적으로는 유의한 편익을 가져다주는 행위의 모든 사례가 부작위된다면(omitted) 자신의 몫을 하지 못한 것으로 간주되지는 않을 것이다. 줄리아 네프스키(2015, 246)는 다음과 같은 예를 제시한다. "큰 규모의 소비 패턴은 전 세계 사람들의 생활에 커다란 영향을 미칠 수 있지만, 한번의 구매가 차이를 만들 것이라고 상상하기는 힘들다." 달걀 10여 개를 사거나 카페에서 케이크 한 조각을 먹는 것은 소비지상주의의 해악을 줄이기 위한 각자의 몫을 하는 것으로 보기 힘들다. '소비지상주의 문제'의 모호함과 조정 가능성, 불명확성을 데릭 파핏(Derek Parfit 1984, 76)의 '물방울' 사례(Nefsky 2015, 247에서 번안)에서 기술한 닫힌 체계와 대조해보자. 집단선은 사막에서 갈증으로 인해 죽어가는 특정한 수의 사람(수만)을 구하는 것으로, 같은 수의 사람들이 급수차에 담긴 물을 공평하게 나눠 각각 1파인트씩 기부하면 확보되는 선이다. 그러나 한 사람이 기여하는 1파인트만으로는 차이를 만들기에 부족하다. 그럼에도 1파인트를 기여하지 않는 것은 자기 몫을 하지 않는 것으로 간주될 것임이 분명하다.

둘째, 자기 몫을 하지 않는 모든 경우가 자기 몫 하기라는 **덕**에 반하는 행위로 간주되지는 않는다. 자기 몫 하기라는 분야에서 무엇이 탁월함으로 간주되는지의 문제는 매우 복잡하다. 이 덕을 소유하고 나타내는 것은 특정 상황에서 자기 몫을 적절하게 행하지 않는 것과 양립할 수 있다. 정직한 기질이라는 분야에서의 탁월함이 특정 경우에 적절하게 거짓말하는 것과 양립할 수 있는 것처럼. 예를 들어 특권을 행사하는 것이 공정하고 정당할 경우에 돕거나 기여하지 못하는 경우가 있을 수 있다. 이것은 줄리아 네프스키(2015, 257)가 예시한 스몰의 이야기에서 참이다. '두 살짜리 아이의 몸에 갇힌 어른'인 '스몰'은 자동차를 언덕 위로 밀어올리는 일에서 아무것도 달라지게 할 수 없을 것이다. '물방울'(Parfit 1984, 76) 사례와 '스몰'의 사례 모두에서 기여가 지각할 수 있을 정도로 무엇인가를 달라지게 할 수 없음에도 '물방울'의 경우 기여 실패가 무덕 개념에 해당하는 반면, 스몰의 기여 실패는 그렇지 않다. 한 가지 예를 더 살펴보자. 내 표로 인해 아무것도 달라지지 않는 경우 내가 투표하지 않는 것은 뉴질랜드에서 내가 가진 권리이고, 나는 선한 이유로 그 권리를 행사하고 있는 것일 수 있다. 나는 모든 선택지가 마음에 들지 않으며, 이 악당이든 저 악당이든 어느 누구도 좋아하지 않는 것이다. 태만, 무관심 등 무덕의 용어는 아무것도 적용될 필요가 없다.

셋째, '본분을 다하지 않음'이라는 일반적인 무덕은 다른 맥락에서 상이하게, 예를 들어 냉담함, 태만함, 비열함, 기생성 등으로 기술될 수 있다. 집단선을 위한 나의 기여는 단독으로는 무엇인가를 달라지게 할 수 없지만, 그런 기여의 실패는 상황에 따라 기생적이거나 불공정하거나 방종하거나 냉담한 것일 수 있다. 개릿 컬리티(2000)는 이러한 실패를 무임승차자의 기생주의에 기여하는 불공정에 비유한다. 묘목장에서 구매할 여력이 되면서도 개인 정원에 심으려고 레딩 근처의 대규모 블루벨 서식지에서 블루벨을 가져오는 것은 비열한 짓이다. 예뻐서 갖고 싶은 마음에 크라이스트처치의 헤글리공원(의 여기저기)에서 수선화를 한 다발씩 꺾는 것은 방종하고 이기적인 행동이다. 각 개인이 희생자의 결과적 '고문'에 지각 가능한 차이를 발생시키지 않는 데릭 파핏(1984, 80)의 허구적 사례에서 해당 용어의 적용을 적절하게 만드는 방식으로 작성된다면[18] 나는 개인의 고문에 지각 불가능한 방식으로 기여하는 것은 냉담하다고 기술할 수 있다. 그 사례가 종종 그렇듯이 불충분하게 기술된다면(underdescribed) 유관한 두터운 개념이 올바르게 적용되었는지 확신할 수 없다. 그러나 중요한 것은 그 행위로 인해 '달라지는 것이 없다'는 이유만으로 개인의 행위에 대한 무덕의 용어를 적당히 보류하는 것으로는 충분하지 않다는 것이다. '달라지는 것 없는' 사례에서 두터운 개념을 사용하지 않고 이유를 기술하면 개인의 행위와 부작위(omission)의 중요한 평가적 속성이 비가시화된다.

그러나 심지어 '달라지는 것 없음'의 사례에도 적용할 수 있는 자기 몫 하기라는 일반적인 덕의 존재를 줄리아 네프스키는 부정하고 있다. 네프스키는 달라지는 결과가 아닌 (추정상) 유관한 특징에 의존하는 개릿 컬리티와 같은 '두터운 개념 해법'은 작동하지 않는다고 주장한다. 무엇인가를 달라지게 할 수 없는 행위는 집단선의 발생에 참여함에 있어 그 몫을 해내지 못한다는 것이 여전히 참이기 때문이다. 정확하게는 집단선에서 그 추정적인 몫으로는 아무것도 달라지지 않기 때문이다. 우리는 인과의 측면에서 행위의 궁극적인 이유를 구체화하는 것으로 돌아가게 되며, 이러한 틀에서 줄리아 네프스키의 지적은 부인할 수 없는 것처럼 보인다. 나의 기여는 그 자체만으로 추구하는 선의 증가를 초래하지 않는다. 결과에 나의 '몫'이 없다면 내가 기여할 이유를 어떻게 찾을 수 있을까?

두터운 개념 해법은 아무것도 달라지게 하지 못하는 인과적 로고스가 이유를 명시하는 잘못된 로고스라는 관념에 의존한다. 윤리의 로고스는 두터운 개념의 로고스이다. 개릿 컬리티와 같은 해법에서는 공정이 무형의 결과적 기반을 갖는 두터운 개념(공정)에 아무것도 달라지게 하지 못하는 행위를 포함하는 데 의존한다. 이 개념의 숙달은 정의의 평가적 요지에 관한 이해를 수반한다. 이 개념을 능숙한 방식으로 적용하는 것은 기여 실패가 언제 기생적이거나 기생적이지 않은지, 추정적 불공정에 대한 분노가 내가 쓸 수 없는 것도 다른 사람에게 주기는 싫다는 심술궂은 태도(Glover 1974, 182 참조)를 언제 보여주거나 보여주지 않는지, 개인의 기여가 문제적인 자기희생적 태도를 언제 보여주거나 보여주지 않는지에 관한 이해를 수반한다.

무엇인가를 공정하게 만드는 것은 '과학적인', 단지 인과적인 로고스 안에서 포착될 수 없다. 이는 내 몫에 해당하는 **지각 가능한** 기여를 하는 것이며, 그 이유에 대한 설명에서 그것은 전혀 이유가 되지 않는 것으로 판명된다. 그러나 여기서 실수가 발생한다. 실천적 실재의 로고스에서 현저하고 기초적인 이유는 그 같은 것이 아니라 유덕/무덕의 이유이다. 더욱이 현재 다루고 있는 이유들을 기술하는 두터운 개념을 숙달하면 이러한 특성들은 '달라지는 것 없는' 사례들에서 행위 실패의 무덕한 사례를 무덕과 무관한 사례와 구별할 수 있다. 물론 많은 경우 '달라지는 것 없는' 경우에 행위의 실패가 유덕과 무관한지의 여부는 논란의 여지가 있다. 대부분은 집단선을 달성하기 위해 대규모의 준수를 요구하는 비교적 요구적인 행위나 부작위이다.

두터운 개념 중심주의에 기반하고 복지주의 형식과 대조적인 덕윤리는 선행의 철학에 대한 전통적인 접근법은 아니다. 덕윤리의 토대인 두터운 개념 중심주의는 윤리 일반에 대한 형이상학적으로 존중할 만한 접근법으로서 필란트로피에 대한 보다 섬세한 접근방식을 제공할 뿐만 아니라 선행 일반과 관련된 합리성의 역설을 해결 가능한 접근법으로 더 진지하게 받아들여질 필요가 있다.[19]

| 3장 |

선의 이행과 최대선의 이행

제프 맥머핸(Jeff Mcmahan)

덜 효율적인 이타주의

2008년 그다지 호감적이지 않은 미국의 부호 리오나 헴슬리(Leona Helmsley)가 사망했을 때 그가 남긴 재산의 추정 가치는 30억 달러에서 80억 달러였다. 이중 극히 일부만 특정 가족에게 남겨졌으며 다른 가족은 제외되었다. 리오나 헴슬리는 자신의 개에게 1200만 달러의 유산을 남겼는데, 이 금액은 유산의 신탁관리인에 의해 200만 달러로 대폭 줄어들었다. 나머지 유산은 그의 자선재단에 남겨졌다. 이 자선재단의 강령에는 첫째, "개들을 돌보는 일과 관련된 목적"으로, 둘째, "신탁이 결정하는 다른 자선활동"에 이 돈을 사용해야 한다고 명시되어 있다. 원래는 세번째 항목도 있었지만—"빈곤층, 특히 아동에 의료 및 보건 서비스 제공"—헴슬리가 나중에 삭제했다(Toobin 2008, 41).

나는 리오나 헴슬리가 사망한 뒤 그의 유증에 대한 법적 이의제기를 다룬 글과 관련해 짧은 전화 인터뷰를 한 적이 있다. 나는 리오나 헴슬리가 사람이 아닌 개에게 유산을 남긴 것이 용납될 수 없는 행위이냐는 질문을 받고 다음과 같이 답변했다. 지금 생각해보면 지나치게 단순하고 순진한 대답이었다.

> 작은 개 한 마리에게 200만 달러라도 주는 것은 가난한 사람들 앞에서 그 돈을 불태우는 것과 같다. 그 정도의 돈을 개에게 남기는 것은 가난한 사람들에 대한 모욕이며, 어쩌면 그러한 것이 리오나 헴슬리가 그렇게 한 이유일지도 모른다. 그러나 일반적으로 개들에게 거액의 돈을 남기는 것이 말도 안 되는 행위는 아니다. 나는 그런 유증이 잘못된 우선순위를 보여준다고 생각하지만 이런 경우는 흔히 있는 일이다. 기아와 빈곤이 존재하는 세상에서 대학이나 박물관에 또는 최악의 경우 이미 부자인 여러분의 자녀와 상속자들에게 재산을 남기는 것은 옳지 않다고 할 수 있다. 개들을 위한 복지는 부유층을 더 부자로 만드는 것보다는 낫다. 잘못된 우선순위를 보여주는 것일 수는 있어도 말도 안 된다거나 어리석은 행위는 아니다. 그것['개들을 돌보기 위한' 유증]은 맥락상 수치스럽지만 이 2건의 유증은 서로 분리해서 평가되어야 한다(Toobin 2008, 47에서 인용).

내가 이같이 답변하면서 생각했던 한 가지는 개와 관련된 주요 자선사업이 원래라면 '안락사'를 당하거나, 대체로 병들거나 다친 채로 방치되어 쓰레깃더미를 뒤지며 살다가 결국은 차에 치어 죽게 될 유기견에게 입양 가정을 찾아주는 것이라는 사실이었다. 내가 보기에 수많은 개들이 이 같은 일을 겪지 않도록 하는 것은 정당하고 심지어 리오나 헴슬리의 돈을 사용할 가치 있는 일처럼 여겨졌다.

그러나 물론 리오나 헴슬리의 수십억 달러의 유산은 인간의 고통을 예방하고 수많은 사람들의 생명을 구하는 데 사용될 수도 있었을 것이다. 따라서 관련 쟁점은 본질적으로 상대적인 것이었다. 문제는 개의 고통을 예방하고 개들의 생명을 구하는 일이 돈을 **선하게** 사용하는 것이냐가 아니라, 훨씬 더 큰 선을 행할 수 있는 방식으로 사용할 수 있는 돈을 그러한 목적으로 사용하는 것이 도덕적으로 용납될 수 있느냐였다. 그러므로 리오나 헴슬리의 유증이 제기하는 의문은 보다 일반적인 것, 즉 더 많은 고통을 방지하거나 더 큰 편익을 제공할 수 있는 방식으로 기부할 수 있는데 다른 자선적 대의명분에 기부하는 것이 도덕적으로 허용될 수 있는가이다.

대부분의 사람들은 리오나 헴슬리가 사망 당시 보유했던 재산은 그의 소유이므로 그가 원하는 대로 처분할 수 있는 것이라고 생각한다. 예를 들어 대부분의 사람들은 리오나 헴슬리가 말년의 공허감으로 재산을 모두 현금화해서 모닥불에 태워버리기를, 심지어 노숙자 쉼터 앞에서 태우기를 진정으로 원했다면 그 또한 그의 권리라고 생각한다. 이 지면에서 논박할 수는 없지만 나는 그 같은 견해는 잘못되었다고 생각한다. 리오나 헴슬리에게는 그 돈을 태워버릴 자유권도 허가권도 없을 뿐만 아니라 '그릇된 행동을 할 권리'—즉 청구권 또는 돈을 파괴하려는 시도에 대해 간섭받지 않을 권리—도 없었을 것이다. 그는 도덕적으로 정당하게 소유 및 보유하거나 통제할 수 있는 것보다 더 많은 자원에 대한 법적 권리를 가지고 있었다. 내가 보기에 리오나 헴슬리가 처분할 수 있었던 돈은 대부분 법적으로는 그의 소유였지만 도덕적으로는 그렇지 않았다. 도덕적으로 그가 보유할 자격이 없는 만큼을 아무 대가없이 내놓아야 한다는 도덕적 요구가 부여되었다. 그러나 그는 이러한 요구를 받는 돈에 도덕적인 자격이 없었으므로 그것의 처분과 관련한 그의 희망사항은 도덕적인 것과 무관했다. 리오나 헴슬리가 법적으로는 소유했지만 도덕적으로 자격이 없는 재산 중 일부는 누구의 것도 아니었으며, 가장 큰 선을 행하고 공정한 방식으로 고려해 사용되었어야 한다고 말하는 것은 논란의 여지가 있다. 누구의 것도 아닌 자원이 있을 경우 나는 기본적으로 그것이 최대선을 이행하는 데 사용되어야 한다고 추정한다. 그렇게 해야 가장 빈곤한 사람들에게 얼마간의 우선권이 돌아갈 것임을 고려하면 그러하다.

그러나 사망 당시 리오나 헴슬리가 법적으로 소유했던 돈의 일부는 도덕적으로도 그의 것으로 그가 마음대로 처분할 수 있었다. 그에게 그 돈을 부유한 가족에게 남기거나 심지어 벽난로에 태워버릴 수 있는 도덕적 권리까지 있었다고 가정해보자. 이 경우 리오나 헴슬리가 개들을 보살피는 기관에 그 돈을 기부하는 것은 진정으로 초과의무적일 것이다. 그러나 일부 철학자들은 자선단체에 돈을 기부하는 것이 초과의무적일 때조차 일단 특정 금액을 기부하기로 결심한 이상 더 작은 선이 아니라 더 많은 선이 행해지도록 기부해야 한다고 생각한다(Pummer 2016, Horton 2017 등). 물론 이 철학자들은 개인이 어느 자선단체가 가장 효율적인지 결정하기 위해 쏟아야 하는 노력의 양에는 한계가 있다고 인정하지만, 얻을 수 있다고 합리적으로 기대할 수 있는 정보가 주어진다면 반드시 최대선이 이행되는 방식으로 기부해야 한다고 강력하게 주장한다.

최대선을 이행하라는 조건적 요구

그러나 이러한 견해는 상당히 곤혹스럽다. 누군가는 의아해할 수도 있다. 전혀 기부하지 않는 것이 허용된다면 더 효율적인 자선단체에 기부하지 않고 덜 효율적인 자선단체에 기부하는 것이 어떻게 허용되지 않을 수 있단 말인가? 대부분의 사람들은 자선단체에 기부할지의 여부는 물론 어느 자선단체에 기부할지도 전적으로 임의적인 결정이라고 생각한다. 또한 대부분의 사람들은 자선단체에 전혀 기부하지 않는 것이 도덕적으로 허용된다면 어떤 이유에서든 개인이 선호하는 아무 단체에 기부하는 것 역시 허용될 수 있다고 믿는다. 예를 들어 흔하고 치명적인 질병 치료제를 개발하는 사업이 아니라 희귀하고 치명적이지 않은 질병 치료제 개발을 지원하는 자선단체에 기부하는 것이 허용된다는 것이다. 실제로 많은 사람들이 후자에 기부하는 것도 전자에 기부하는 것 못지않게 칭찬받을 만하다고 여긴다.

하지만 다른 사람에게 편익을 제공하는 것은 초과의무적이지만—즉 아무런 편익도 제공하지 않는 것이 허용되지만—조금이라도 편익을 제공한다면 더 큰 편익을 제공하도록 도덕적으로 요구되는 사례들이 실제로 존재하는 것처럼 보인다. 데릭 파핏(1982, 131)은 이러한 한 가지 사례를 제시하며 다음과 같이 이야기한다. "나에게 세 가지 대안이 있다고 가정하자."

A: 상당한 대가를 치르면서 낯선 사람의 오른팔을 구한다.

B: 아무것도 하지 않는다.

C: 동일한 대가를 치르면서 낯선 사람의 두 팔을 모두 구한다.

데릭 파핏의 주장에 따르면 두 가지 구조 행위 중 어느 쪽이든 그가 치르는 대가로 인해 아무것도 하지 않는 것이 허용되지 않을 수 있지만, 일단 그가 팔 하나를 구하기 위한 대가를 감수하기로 한다면 나머지 팔을 구하지 않는 것은 허용되지 않는다. 즉 **두 팔 모두** 구하지 않는 것은 허용되지만 **한쪽 팔만** 구하는 것은 허용되지 않는다.

누군가는 리오나 헴슬리의 유증 같은 자선 기부 사례들이 앞에서 언급한 데릭 파핏의 사례와 유의하게 비슷하다고 생각할 수도 있다. 데릭 파핏의 사례와 자선 기부가 초과의무적인 사례 모두에서 행위자는 동일한 대가를 치르면서 더 작은 선의 이행과 더 큰 선의 이행 중에서 하나를 선택할 수 있기 때문이다. 따라서 누군가는 데릭 파핏의 사례 속 행위자가 더 큰 편익의 제공을 도덕적으로 요구받으므로 자선 기부의 경우도 동일할 것임이 분명하다고 추단할 수 있다.

그러나 사실 데릭 파핏의 사례는 최소 두 가지의 유의한 점에서 초과의무적인 자선 기부의 일반적인 사례들과 다르다. 첫째, 데릭 파핏의 사례 속 행위자가 아무것도 하지 않는 선택지를 배제한 경우 그는 동일한 사람에게 한 가지 편익만 제공하거나, 더이상의 사적 대가 없이 동일한 사람에게 **또 하나의** 똑같이 큰 편익을 제공할 수 있다. 이 행위자에게 아무런 편익도 제공하지 않을 이유는 충분한 반면, 두 가지 편익을 모두 제공하지 않고 하나의 편익만 제공할 이유는 **없다**. 낯선 사람의 두 팔 중 한쪽 팔만 구하는 것은 **까닭 없이** 그 타인이 한쪽 팔을 잃는 고통을 겪게 하는 것일 터이다. 어느 누구도 대가를 치르지 않으면서 막을 수 있는데도 큰 해악이 발생하도록 용인하는 것은 잘못된 일이다.

이 경우와는 달리 리오나 헴슬리가 개들이 아니라 사람들에게 편익을 제공해 더 큰 선을 이행할 자선단체에 유산을 남겼다면 실제로 그가 다른 단체를 통해 제공한 것과 같은 편익은 얻지 못했을 것이다. 리오나 헴슬리가 더 효율적인 자선단체에 기부했다면 그의 유증의 실제 수혜자들에게는 나쁜 결과를 초래했을 것이다. 리오나 헴슬리의 행위가 데릭 파핏의 사례 속 행위자의 행위와 유의하게 비슷하려면 헴슬리는 추가적인 대가 없이 사람들에게 편익을 제공하면서 그것과 같은 만큼의 편익을 개들에게 주는 것이 아니라 오직 개들에게만 주어야 한다. 일반적으로 덜 효율적인 자선단체에 기부할 때 기부자는 편익을 얻을 수도 있었던 사람들에게 까닭 없이 편익을 제공하지 못하는 것이 아니다. 더 효율적인 자선단체에 기부한 경우에는 더욱 그러하다. 각각의 자선적 선택지에는 희생자들이 발생할 것이다. 각 선택지는 다른 선택지에서 편익을 얻었을 사람들에게 더 나쁠 수 있기 때문이다. 그 어떤 잠재적 수혜자에게든 편익을 제공하지 않는 것은 까닭 없는 행위가 아니다. 그로 인해 비록 더 작은 편익으로라도 다른 누군가가 대신 편익을 얻을 수 있기 때문이다.

데릭 파핏의 사례가 일반적인 자선 기부와 다른 두번째 방식에 대해 살펴보자. 데릭 파핏의 사례 속 행위자는 두 팔이 아니라 한쪽 팔만 구하는 쪽을 선호할 이유가 없는 반면, 사람들은 종종 더 효율적인 자선보다는 덜 효율적인 자선단체에 기부하는 것을 선호하는 이유를 가지고 있다. 예를 들어 리오나 헴슬리는 동물보호소의 선한 대다수 자원봉사자들과 마찬가지로 특별히 개들에게 관심을 가졌다. 그에게는 구하지 않으면 죽임을 당하거나 비참하게 살아갈 개들을 구하는 일이 중요했다. 따라서 그에게는 개들을 돕는 선택지를 버리면 치르게 될 대가가 있었을 것이다. 리오나 헴슬리에게 있어 자신의 돈을 사람들을 구하는 데 사용했을 때 치러야 할 대가는 같은 금액의 돈을 개들을 구하는 데 사용했을 때 치러야 할 대가보다 컸을 것이다.

요약하자면 데릭 파핏의 사례에서 더 작은 선이 아니라(또는 더 정확하게는 그것에 추가해) 더 많은 선을 행하는 것은 행위자에게 대가를 초래하지 않으며 수혜자의 입장에서도 더 좋은 것이다. 그러나 리오나 헴슬리의 경우 더 많은 선을 행할 수 있는 자선단체에 기부하는 것은 그 자신은 물론이고 더 작은 선을 행한 자선단체를 통해 편익을 본 이들에게 더 나빴을 것이다.

이것은 일반적인 자선 기부에서도 마찬가지이다. 더 효율적인 자선단체에 기부해 더 큰 해악을 막는 것과 덜 효율적인 자선단체에 기부해 더 작은 해악을 막는 것 중에서 대부분 선택하는 것은 데릭 파핏의 사례 속 행위자가 직면하는 선택의 문제가 아니라 리오나 헴슬리의 문제와 비슷하다. 사람들은 특정 자선단체에 개인적인 이유로 관심을 갖기 때문에 종종 덜 효율적인 자선단체에 기부한다. 그리고 그들이 더 큰 해악을 막지 않는 것은 낯선 사람의 나머지 팔을 구하지 않는 것과 달리 까닭 없는 것이 아니다. 왜냐하면 그들이 더 효율적인 자선단체에 기부했다면 덜 효율적인 자선단체에 기부함으로써 편익을 얻은 사람들에게 더 나쁜 결과를 초래하기 때문이다.

자선 기부와 더 유사한 사례?

철학 문헌에서 리오나 헴슬리의 유증과 더 비슷해 보이는 가정적 사례는 수년 전 셸리 케이건(Shelly Kagan 1989, 16)이 제시한 것에서 찾아볼 수 있다.

> 불이 난 건물이 있다고 하자. 나는 그 건물에 들어가자마자 갇혀 있는 아이와 새를 발견한다. 다시 밖으로 나오려면 한쪽 손이 자유로워야 하기 때문에 나는 둘 중 하나만 구할 수 있다. 나는 곧바로 새장에 갇힌 새를 데리고 건물을 빠져나온다. 내가 한 일은 분명히 잘못되었다. 설령 [선행에 관한 온건한 견해를 가진 누군가가] 내가 애초에 그 건물에 들어가 스스로의 안전을 위협할 도덕적 요구가 없다[요구를 받지 않는다]고

믿는다 하더라도 그는 내가 일단 그런 위험을 감수하기로 결정했다면 아이를 구함으로써 더 큰 선을 추구해야 했다고 믿는다. 두 행위 중 어떤 것이든 나의 이해(利害)에 똑같은 영향을 미친다면 나에게는 객관적으로 더 나은 결과를 낳는 행위를 선택할 이유가 있다.

이 사례가 데릭 파핏의 사례와 다른 것은 만약 행위자가 더 큰 선을 행할 선택지를 골랐다면 더 작은 선과 일부 추가적인 선까지 달성하지 못했을 것이기 때문이다. 아이를 구했다면 새는 구하지 못했을 것이다. 그러나 많은 사람이 아닌 많은 동물을 구하기로 선택한 리오나 헴슬리의 사례는 규모만 더 클 뿐 셸리 케이건의 사례와 거의 비슷해—즉 더 큰 규모의 셸리 케이건 사례와 같은 것으로—보일 수도 있다. 이것이 맞다면 그리고 셸리 케이건이 자신의 사례에 대해 내린 판단이 옳다면 우리는 두 가지 모두를 결론으로 내려야 한다. 첫째, 리오나 헴슬리는 개가 아니라 사람을 구하기 위해 재산을 기부했어야 한다. 둘째, 더 일반적으로는 초과의무적인 자선 기부를 하기로 결정한 사람들은 그들이 합리적으로 수집했을 것으로 예상되는 증거에 따라 가장 큰 선을 달성하거나 가장 큰 해악을 막거나 줄일 수 있는 자선단체에 기부할 조건적 의무가 생긴다.

그러나 두 사례 사이에는 한 가지 현저한 차이가 있다. 셸리 케이건 사례의 행위자는 단순히 변덕 때문에 새를 구하는 것처럼 보인다는 점이다. 행위자가 두 팔이 아닌 한쪽 팔만 구하는 것을 선호할 이유가 없어 보이는 데릭 파핏의 사례에서처럼 셸리 케이건의 사례 속 행위자 역시 아이가 아니라 새를 구할 이유가 없어 보인다. 반면 리오나 헴슬리는 사람이 아니라 개를 구해야 할 이유가 있었다. 그는 개들을 아꼈지만 대체로 사람은 싫어했던 것 같다. 세 경우의 사례를 유의하게 만들려면 우리는 셸리 케이건의 행위자가 새는 아끼지만 사람은 싫어하며, 애초에 새를 구하기 위해 불이 난 건물에 들어갔다고 가정해야 한다. 이 행위자는 목숨을 걸 정도로 새를 아꼈으므로 새의 구조를 포기하는 것은 아이를 구했을 경우에 따라오는 추가적인 대가(기회비용)였을 것이다.

셸리 케이건은 그로 인해 도덕적 차이가 발생할 수 있다고 인정한다. 그는 자신의 원래 글에서 "사례가 암시하는…… 것은 평범한 도덕성이 나에게 이익을 추구하면서 선을 추구하지 않는 선택지를 부여함에도 불구하고 나는 선도 이익도 추구하지 않는 방식으로 대응할 선택지를 갖지 **못한다**는 것이다"라고 서술하고 있다(1989, 240). 최소한 '평범한 도덕성(ordinary morality)'에 따르면 셸리 케이건의 사례 속 행위자가 새의 구조에는 관심이 있지만 인명 구조에는 관심이 없다면(그래서 **그에게는** 새를 구하는 것이 더 선하다면) 그가 아이가 아니라 새를 구하는 것은 허용될 수도 있다. 마찬가지로 리오나 헴슬리는 개를 구하는 데 관심이 있었기 때문에 그가 유산을 사람을 구하는 일이 아니라 개를 구하는 일에 기부하게 만들었을 수도 있다. 그리고 마지막으로 자선 기부를 하는 사람들은 종종 특정 자선단체의 성공에 관심이 있다. 예를 들어 사랑하는 사람이 특정 질병으로 사망한 사람들에게는 그 질병에 대한 치료법을 찾는 일이 중요할 수도 있다. 그렇다면 조금이라도 선을 행하는 것이 초과의무적일 경우 더 작은 선을 행하는 방식으로 행위하는 것이 허용될 수 있다고 누군가는 주장할지도 모른다. 행위자가 더 많은 선을 행하는 다른 방식이 아니라 그런 방식으로 행위하는 것에 관심이 있다면 말이다. 더 많은 선을 달성하는 행위에는 추가 비용, 즉 더 작은 선을 달성하기 위한 행위자의 관심을 희생시켜야 한다는 것이다. 우리는 지금 행위자가 무엇이든 초과의무적인 행위를 하게 만드는 것이 어느 행위든 따라오는 대가라고 가정하고 있기 때문에 더 큰 선의 달성이 더 작은 선의 달성이 요구하는 것보다 **훨씬 더 큰** 개인적인 비용을 요구한다면, **얼마간의** 선을 행하기로 하는 결정은 더 큰 선을 낳아야 할 의무를 발생시킬 수 없다. 더 작은 선의 달성 자체가 행위자가 수용할 도덕적 요구가 없는 대가이다(그러나 모든 선호나 불호가 그것이 좌절될 경우의 유의한 대가인 이익에 해당하는 것은 아닐 수 있다. 나는 이 쟁점을 일으키는 '일반적인 자선 기부의 상이한 구조'라는 절에서 한 가지 예를 간단하게 논할 것이다).

왜 처음에 초과의무적이던 행위가 도덕적 요구로 바뀔 수 있는가

그렇다고 하더라도 새를 구하는 것은 허용할 수 없는 행위라는 셸리 케이건의 주장은 옳다. 행위자는 불이 난 건물에 들어간 뒤 아이와 새를 발견한다. 그때 이미 유의한 위험을 감수했다. 이미 어느 쪽이든 잠재적 피해자의 구조를 초과의무적으로 만드는 개인적 희생을 한 것이다. 따라서 그는 이제 아이를 구하지 않는 행위를 정당화하기 위해 대가라는 고려사항에 호소할 수 없다. 따라서 아이를 구하는 것은 더이상 초과의무적이지 않다. 이제 그는 둘 다 구할 수는 없어도 개인적인 대가 없이(또는 아주 작은 대가만으로) 아이나 새를 구할 수 있는 입장이 되었다. 이런 사람은 아이를 구할 의무가 있으며 그로 인해 새를 죽게 내버려둘 수 있다. 이러한 조건에서 그가 새의 구조에 관심이 있는, 인간을 혐오하는 새 애호가인지의 여부는 아무런 차이도 발생시키지 않는다. 이러한 관심은 너무 사소한 것이어서 그것의 좌절이 아이를 구할 때 그가 치러야 할 유일한 대가라면 그러한 대가는 아이를 구하지 않는 행위를 정당화할 수 없다.

누군가는 다음의 방식으로 앞에서 언급한 사례를 고찰해 행위자의 행동은 허용될 수 없다는 셸리 케이건의 주장에 반대할지도 모른다. 그 행위자가 불이 난 건물 밖에 모여 있는 많은 사람들 중 한 명이라고 가정해보자. 건물 진입에 따르는 위험이 사람들로 하여금 구조 행위를 하지 않는 것이 허용될 정도로 크다는 것을 알기 때문에 모두가, 즉 건물로 뛰어들어 새를 구한 행위자만 제외하고 모든 사람이 건물에 들어가지 않기로 한다. 이 모든 사람 중에서 유일하게 잘못된 행위를 한 사람이 유일하게 작은 선이라도 행한 사람이라는 것을 믿을 수 있는가. 그것도 아무것도 하지 않는 것이 허용된 조건에서? 그 사람은 자신이 할 수 있는 것보다 작은 선을 행했지만 더 큰 선의 실패는 그에게 까닭 없는 것이 아니다. 그가 더 큰 선을 행했다면 더 나쁜 처지가 되었을 하나 또는 둘의 존재, 즉 새와 행위자 자신이 있기 때문이다. 만약 행위자가 아이가 아니라 새를 구하는 것에만 관심이 있었다면 말이다.

이런 추론은 허울만 그럴듯하다. 행위자가 다른 사람들처럼 계속 건물 밖에 있었다면 그의 상황은 다른 사람들의 상황과 동일하다. 그러나 일단 건물로 들어갔을 때 행위자의 상황은 유의하게 달라진다. 다른 사람들과 달리 그는 대가 없이 아이를 구할 수 있고, 따라서 아이를 구하는 것이 의무가 된다. 즉 그가 아이를 구하지 않는 것은 잘못이다. 게다가 그가 어떻게, 왜 건물에 들어갔는지는 아무 상관도 없다. 설령 자신의 의지와는 무관하게 다른 사람들에게 떠밀려 건물에 들어갔다고 하더라도 그는 똑같은 의무를 가지게 되었을 것이다.

셸리 케이건의 사례 속 행위자가 새가 아닌 아이를 구해야 하는 이유에 대한 이 같은 설명은 데릭 파핏의 사례 속 행위자가 낯선 사람의 한쪽 팔이 아닌 두 팔을 구해야 하는 이유에 대한 더 깊이 있는 설명이기도 하다. 사실 그가 두 팔을 모두 구할 의무의 발생에 있어서 두 팔 모두 구하는 것이 동일한 더 작은 선과 더불어 추가적인 선까지 낳게 된다는 점은 중요하지 않다. 오히려 중요한 것은 행위자가 한쪽 팔을 구하기로 하면서 이미 두 선택지가 모두 초과의무적이게 되는 대가를 초래했다는 것이다. 행위자는 자신이나 다른 사람이 치를 대가 없이 낯선 사람의 팔을 구할 수 있는 상황에 놓여 있다. 어떤 사람이 어느 누구에게도 대가를 치르게 하지 않으면서 낯선 사람의 팔을 구할 수 있다면, 그리고 그 사람에게는 팔을 구해야 할 의무가 있다고 가정한다면 그에게는 두번째 팔을 구해야 할 의무가 있다. 만약 낯선 사람 A의 팔을 구하기 위해 필요한 대가를 초래한 행위자가 자신이 A의 한쪽 팔을 구하거나, 낯선 사람 B의 두 팔을 구할 수 있지만 세 팔을 모두 구할 수는 없음을 알게 된 경우에도 상황은 매우 비슷했을 것이다. 이런 경우 나는 행위자가 B의 두 팔을 구해야 한다고 생각한다. A와 B 사이에 유의한 차이가 없으며, 두 팔을 잃는 것이 한쪽 팔을 잃는 것보다 2배로 나쁘다고 가정해 그러하다. 이것은 설령 행위자가 만약 그가 A의 한쪽 팔을 구하기로 했다면 **까닭 없이** B가 두 팔을 잃게 두는 것이 아니라고 해도 마찬가지이다.

조 호턴(Joe Horton)이 제시한 다음의 예 역시 똑같이 설명할 수 있다.

> 아이 둘이 무너지는 건물에 묻히기 직전이라고 가정하자. 당신에게 주어진 선택지는 세 가지이다. 아무것도 안 하기, 한 아이를 구하고 당신의 두 팔이 으스러지기, 두 아이 모두 구하고 당신의 두 팔이 으스러지기(2017, 94).

조 호턴은 꽤 타당하게도 **만약** 어떤 사람이 한 아이를 구하기 위한 대가를 초래할 **의향**이 있다면 그 사람은 두 아이 모두 구할 의무가 있다고 주장한다. 두 아이 모두 구하는 데 필요한 희생을 감수하기로 한 그 사람의 의향이 두 아이 모두 구하는 행위를 초과의무적인 것이 아닌 의무적인 것으로 만든다. 조 호턴에 따르면 그 이유는 우리의 행위는 행위가 영향을 미치는 이들에게 정당화될 수 있어야 하며, 누구도 개인적인 대가를 근거로 두번째 아이를 구하지 못하는 것을 정당화할 수 없기 때문이다. 또는 이 사례의 구체적인 사항들이 제공하는 다른 근거들로도 그럴 수 없다고 누군가는 부연할지도 모른다. 그러나 나는 한 아이만 구하는 것이 잘못된 이유에 대한 나의 설명—즉 한 아이를 구하면 다른 아이를 구하는 것은 대가가 사라지므로 의무가 된다는 것—이 더 근본적인 설명이라고 생각한다. 이 설명에 따르면 한 아이를 구조하는 대가를 용납하겠다는 의향만으로는 두 아이를 모두 구하는 것이 의무가 되지 않는다. 두번째 아이를 구해야 할 의무가 발생하는 유일한 경우와 이유는 두번째 아이를 구조하는 데 따른 대가가 사라지는 것뿐이다. 그러나 나중에 살펴보겠지만 조 호턴의 설명은 나의 설명이 피하려고 애쓰는 문제를 확실하게 피하고 있다.

앞에서 언급한 사례들에 관한 나의 설명에 근거해 리오나 헴슬리는 막을 수 있었던 더 큰 해악을 막지 못한 것이 잘못된 행위였다고 할 수는 없다. 유산을 유기견 구조단체에 남길지, 인간의 고통과 죽음을 예방하는 더 큰 선을 행하는 자선단체에 남길지 저울질하던 시점에 그는 어느 단체에 기부하든 둘 다 초과의무적인 것으로 만드는 대가를 아직 초래하지 않은 상태였다(어쩌면 리오나 헴슬리가 고려했을지도 모를, 예를 들면 헴슬리 호텔들에 자신의 동상 세우기처럼 사후에 자신을 위할 수 있는 방식으로 돈을 사용하지 않고 다른 사람들에게 돈을 주는 일의 대가). 사람들이 덜 효율적인 자선단체와 더 효율적인 자선단체 중 어디에 기부할지 고민하는 대부분의 사례에서도 마찬가지이다. 사람들은 어느 단체에 기부할지 정하기 전에는 기부의 대가를 초래하지 않는다. 기부를 하는 순간 그런 대가가 발생하므로 어떤 기부든 초과의무적이게 된다. 따라서 사람들의 선택은 데릭 파핏, 셸리 케이건, 조 호턴의 사례 속 행위자들의 선택과는 다르다. 즉 대가 없이 선행을 하는 것과 선행을 하지 않는 것 중의 선택이 아니다. 잠재적 자선 기부자가 가장 효율적인 자선단체에 기부할 의무가 있다면 그 이유는 데릭 파핏, 셸리 케이건, 조 호턴의 사례 속 행위자들이 더 작은 선이 아닌 더 큰 선을 행하라고 요구받는 이유와는 다르다.

일반적인 자선 기부의 상이한 구조

셸리 케이건의 사례에 간단한 변화를 주면 평범한 자선 기부의 사례들과 유의하게 비슷해질 수 있다. 그의 원래 사례에서 아이와 새는 불이 난 건물의 같은 구역에 있다. 행위자는 건물에 들어서자마자 아이와 새 모두에게 접근할 수 있고 어느 쪽이든 데려올 수 있지만 둘 다 데리고 나올 수는 없다. 하지만 그 건물이 크고 아이는 한쪽 출입문 근처에, 새는 다른 쪽 출입문 근처에 있다고 가정해보자. 건물이 무너지기 전에 행위자가 2번 들어갈 시간은 없다. 그는 세 가지 선택지, 즉 아이 근처의 문으로 들어가 아이를 구하거나, 다른 입구로 들어가 새를 구하거나, 아예 들어가지 않는 것 중에 하나를 선택해야 한다. 원래 사례에서 행위자가 새를 구하는 행위가 잘못인 이유가 이 사례에서는 적용되지 않는다. 두 사례 모두에서 행위자가 새를 구하려면 일단 건물에 들어가는 위험을 감수해야 한다. 원래 사례에서는 이러한 위험을 행위자가 감수한 뒤에도 아이의 구조는 여전히 선택사항이었다. 그러나 이 변형된 사례에서는 행위자가 새를 구하는 데 필요한 위험을 감수하면 아이의 구조는 더이상 가능하지 않다. 즉 셸리 케이건의 사례에서는 희생이 어느 쪽을 구할지 선택하기 전에 발생하는 반면, 변형된 사례에서는 어느 쪽을 구할지 선택한 뒤에 희생이 발생한다.

셸리 케이건의 변형된 사례에서의 잠재적 구조자가 건물 밖에 서서 무엇을 할지 고민하고 있다고 가정하자. 그는 그대로 있으면서 아무도 구하지 않는 행위가 허용된다는 것을 알고 있다. 그러나 그는 아마 새를 좋아하기 때문에 새와 가까운 문으로 뛰어들어가 건물이 무너지기 직전에 새를 구할 것이다. 그가 아무 대가 없이 또는 아주 작은 대가만 치르면서 아이를 구할 수 있는데도 구하지 않았으므로 그의 행위를 허용할 수 없다고 말할 수는 없다. 만약 그가 아이가 아니라 새를 구한 것이 잘못된 행위라고 하더라도, 새도 아이도 구하지 않는 것이 허용된다는 가정을 고려하면 그의 행위가 왜 잘못된 것인지 설명하기에는 부족하다.

셸리 케이건은 자신의 사례에 대해 "일단 내가 위험을 감수하기로 결정했다면 나는 아이를 구해 더 큰 선을 추구했어야 한다"라고 이야기한다. 그러나 단지 위험을 감수하기로 결정하는 것만으로 아이의 구조가 의무가 되기에는 부족해 보인다. 이미 위험이 발생해 아이 구조에 추가적인 대가가 사라지기 전까지는 아이의 구조가 의무가 되지 않는다. 다시 말해서 의무가 되려면 어느 쪽의 구조이든 초과의무적이게 되는 것이 전제이다.

이와 유사하게 구조자는 위험하다는 것을 알면서도 새를 구하기 위해 건물로 들어가기 때문에 들어가기 전에 그가 더 작은 선의 달성을 위해 **기꺼이** 위험을 감수하기로 했음을 알 수 있다. 하지만 조 호턴이 주장하고 있듯이 새를 구하겠다는 그의 의지는 새가 아닌 아이의 구조를 자신의 의무로 만드는 것 같지는 않다. 우리는 새를 좋아하는 구조자가 아이가 아닌 새를 구하기 위한 위험을 감수하도록 동기부여되었다고 추정할 수 있다. 그의 우선순위는 한쪽으로 치우쳤을지 모르나 만약 그가 새에 대한 관심이 적고 새를 구조하는 위험을 감수할 생각이 없다면 아이의 구조가 초과의무적일 때 새에 대한 그의 관심은 아이 구조를 자신의 의무로 만들 수 없다. 좀더 일반적으로 이야기하면 더 작은 선을 낳기 위해 초과의무적인 대가를 수용하려는 우연적(contingent) 동기부여는 아무리 비합리적이더라도 그러한 대가를 감수하고 달성하겠다는 동기부여가 되지 않는 더 큰 선을 낳기 위해 같은 대가를 용납하는 것을 계속 초과의무적으로 만든다.

조 호턴은 셸리 케이건의 변형된 사례에서 새를 구하는 것이 허용된다는 것을 받아들일지도 모른다. **만약** 행위자에게 더 작은 선이라는 결과를 '선호할 적절한 행위자 상대적(agent-relative) 이유'가 있다면 더 작은 선이라는 결과를 얻기 위해 기꺼이 희생을 하겠다는 의향은 동일한 희생을 통해 더 나은 결과를 얻을 수 있도록 요구하지 않는다고 인정하기 때문이다(2017, 98). 따라서 새에 대한 열정이 아이가 아닌 새를 구할 적절한 이유에 해당된다면 조 호턴은 셸리 케이건의 변형된 사례에서 새를 구하는 것이 허용될 수 있음을 인정할 수 있다. 그러나 나는 새를 좋아하는 것이 그런 이유가 되지 못한다고 생각하며, 조 호턴도 나에게 동의할 것이라고 확신한다. 예를 들어 셸리 케이건의 원래 사례에서 구조자가 건물로 들어가면 그가 열정적으로 새를 좋아한다는 사실은 대가 없이 아이를 구하지 않고 새를 구하는 행위에 대한 적절한 행위자 상대적 이유가 되지 못한다.

따라서 조 호턴의 사례에서 한 아이만 구하는 것이 허용되지 않는다는 그의 설명은 그 범위가 제한적이다. 그러므로 그의 설명은 셸리 케이건의 사례에서 새의 구조가 허용되지 않는다는 것을 보여주지 않는다. 그러나 대부분의 자선 기부는 조 호턴의 사례가 아니라 변형된 셸리 케이건의 사례와 같은 구조를 가지고 있다. 따라서 그의 사례에서 둘 모두를 구할 의무에 대한 그의 설명은 덜 효율적인 것에 기부할 적절한 행위자 상대적 이유가 있지 않는 한 가장 효율적인 자선단체에 기부할 조건적 의무가 존재함을 보여주지 못한다(2017, 102-104).

반론들

앞에서 언급했듯이 많은 철학자들은 셸리 케이건이 자신의 원래 사례에 대해서 이야기한 것처럼 일단 자선 기부에 동참해 희생하기로 결심한 사람은 가장 효율적인 자선단체에 기부해 가장 큰 선이 이행되도록 합리적인 노력을 해야 한다고 생각한다. 그들은 리오나 헴슬리가 사람이 아니라 개의 구호에 유산을 남기기로 한 결정이 무죄라고 입증하는 것처럼 보이는 지금까지의 나의 주장에 실망할 것이다. 반대로 말라리아 모기장을 구매하기 위한 돈을 모금하는 대신 동물보호소에서 자원봉사할 시간을 기부하는 사람들은 안도감을 느낄 수도 있다. 그러나 내 주장에 대한 여러 반론이 존재하기 때문에 두 반응 모두 지나치게 성급해 보인다.

첫째, 불이 난 건물 사례에서 행위자가 아이를 구해야 한다고 도덕적으로 요구받는지의 여부가 아이가 새와 같은 공간에 있는지, 다른 공간의 다른 출입문 근처에 있는지에 달려 있다고 믿기 힘들다는 반론으로, 그것이 도덕적으로 무관해 보인다는 것이다. 그러나 이상하게 보일 수도 있지만 사실 그것은 관련이 있다. 새가 있는 건물에 아마도 새를 구하기 위해 들어간 행위자가 위험 없이 아이를 구할 수 있거나, 더는 아이를 구할 수 없거나, 개인적으로 큰 위험을 감수해야지만 아이를 구할 수 있는지의 여부를 그것이 결정하기 때문이다. 내가 여러 번 주장했듯이 만약 위험 없이 아이를 구할 수 있다면 행위자는 아이를 구할 도덕적 요구를 받지만, 아이를 구하는 데 필요한 위험의 수준이 충분히 크거나 큰 상태가 지속된다면 아이를 구하는 것은 초과의무적이다.

나의 주장이 함축할 수 있는 한 가지는 나를 포함한 효율적 이타주의 옹호자들이 새를 구하려고 건물로 들어갔지만 일단 들어가고 나니 새가 아닌 아이를 구할 의무가 생겼음을 알게 되는 행위자의 상황처럼 자선 기부의 맥락이 조정될 수 있는지의 여부를 조사할 수도 있다는 것이다. 그러나 어떤 이유에서건 덜 효율적인 자선단체에 기부하기를 원하는 사람들이 더 효율적인 자선단체에 기부하도록 도덕적으로 요구받는다는 사실을 알 수 있게 하기 위해 자선 기부 과정을 조작하는 것이 어떻게 허용될 수 있는지 알기는 어렵다.

내가 보기에 셸리 케이건의 변형된 사례에서 더 큰 위험 없이 다른 입구로 들어가 아이를 구할 수 있는데도 새를 구하러 건물에 들어가는 행위가 허용될 수도 있다고 가정하는 것은 반직관적이다. 그러나 데릭 파핏의 사례와 셸리 케이건의 원래 사례에서 선을 조금도 행하지 않는 것이 허용됨을 고려하면 더 작은 선을 행하는 것이 도덕적으로 허용되지 않는다고 가정하는 것 또한 나에게는 타당해 보이지 않는다. 데릭 파핏의 사례에서 행위자가 개인적으로 큰 대가를 치르더라도 낯선 사람의 두 팔 중 한쪽 팔은 기꺼이 구하려고 하면서도 어떤 이유에서인지 두 팔 모두 구하려는 의지는 없다고 가정해보자. 도덕이 그에게 두 팔 모두 구하라고 요구하지 않는다는 것과 그런 요구가 부재한 상황에서 행위자는 두 팔 모두 구하지 **않을 것**임을 감안할 때, 행위자가 구할 의지가 있지만 낯선 사람이 두 팔 모두 잃도록 허용하는 선택지를 대신 택해야만 하는 경우에는 낯선 사람의 두 팔 중 한쪽 팔을 구하지 않을 수도 있다고 도덕이 암시한다고 추정하는 것은 도착적으로 보인다.

다음은 같은 문제를 설명하는 보다 이해하기 쉬운 예이다. 누군가 구해주지 않으면 죽게 될 상황에 처한 백인과 흑인이 있다고 가정해보자. 두 사람을 구할 수 있는 유일한 사람이 인종차별주의자이다. 이 인종차별주의자에게 가능한 선택지는 다음과 같다.

A: 상당한 개인적인 대가를 치르고 백인을 구한다.

B: 아무도 구하지 않는다.

C: 동일한 정도의 개인적인 대가를 치르고 백인과 흑인을 모두 구한다.

누구를 구하든 발생하는 개인적인 큰 대가 때문에 B가 허용된다고 가정하자. 인종차별주의자는 백인을 구하기 위해 큰 대가를 치를 의향은 있지만 흑인을 구할 의향은 조금도 없다. 흑인을 구한다는 생각이 정말이지 너무 싫은 그는 흑인을 구하느니 백인까지 죽게 내버려둘 사람이다.

도덕성은 그에게 두 사람 다 구하라고 요구하지 않고, 이러한 요구의 부재 상태에서 그가 아무도 구하지 **않을 것**이라고 가정한다면 이런 종류의 사례에 대한 데릭 파핏과 셸리 케이건의 판단을 설명하고 정당화하는 나의 이전의 추론은 인종차별주의자가 백인을 구할 의향이 있음에도 불구하고 도덕성은 백인의 구조를 금한다고 암시한다. 나는 이것을 도무지 믿을 수가 없다. 도덕이 인종차별주의자의 태도에 대한 대가를 무고한 백인의 목숨으로 치러야 한다고 요구할 수도 있다는 것을 나는 상상조차 할 수 없다.

누군가는 도덕이 실제로 요구하는 것은 인종차별주의자가 인종차별주의자가 되는 것을 단념하는 것이라고, 그러면 그가 백인과 흑인을 모두 구할 것이라고 주장할지도 모른다. 도덕이 그에게 인종차별주의적 신념과 태도를 버리라고 요구하는 것은 확실히 참이다. 그러나 "당위는 가능을 함축한다(Ought implies can)"라는 슬로건이 참이라면 이 사례에서의 문제를 해결하기에는 불충분해 보인다. 인종차별주의자가 이 긴급한 상황에서 갑자기 평생 동안의 신념, 태도, 습관을 버리고 백인을 구하기 위해 흑인까지 구하겠다는 의지가 생기지는 않을 것이기 때문이다.

더 가능성 있는 논증은 구조 행위에 따르는 개인적인 대가—예를 들어 부상의 불가피성 혹은 부상이나 사망의 위험—만이 구조 행위를 초과의무적으로 만든다는 주장에 호소하는 것일 수도 있다. 만약 인종차별주의자에게 흑인 구조가 대가가 아니라면 도덕은 인종차별주의자에게 흑인을 구하라고 요구할 것이다. 실제로 설령 그 구조가 인종차별주의자가 불쾌하게 여길 만한 일을 하는 데 드는 비교적 경미한 대가를 수반하더라도 도덕은 여전히 그것을 행하라고 요구한다. 도덕이 인종차별주의자에게 흑인을 포함한 어느 누구도 구하라고 요구하지 않는 유일한 이유는 어느 구조 행위든 인종차별주의자에게 상당한 개인적인 대가가 따르기 때문이다.

그러나 오직 그 대가 때문에 인종차별주의자가 두 사람 다 구해야 했을 의무를 면한다면, 그리고 그가 아무도 구하지 않는 이유가 그 대가와 무관하다면 그는 의무로부터 면제되거나 핑계를 대지 못하게 될 수도 있다. 그가 그 대가를 받아들일 의향이 있는 것은 백인을 구하는 조건으로서이고, 흑인까지 구조하는 데는 혐오감 이외에 추가적인 대가가 없기 때문이다. 사실 대가의 고려는 동기의 관점에서 무력하다. 인종차별주의자를 두 사람 다 구해야 할 의무에서 해방시킬 그 고려는 흑인 구조와 관련해서는 사실상 인종차별주의자와 관계가 없으므로 인종차별주의자에게는 두 사람 다 구해야 할 의무가 남게 된다.

유사한 주장들이 데릭 파핏의 사례와 셸리 케이건의 원래 사례에 적용된다. 그 주장들이 옳다면 그것들은 한쪽 팔만 구하는 것과 새를 구하는 것을 허용할 수 없게 만들지만, 두 팔 다 구하지 않고 한쪽 팔만 구하는 것을 허용할 수 없게 만들거나, 아무도 구하지 않고 새를 구하는 것을 허용할 수 없게 만들지는 **않는다**. 그 주장들 역시 아무런 선도 행하지 않는다는 선택지를 배제하기 때문이다.

앞에서 언급한 일곱 문단은 조 호턴의 글이 발표되고 내가 그 글을 읽기 전에 쓴 것이다. 물론 이제 나는 일곱 문단 중 마지막 세 문단이 조 호턴의 더 정교하고 훨씬 더 잘 방어된 논증을 따르고 있다는 사실을 인지하고 있다. 예전에 나는 그의 논증에 회의를 표명한 적이 있다. 원래 나는 마지막 문단을 다음의 두 문장으로 마무리했었다.

> 그러나 그 논증 과정이 올바른지의 여부는 내가 여기서 더 논할 생각이 없는 쟁점이다. 그것은 평범한 자선 기부에 적용되지 않는다. 평범한 자선 기부는 앞의 사례들과 다르게 행위자가 더 작은 선의 대가를 이미 치렀을 때 추가적인 대가 없이 더 큰 선을 행할 수 있는 선택지를 제공하지 않는다.

내가 앞에서 지적했듯이 나는 여전히 앞의 두 번째 문장이 참이라고 생각한다. 그러므로 나는 '필란트로피 기부에 관한 결론적 사유'의 절에서 효율적 이타주의를 지지하는 방향으로 두 가지를 더 제시하며 결론을 내릴 것이다.

전부 아니면 전무의 문제

그러나 먼저 이전 절에서 제기된 문제, 즉 조 호턴의 '전부 아니면 전무(全無)의 문제(All or Nothing Problem)'에 대해 다룰 것이다. 조 호턴의 이와 같은 제목의 글은 본 문제에 관한 정확한 진술과 함께 시작된다. 만약 내가 생각하기에 조 호턴, 데릭 파핏, 셸리 케이건의 사례에서 참이듯이 아무런 구조 행위도 하지 않는 것은 허용되지만 더 작은 선을 이룰 행위는 허용되지 않는다면, 그리고 만약 행위자가 더 큰 선을 이룰 행위를 하지 **않을 것**이라면 그는 더 작은 선을 이룰 행위가 아니라 선을 전혀 이행하지 않을 것을 요구받는다. 만약 허용되는 행위와 허용되지 않는 행위 중에서 선택해야 한다면 행위자는 허용되는 행위를 선택해야 하기 때문이다. 하지만 앞에서 이야기했듯이 나는 도덕이 행위자와 타자에게 같은 대가를 치르며 행할 수 있는 가장 큰 선을 행하지는 못해도, 누군가 또는 가치 있는 무엇을 구하기보다는 아무도 구하지 않을 것을 요구할 수 있다고 믿지 않으며 믿을 수도 없다.

나는 이 문제에 유의한 **일부** 관련 사례들에서만 간단한 해법이 있을 수 있다고 생각한다. 데릭 파핏과 조 호턴의 사례를 먼저 고찰해보자. 이 사례들에서 행위자가 두 팔과 두 아이 모두를 구할 것이라면 논리적으로 한쪽 팔 또는 한 아이 구하는 행위가 필요하다. 한쪽 팔 또는 한 아이를 구한 다음 순차적으로 두번째 팔이나 아이를 구하는 것이 가능하다고 가정해보자. 전체적인 대가는 첫번째 팔이나 아이를 구하는 동안 발생한다. 애초에 한쪽 팔 또는 한 아이의 구조는 확실히 허용된다. 한쪽 팔이나 한 아이 구하기가 허용되지 않는 경우는 행위자가 이미 한쪽 팔이나 한 아이를 구했을 때이다. 그 시점에서는 두 팔 또는 두 아이 모두를 구할 수 없다. 또한 두번째 팔이나 두번째 아이를 구하지 않는 것도 허용되지 않는다. 행위자가 한쪽 팔이나 한 아이를 구하기 전에는 아무것도 구하지 않는 것이 허용되며, 따라서 두번째 팔이나 두번째 아이를 구하지 않는 것이 허용된다. 즉 그가 아직 행위하지 않았을 때는 팔도 아이도 구하지 않거나, 한쪽 팔이나 한 아이를 구하는 것이 허용된다.

이것으로 앞에서 언급한 사례들에서 전부 아니면 전무의 문제를 충분히 피할 수 있는 것처럼 보인다. 행위자는 한쪽 팔이나 한 아이를 구했을 때 혹은 구하기 시작하고 나서야 두번째 팔이나 아이를 구할 수 있다. 한쪽 팔이나 한 아이를 구하는 데 있어 허용되지 않는 행위를 한 것이 아니다. 어쨌거나 두번째 구조를 이어서 하려면 첫번째 구조가 있어야 하기 때문이다. 허용되지 않는 것은 한쪽 팔이나 한 아이를 구했을 때 나머지 다른 하나를 구하지 않는 것이다. 세 가지 선택지가 모두 열려 있을 때 한쪽 팔이나 한 아이를 구하는 것은 허용된다. 그러나 하나를 구하거나 추가적인 대가 없이 둘 다 구하는 것이 선택지일 때는 둘 다 구할 것을 도덕적으로 요구받는다. 전부 아니면 전무의 문제에 대한 이 해법은 일단 하나를 구해 대가를 치르면 두번째 팔이나 아이를 구하는 것이 의무가 되는 이유에 대한 나의 설명에서 나온다.

나에게는 행위자가 한쪽 팔 또는 한 아이만 구할 의도로 한쪽 팔이나 한 아이**만** 구하고자 행위하는 것 역시 도덕적으로 잘못되었지만 허용될 수 있어 보인다. 그렇게 행위함으로써 행위자는 그가 충족시킬 의향이 없는 도덕적 요구를 스스로에게 발생시킨다. 그러나 그는 두번째 팔이나 아이를 구조하지 못할 것이라고 잘못 예측할 수 있지만, 첫번째 팔이나 아이를 구하는 데 있어서 자신이 두번째 팔이나 아이를 구하는 것을 불가능하게 만들지 않는다. 첫번째 구조 행위는 두번째 구조라는 선택지를 열린 채로 남겨두기 때문에 허용된다.

내가 지적했듯이 앞의 내용은 행위자가 첫번째 팔이나 아이를 구한 뒤 두번째 팔이나 아이를 구할 가능성을 전제로 하기 때문에 하나 또는 둘 다 구하는 데 필연적인 대가가 발생한다. 그러나 데릭 파핏과 조 호턴의 사례에서 다음 세 가지 중 하나만 할 수 있다면 그 내용은 적용되지 않는 것으로 보인다. (1)아무 팔도 아이도 구하지 않는 행위, (2)한쪽 팔이나 한 아이만 구하는 행위, (3)두 팔 또는 두 아이 모두 구하는 행위. 셸리 케이건의 원래 사례와 내가 변형시킨 사례 모두 이러한 구조를 가지고 있다. 두 경우 모두 새를 먼저 구한 다음 아이까지 구하는 것은 불가능하기 때문이다.

셸리 케이건의 사례 그리고 오직 하나의 구조 행위만 할 수 있다고 해석된 데릭 파핏과 조 호턴의 사례에서는 허용되는 선택지가 두 가지뿐인 것처럼 보인다. 아무도 구하지 않거나 아이를 구하기, 두 팔 또는 두 아이 구하기. 새를 구하거나, 한쪽 팔이나 한 아이만 구하는 것은 내가 제시한 이유 때문에 잘못된 것이다. 즉 이런 행위들은 아이를 죽게 하거나 사람이 한쪽 팔을 잃게 만드는 것을 용인하는데, 이때 행위자는 본인 및 타인이 대가를 치르지 않고 그 아이나 팔을 구할 수 있거나 혹은 원치 않지만 한 아이나 한쪽 팔을 구하는 것이 행위자의 대가였을 것이다. 후자의 경우 그 원치 않음이 아이 구조의 기회비용 때문이든(셸리 케이건의 사례 속 새를 좋아하는 사람의 경우처럼) 또는 잠재적 수혜자에 대한 혐오 때문이든(인종차별주의자의 경우에서처럼) 행위자가 사람이 죽거나 한쪽 팔을 잃게 되는 것을 정당화하기에는 불충분하다.

앞에서 언급한 사례들에서 전부 아니면 전무의 문제는 다시 아이나 두 팔 또는 두 아이의 구조가 초과의무적이고 행위자가 그런 초과의무적 행위를 할 의사가 없다면 유일하게 남는 허용되는 선택지는 아무도, 어느 쪽 팔도 구하지 않는 것이라는 점이다. 하나의 구조 행위만 용인된다고 해석되는 이런 종류의 사례에서 이 문제에 적절하게 대응하려면 어떤 행위가 잘못된 것인지와 허용되지 않는 것인지를 구별할 필요가 있다. 다시 인종차별주의자의 사례로 돌아가보자. 나는 그 인종차별주의자가 백인을 구할 의사가 있다면 백인과 흑인을 모두 구**해야 한다**(ought)는 조 호턴의 의견에 동의한다. 또한 나는 그가 백인만 구하는 것은 **잘못된** 행위라고 생각한다. 그러나 나는 그 인종차별주의자가 정당화할 수 없는 이유로 흑인의 구조를 거부한다면 백인도 구**하면 안 된다**(must not)는 것을 생각할 수 없다. 따라서 나에게는 그가 백인만 구하는 것은 잘못된 행위처럼 보이지만 허용되지 않는 행위로는 보이지 않는다. 이것이 암시하는 바는 명백해 보이는 것—허용되거나 허용되지 않는 것의 범주들이 상호 포괄적(mutually exhaustive)—을 부인하고, 허용되거나 허용되지 않는 행위의 중간 범주를 인식해야 할 수도 있다는 것이다. 이 범주에 속하는 행위들은 행해져서는 안 된다. 다른 행위가 대신 행해져야 하기 때문이다. 그러나 이 범주의 행위들은 허용할 수 없는 것은 아니다. 허용할 수 있는 다른 행위들보다 그것들이 도덕적으로 더 나을 것이기 때문이다. 나는 일관성이 있다고 확신할 수는 없지만 이같이 제안한다.

필란트로피 기부에 관한 결론적 사유

셸리 케이건의 변형된 사례는 그의 원래 사례 및 데릭 파핏, 조 호턴의 사례들과는 도덕적으로 다르다. 초과의무적 행위들 중에 각 행위를 초과의무적으로 만드는 희생보다 선택이 선행될 때 처음에는 초과의무적이었던 하나 이상의 행위 중에 최고의 것을 행하는 것이 도덕적 요구가 되는 지점은 없다. 그것이 대가 없는 것이 되기(또는 계속 초과의무적이기에는 대가가 불충분하기) 때문이다. 평범한 자선 기부의 대부분은 이 같은 부류이다.

그러나 이러한 종류의 사례들은 단 하나의 구조 행위만 허용된다고 해석되는 셸리 케이건, 데릭 파핏, 조 호턴의 사례들에 대해 내가 제안한 것과 같은 이해를 따를 수도 있다. 셸리 케이건의 변형된 사례에서조차 새가 있는 건물 입구로 들어가 아이가 아니라 새를 구하는 것은 허용되지도, 허용되지 않을지도 모른다. 어느 입구로든 일단 건물 안으로 들어갈 것이라면 아이를 구할 수 있는 곳으로 들어가야 한다. 따라서 새를 구하는 것은 잘못된 일이지만 허용되지 않는 것은 아니다. 인정하건대 셸리 케이건의 변형된 사례에 대해 이런 주장을 하는 것은 원래 사례에 대해 주장하는 것보다 타당성이 떨어진다. 그러나 허용 불가능성에 미치지 못하는 잘못된 형식은 아마도 정도의 차이를 인정할 것이다.

효율적 이타주의자를 위한 다른 전략은 도덕성의 요구에 대한 강력한 변론을 발전시키려고 노력하는 것이다. 이 변론에 따르면 우리가 지금까지 제안한 것보다 훨씬 작은 선이 초과의무적이다. 예를 들어 아이를 구하거나 백인과 흑인을 모두 구하는 것은 예전에 우리가 생각했던 것보다 훨씬 더 큰 개인적인 대가를 치르는 도덕적 요구일 수 있다.[1]

다른 문제들

지금까지 나는 선을 행할 두 가지 방법이 있는데 두 경우 모두 초과의무적이라면 더 작은 선을 행하는 것이 허용할 수 없는 것은 아니라고 주장했다. 그러나 이 주장을 뒷받침하는 추론은 훨씬 덜 호소력 있는 다른 의미를 내포하고 있는 것으로 보인다. 위협받는 사람을 방어하거나 구할 수 있는 두 가지 방법이 있다고 가정하자. 두 가지 방법 모두 똑같이 효율적이고 같은 대가가 따르며 그 대가가 충분해 초과의무적이다. 만약 한 방법은 위협하는 자를 해할 것이고, 다른 방법은 해하지 않을 것이라면 또는 한 방법은 수혜자를 해할 것이나 다른 방법은 해하지 않는다면 나의 주장은 무해한 방식이 아니라 유해한 방식으로 방어하거나 구조하는 것이 허용할 수 없는 것은 아닐 것이라고 시사한다. 이것은 해하는 행위를 지배하는 필요성 제약(the necessity constraint)과 모순된다.

달갑지 않은 다른 함축적 의미들이 인구 윤리학에서 발생한다. 아이를 낳는 것이 초과의무적이거나 도덕적으로 선택적이라고 가정하자. 다음 중 한 가지가 가능하다. (1)살 가치가 충분한 인생을 살 아이 낳기, (2)같은 아이를 다른 상황에서, 즉 살 가치는 있으나 그 정도가 덜한 상황에서 낳기, (3)아이를 갖지 않기. 나의 주장은 설령 (1)의 대가가 더 크지 않다고 해도 (2)가 허용할 수 없는 것은 아니라고 시사하는 것으로 보인다. 마지막으로 선택지 (1)과 (2)의 아이들이 다른 아이들일 것이라고 가정하자. 또다시 나의 주장은 (2)가 허용할 수 없는 것은 아니라고 시사하는 것으로 보인다. 이것은 비동일성 문제(Non-Identity Problem)를 수반하는 사례에서 전형적으로 유도된 직관과 모순된다. 만약 행위자가 다른 행위를 해야 하기 때문에 허용할 수 없는 어떤 행위가 잘못된 행위와 양립할 수 있다면 이러한 함축의 비타당성은 완화될 수도 있을 것이다.

이러한 사례에서 최고의 결과를 낳는 조건적 요구가 있음을 시사하는 견해들에는 다른 문제가 있다. 만약 누군가 허용되어 최고의 결과를 낳지 않겠다고 결정하면 선을 전혀 행하지 않는 것이 아니라 얼마간의 선을 행하는 것이 허용되지 않는다는 타당하지 않은 함의가 내포되어 있는 것이다. 나는 이러한 문제들이 다른 지면에서 더 자세하게 논의되기를 바란다.

| 4장 |

극심한 빈곤은 부정의한 비상사태

엘리자베스 애슈퍼드(Elizabeth Ashford)

이 장에서는 극심한 빈곤으로 인해 기본적 이익을 위협받는 사람들에 대한 부유한 행위자들의 의무의 본질에 대해 논의하고자 한다.[1] 내가 말하는 '극심한 빈곤'이란 국제적 빈곤선에 미치지 못한다는 뜻으로, "영양학적으로 최소한의 적절한 식단과 필수 비식품을 조달할 수 없는" 상태이다(유엔개발프로그램 1996).[2] 또한 '부유한 행위자들'은 자신과 가족의 필수적인 이익을 위태롭게 하지 않으면서 다른 사람을 도울 수 있는 자원을 충분히 가진 행위자들을 말한다. 여기에는 부유한 나라의 대다수 사람들이 포함되며, 나는 주로 이 행위자들의 의무에 대한 본질에 관해 논할 것이다(그러나 다른 부유한 행위자들을 의무 범위에서 배제하려는 의도는 결코 아니다).

극심한 빈곤으로 고통받는 사람들에 대한 부유한 행위자들의 의무를 적절하게 이해하기 위한 핵심적 질문은 그 의무가 선행의 의무인지, 정의의 의무인지 아니면 둘 다의 의무인지이다. 이 의무를 정의의 의무로 보는 것의 핵심적인 규범적 함의는 그 의무를 우리의 자원을 얼마나 많이 주어야 하는지의 측면에서 프레이밍하는 것은 적절하지 않다는 것이다. 우리에게 극심한 빈곤으로 고통받는 사람들에 대한 정의의 의무가 있는 한 그 자원은 애초에 우리 것이 아니라 도덕적으로 극심한 빈곤을 겪고 있는 사람들에 속한 것이다. 현상황이 조금이라도 정의롭다면 그 자원의 법적인 주인도 극심한 빈곤을 겪고 있는 사람들이었을 것이다. 따라서 본 쟁점이 이렇게 프레이밍되면 현재 극심한 빈곤에 시달리는 사람들이 그들에게 도덕적으로 자격이 있는 자급적 생계(subsistence) 수단을 얻을 수 있는 현실적인 기회를 더이상 박탈당하지 않도록 국내외의 경제적·정치적·법적 구조의 개혁이 요구된다.

지금까지 극심한 빈곤으로 고통받는 사람들에 대한 일반적인 의무에 관한 논의는 두 가지 주요 범주로 나뉘는 경향이 있었다. 첫째, 지구적 정의라는 주제에 관한 문헌이 급증했는데 그중 많은 부분이 세계의 경제, 정치, 사회구조의 특정한 특성들이 만성적인 극심한 빈곤의 주된 원인이 되는 방식에 초점을 맞추고 있다(국제적 자원 특권, 무기 거래, 국제 교역 및 금융의 특정 측면들, 부채, 환경오염 등).

둘째, 피터 싱어(1972)의 흥미롭고 강력한 주장이 활발한 논의를 촉발시켰다. 피터 싱어는 옥스팜 같은 비정부기구에 기부해야 할 우리의 의무는 적어도 지나가다가 우연히 본 연못에 빠진 아이를 구해야 할 의무만큼 엄중하다고 주장한다. 그가 지적하듯이 우리는 두 경우 모두에서 비교적 사소한 개인적인 대가를 치르면서 아이의 죽음을(또는 다른 극단적인 해악을) 막을 수 있는 위치에 있다. 피터 싱어의 주장은 세계로 확장중인 국제적 사회운동, 즉 '효율적 이타주의'를 촉발했다. 이 운동은 기빙왓위캔(Giving What We Can), 기브웰(Give Well), 당신이 구할 수 있는 생명(The Life You Can Save, 피터 싱어가 설립), 굿벤처스(Good Ventures) 같은 자선단체의 설립으로 이어졌다. 이 단체들은 사람들에게 수입의 상당 부분을 가장 효율적인 비정부기구들에 기부할 것을 장려하고, 해당 기구들에 기부금으로 최대의 선을 행할 수 있는 방법을 조언한다.

극심한 빈곤으로 고통받는 사람들에 대한 부유한 행위자들의 의무의 본질에 접근하는 앞에서 언급한 두 가지 방법은 그동안 서로 명시적으로 관여하는 경향은 없었지만 실제로는 달랐다. 두 경우 모두 상대방의 접근법을 회의적으로 보는 경향이 있었다. 세계 빈곤층에 대한 부유한 행위자들의 의무를 정의의 의무로 여기는 사람들은 효율적 이타주의가 극심한 빈곤의 근본적인 구조적인 원인을 해결하거나 그에 도전하는 데 실패했다고 주장한다(Kuper 2002; Kahn 2016 등 참조). 효율적 이타주의는 (소외열대질환(neglected tropical diseases) 치료 등의) 특정한 개입을 수행하는 원조단체에 자금을 지원해 사람들의 삶을 구하거나 변화시키는 부유한 행위자들 개개인의 역량에 초점을 맞추는 경향이 있으며, 이러한 개입 조치의 효율성은 무작위 대조 연구로 측정될 수 있다. 비판자들은 이러한 도덕적 프레이밍이 부유한 사람이 가난한 사람들에게 해를 끼치는 여러 구조로부터 편익을 얻는 방식을 흐리게 한다고 주장한다. 또한 이런 프레이밍은 극심한 빈곤의 근본적인 원인을 해결하지 못하는 미봉적(band-aid) 접근이라고 주장한다. 이와 더불어 종종 등장하는 반론은 비정부기구들이 실제로 현지의 제도와 정치에 악영향을 끼치며, 무작위 대조 연구는 특정 기간 동안 표적 집단에 대한 특정 개입의 효과 측정에는 효과적이나 장기적인 거시적 영향은 측정하지 못한다는 것이다(Wenar 2011; de Waal 1997; Davarajan et al. 2001; Weiss 1998 등 참조).[3]

그래서 앵거스 디턴(Angus Deaton 2015)은 현재의 세상을 개선하고자 열망하는 프린스턴대학의 학생들에게 자신의 조언과 피터 싱어의 조언을 대조한다. 앵거스 디턴은 소외열대질환을 치료하는 비정부기구에 기부하기보다는 워싱턴의 정책 입안자들이 세계보건에 매우 유해한 정책(무기 거래, 농업 및 무역 정책, 돈과 힘이 있는 제약회사들에 대편익을 주는 협상 등)을 끝내도록 영향력을 행사하는 데 에너지와 관심을 집중해야 한다고 충고한다. 그는 부유한 나라들이 전 세계에 무기를 팔면서 세계보건에 신경을 쓴다고 하는 것은 터무니없다고 주장한다. 영국의 정치 풍자극 〈예스, 프라임 미니스터Yes, Prime Minister〉의 한 에피소드에서 험프리(Humphrey) 경이 특정 무기 판매를 꺼리는 총리에게 냉담하게 대답하는 것처럼 어쩌면 폭탄에 정부의 건강 경고문이 붙어 있을지도 모른다.

이에 대해 효율적 이타주의자들은 우리가 기부한다면 정말로 더 많은 삶을 구하거나 변화시킬 수 있는 효과적인 몇몇 구호단체들이 있다는 사실을 합리적으로 부인할 수 없다고 설득력 있게 주장했다. 더 나아가 피터 싱어(2015)는 "때때로 우리는 빈곤의 근본적인 원인이 무엇인지 모른다"면서 "설령 우리가 일부 원인을 알게 되더라도 바꾸지 못할 수도 있다"고 주장한다. 그러나 부유한 행위자 개인이 가장 효율적인 구호단체들에 기부하면 수많은 사람의 삶을 구하거나 변화시킬 수 있다는 것은 분명하다.

따라서 논의는 일종의 교착상태에 빠졌다. 이것은 극심한 빈곤에 대한 이른바 '싱어 해법(Singer Solution)'의 찬성파와 반대파 사이의 논쟁이라는 양상을 띠게 되었다. 싱어 해법은 개인들이 가장 효율적인 구호단체들에 기부하는 것이다. 효율적 이타주의의 비판자들은 그 운동을 싱어 해법의 옹호로 특징지었으며, 가장 흔한 비판 중 하나는 그 운동이 극심한 빈곤의 구조적 기반을 적절하게 중요시하지 않는다는 것이다.

이것은 효율적 이타주의를 부정확하게 특징지은 것일 수도 있다. 분명한 것은 구조 개혁이 느리고 단편적인 개인 기부보다 훨씬 더 큰 선을 이행할 것이라면, 그리고 부유한 행위자들이 합리적인 성공 가능성을 가지고 이러한 선을 달성하기 위해 취할 수 있는 실천적 단계가 있다면 효율적 이타주의는 이러한 단계를 밟을 것을 권한다는 사실이다. 그러므로 이 논쟁의 양측은 종종 서로 엇갈리는 이야기를 하는 것처럼 보일 수 있다.

그러나 이 논쟁은 부유한 행위자들이 극심한 빈곤이 초래하는 고통에 가장 효율적으로 대응할 수 있는 방법에 관한 경험적 의견 불일치로 단순하게 정리될 수 없다. 부유한 행위자의 의무가 어떻게 프레이밍되어야 하는지에 관한 근본적인 논쟁도 존재한다. 효율적 이타주의자들이 사용하는 '기부(giving)'와 '더 나은 선행하기(doing good better)'라는 표현은 극심한 빈곤이 야기하는 중요한 도덕적 문제를 세상에서 선을 행하려는 시도들의 정도나 효율성의 부적절함이라는 측면에서 프레이밍한다. 해법은 특정 개입의 비용 효율성에 대한 더 나은 증거를 얻는 데 초점을 맞춘다. 이것이 암묵적으로 가정하는 것은 부유한 행위자들은 도덕적 백지 상태에서 시작하며, 그들 부의 주된 도덕적 함의는 그들이 그 부로 달성할 수 있는 막대한 선이라는 것이다.

대다수 반론의 기저에는 이러한 프레이밍이 가난한 사람들에게 해를 끼치는 국내외 경제적·정치적 구조를 통해 우리의 부를 획득하는 방식을 도외시하거나 심지어 모호하게 한다는 우려가 깔려 있다. 이러한 정의 기반 분석에서 극심한 빈곤이 야기하는 중요한 도덕적 문제는 이타주의의 불충분한 정도와 효율성이 아니라 힘과 이해(interest)에 관한 것이며, 극심한 빈곤으로 고통받는 사람들에게 해를 끼치는 구조와 관습에서 우리가 편익을 얻는 방식에 대해 충분히 조사하지 못한 자기만족적 실패에 관한 것이기도 하다. 따라서 핵심 초점은 구조의 부정의로 옮겨가는데 이러한 구조에서 부유한 행위자와 다른 힘있는 경제적 행위자들은 막대한 자원을 지배하는 반면, 극심한 빈곤을 겪고 있는 사람들은 그들의 통제력을 초월한 사회적·경제적 힘에 극도로 취약한 나머지 생계비를 벌 수 있는 아무런 현실적인 수단도 얻을 수 없게 된다. 이를 해결하기 위해서는 극심한 빈곤을 겪고 있는 사람들을 자력화할 법적·경제적 개혁이 요구된다. 이런 부류의 개혁은 사회 관행과 도덕규범의 변혁적 변화가 요구되며, 이러한 변화는 다시 해로운 구조와 관습이 정상적인 동시에 수용 가능한 것처럼 보이게 하는 도덕적 프레이밍에 대한 도전이 요구된다. 앞으로 내가 주장하는 바와 같이 효율적 이타주의에 대한 일부 반론은 거대 기업의 일부 부에 대해 그리고 더 공정한 무역 거래를 위해 남반구 국가들이 제기한 법적 구속력 있는 정의 실현 요구를 개발원조가 대체하게 된 역사적 배경과 관련해서만 타당할 수 있다.

효율적인 구호단체에 기부해야 할 의무는 경제적 권리(entitlement)를 부정의하게 박탈당한 사람들을 돕는 **보완적** 의무(backup duty)로 간주해야 한다. 부유한 행위자들은 기본적으로 극심한 빈곤을 지속시키는 구조를 개혁해야 할 정의의 의무와 더불어 극심한 빈곤으로 고통받는 사람들을 도와야 할 보완적 의무가 있다.

극심한 빈곤의 지속은 근절해야 할 구조적 인권침해를 야기하며, 이러한 침해에 대한 책임을 가난한 나라의 행위자들 및 제도에 한정하는 것은 타당하지 않고 부유한 나라의 행위자들과 제도가 그 책임을 공유해야 한다는 인식이 중요하다. 부유한 행위자들은 국내는 물론 국제적 규칙과 임무에 관한 제도적 명시 및 시행을 촉구해야 할 공동의 위급한 정의의 의무가 있다. 최소한의 정의라도 실현되었다면 극심한 빈곤을 겪는 사람들을 도와야 할 의무는 애초에 발생하지 않았을 것이다. 이러한 의무가 발생한 것은 인간의 생계권이 부여하는 1차적 의무들이 이행되지 않았기 때문이다. 그러므로 구호단체에 기부할 의무를 보완적 의무로 특징짓는 것은 극심한 빈곤의 지속이 거대한 부정의(mass injustice)를 야기함을 내포한다.

그러나 보완적 의무라는 지위는 구호단체에 기부할 의무의 위급성이나 엄중함을 전혀 훼손하지 않는다. 극심한 빈곤으로 고통받는 사람들에게는 구호단체의 도움이 자녀가 영양실조나 쉽게 치료할 수 있는 질병으로 사망하는 것과 같이 적은 비용으로 예방할 수 있는 극단적인 해악을 피할 유일한 희망일 수 있다. 우리의 현상황에서 구조적 개혁이 달성되기 전까지는 극심한 빈곤은 계속해서 수많은 사람들의 사활적 이해(vital interest)를 위협하며 그들의 삶을 망치거나 완전히 파괴할 수 있다. 부유한 행위자들은 수많은 희생자를 초래할 수 있는 위협을 과도하지 않은 재정적 대가를 치르면서 막을 수 있다.

보완적 의무의 또다른 특징은 그 이행이 기본적 정의의 의무—여기에서는 처음부터 사람들에게서 기초적인 사회경제적 인권을 빼앗지 않는 것—의 이행**에 비해** 매우 부적절하다는 것이다. 이 특성은 극심한 빈곤이 부과하는 도덕적 요구에 대한 구상을 구호단체에 기부하는 것만으로 **제한해서는** 안 된다고 강조한다. 그러나 구조적 개혁을 달성할 때까지 구호단체에 기부해야 할 보완적 의무의 또다른 특징은 가장 시급하다는 것이다. 따라서 이러한 프레이밍은 효율적 이타주의에 대한 (미봉적 접근이라는 비판을 포함한) 여러 반론의 기초가 되는 고찰의 중요성을 인정하는 한편, 그 반론들이 효율적인 구호단체에 기부하는 것을 중요시하는 효율적 이타주의의 주장을 결코 약화시킬 수 없음을 보여준다.

그렇다면 극심한 빈곤의 구조적 기반에 대한 부정의의 척결에 집중하는 (앵거스 디턴 같은) 사람들과 극심한 빈곤을 겪고 있는 사람들에 대한 원조 금액과 효율성 증가를 목표로 활동하는 사람들은 서로를 비판하고 있어서는 안 된다. 자연스럽지만 부적절하며 유해한 마비(paralysis)를 악화시키기 쉽기 때문이다. 이러한 마비는 부유한 행위자들이 비정부기구에 기부하는 것을 고려하고 있지만 이 같은 기부가 극심한 빈곤의 구조적 원인을 해결하지 못하고, 게다가 "구호산업이 종종 정치를 악화시킨다"(Deaton 2015)고 우려할 때 발생한다. 그러나 우리는 필요한 구조 개혁의 규모와 복잡성에 대해 생각할 때 행위자 개인으로서 문제의 해법을 유의하게 진보시킬 가능성이 낮다고 걱정한다. 피터 싱어(2015)가 이야기한 것처럼 극심한 빈곤의 근본적인 원인을 "우리는 어쩌면…… 바꾸지 못할 수도 있다." 그렇다면 마비는 극심한 빈곤에 대한 적절한 도덕적 대응이 구조적 개혁 추구와 구호단체에 기부하는 것 중 하나를 선택하는 것과 각각의 대응이 부적절해 보일 때 발생한다. 내가 주장하듯이 부유한 행위자가 구호단체에 기부할 의무를 행위자가 구조 개혁을 달성하기 위한 정의의 공동 의무 이행과 연계해 이행해야 할 보완적 의무로 이해한다면, 이 두 접근법은 서로를 훼손하는 것이 아니라 보완하게 되어 마비를 극복할 수 있다.

1.'구조적 인권침해로서의 극심한 빈곤'에서는 극심한 빈곤의 지속이 구조적 부정의와 근절해야 할 인권침해를 야기한다는 주장에 대해 개괄할 것이다. 2.'효율적 이타주의의 개괄'에서는 효율적 이타주의에 대해 간략히 설명한다. 3.'구호단체에 기부해야 할 의무는 보완적 의무'에서는 구호단체에 기부해야 할 의무가 경제적 권리를 부정의하게 박탈당한 이들을 돕기 위한 보완적 의무로 이해해야 한다고 주장할 것이다. 4.'효율적 이타주의에 대한 반론'에서는 효율적 이타주의에 대한 주요 반론 중 일부를 분석하고 평가한다. 나는 구호단체에 기부하는 의무를 보완적 의무로 프레이밍하는 것이 효율적 이타주의에 대한 일부 반론의 기저에 깔린 고찰의 중요성을 인정하는 동시에 이러한 반론들이 효율적 구호단체에 기부하는 것의 중요성에 대한 핵심적 주장을 훼손하지 않는다는 것을 보여준다고 생각한다.

1. 구조적 인권침해로서의 극심한 빈곤

가장 먼저 경제적 권리와 자원 통제권의 국제적 배분 현황을 역사적 맥락에서 살펴보는 것이 중요하다. 부유한 나라에서 태어난 사람들은 남반구에 위치한 개발도상국들의 천연자원과 사회자원을 탈취해 북반구의 선진국들이 부유해진 역사적 과정(노예제와 식민국의 자원을 소유할 합법적 자격이 제국 열강에게 있었던 식민체제 등)의 기원을 부분적으로 확인할 수 있는 경제구조의 수혜자들이다. 또한 북반구의 선진국들은 산업화로 부유해졌는데, 그 과정에서 화석연료(여전히 가장 저렴한 에너지원이다)와 지구의 탄소 흡수력을 공평한 몫 이상으로 많이 사용했다. 앞의 두 가지 자원은 모두 한정적이므로 북반구의 나라들은 아직 완전히 산업화되지 않은 나라들이 사용해야 할 몫을 박탈한 것이다.[4] 북반구의 여러 나라는 값싼 원유와 기타 국내적 경제 이익을 추구하면서 결과적으로 다수의 민주적 정부의 전복을 지원했다(예를 들어 영국은 이란에서, 미국은 과테말라와 칠레 등에서).

북반구의 행위자들이 앞에서 열거한 그들이 직접 저지르지 않은 역사적 범죄 행위의 가해자라고 이야기하려는 것은 아니다. 다만 그들이 경제적 권리를 정당하게 물려받으려면 인수 과정에서 발생한 채무까지 물려받아야 한다고 이야기하려는 것이다. 부유한 나라가 다른 나라의 천연자원과 사회자원을 탈취해 부유해진 이상 그들은 자원을 탈취당한 나라에 어떤 형태로든 재정적 보상을 해야 할 의무가 있다.[5] 그러므로 부유한 나라의 자원 중 일부는 마땅히 다른 나라의 것이다. 보상을 하지 않는 행위는 (현재의 법에서) 절도에 해당한다. 대부분의 개발도상국에서 모든 시민의 생계 수단을 확보할 수 있는 자원이 부족하다는 사실을 고려하면 이러한 절도 행위는 파괴적인 결과를 초래하는 생계 수단의 박탈에 해당한다.

현재의 정책들을 살펴보자. 레이프 위나(Leif Wenar 2016)가 주장하듯이 노예제와 식민주의를 떠받친 '힘이 곧 정의다(Might makes right)'라는 원칙은 지금까지도 원유 등 천연자원의 판매와 관련된 국제법을 지배하고 있다. 국제자원 특권(The International Resource Privilege)은 국가의 실질적 통치자가 아무리 잔혹하고 압제적이며 그 어떤 타당한 척도로도 시민들에게 해명할 책임이 없다고 판명되어도 나라의 자원을 매각할 수 있는 법적 권한을 부여한다. 그러므로 이런 통치자들이 국민에게 해명할 책임이 없기 때문에 자원 특권은 그들에게 국민의 자원을 훔칠 수 있는 법적 권리를 부여함과 동시에 우리에게 훔친 재화를 구매할 수 있는 권리를 부여한다.

이런 통치자들에게는 가난한 시민들이 기본적인 욕구를 충족할 만큼의 자원에 접근할 수 있도록 할 유인(誘引)이 전혀 또는 거의 없는데, 이것은 전적으로 국민에게 해명할 책임이 그들에게 없기 때문이다. 반면 이런 통치자들은 시민들에게서 탈취한 돈을 자신들의 압제적 통치를 공고히 할 무기를 구입하고, 민병대를 조직하는 데 사용할 강한 동기를 가지고 있다. 따라서 자원 특권의 완전히 예측 가능한 한 가지 결과는 해당 국가의 가난한 사람들이 자신들의 정당한 소유인 자원을 자급적 생계 수단을 빼앗길 정도까지 박탈당한다는 것이다. 더욱이 그들은 탈취당한 자원 때문에 실제로 심각한 위해를 입기도 하는데, 그 자원이 내부 탄압이나 자원을 둘러싼 잔혹한 분쟁에 이용되기 때문이다(Wenar 2016; Pogge 2008). 이와 동시에 부유한 나라들은 값싼 원유 공급을 보장받는다.

게다가 선진국들이 산업화를 통해 압도적으로 부유해지는 동안 산업화가 지구 대기에 끼친 최악의 피해는 대체로 가난한 개발도상국 시민들이 겪고 있다. 가난한 나라에서는 현지 작물이 대다수 인구의 유일한 식량원이다. 가뭄이나 홍수로 인한 흉작은 식량 부족으로 이어져 사활적 이해를 위협하기 십상이다. 하지만 문제를 초래하고 그 결과 부유해지기까지 한 북반구의 선진국들은 청정에너지로의 적응 및 전환에 따른 비용의 벌충을 여전히 거부하고 있다.

또한 북반구는 아직도 과도한 양의 화석연료를 사용하고 있으며, 이에 마음껏 탄소를 배출하면서 갈수록 희소해지는 자원인 지구의 탄소흡수력에 대한 접근성을 빠르게 고갈시키고 있다. 헨리 슈(2014, 197)의 지적대로 세계의 에너지 공급이 화석연료에 의존하는 한 지구의 탄소흡수력에 접근하는 것은 필수적인 자원이다. "현재 대부분의 사람들은 생존을 위해 온실가스를 배출하는 경제활동을 할 수밖에 없다." 북반구는 탄소를 무분별하게 배출하며 지속 불가능한 속도로 자원에 의지하면서 현재와 미래의 가난한 사람들이 생계활동에 필요한 탄소흡수력에 대한 접근성마저 박탈하고 있다.

약 10억 명의 고소득 국가 사람들의 가계지출이 전 세계 가계지출의 81퍼센트를 차지하는 반면, 극심한 빈곤을 겪고 있는 25억 명(인류의 39퍼센트)은 전 세계 가계지출의 1.6퍼센트에 불과하다. 10억 명에 달하는 48개 최빈개발도상국 인구의 국내총생산(GDP) 총액은 8700억 달러로, 선진국 한 곳인 독일(인구 8000만 명)의 국내총생산 3조 7000억 달러의 4분의 1밖에 되지 않는다(Andra 2014). 그런데도 부유한 나라들은 현재의 최빈국들에서 천연자원과 사회자원을 탈취해 자신들을 부유하게 만든 역사적 과정에 대해 보상금을 지불한 적이 없다. 이와는 대조적으로 부유한 나라들은 부와 정치력에서 나오는 우월한 협상력을 이용해 자국 또는 (제약회사 같은) 강력한 기업에 유리하도록 왜곡된 무역 및 지적재산권, 부채 등에 관한 규칙을 강요했다고 널리 주장되어왔고, 불공정하게도 전 세계 빈민층에 더 많은 불이익을 주고 있다. 또한 루돌프 슈타이너(Rudolf Steiner) 등(1996,

1140)이 지적하듯이 신자유주의 경제정책의 특정한 양상에는 "민영화, 규제 완화, 기업적 행태에 인센티브 제공 확대, 구조조정 프로그램, 국제금융기관과 선진국의 압력 등이 있는데, 이것은 경제적·사회적 권리 향유에 혼합적이고 때때로 심각하게 부정적인 영향을 미쳤다." 개발도상국들에서 조세피난처와 부유한 나라로 흘러나가는 불법 자금만 해도 개발 원조금보다 많다(Reuter 2012).

이것은 세계 사회제도 운영과 부유한 나라 및 기타 강력한 경제 주체의 경제정책 중 일부 특징이 사람들의 자급적 생계 수단을 빼앗지 말라는 소극적 의무의 침해에 크게 기여한다는 것을 시사한다. 이것은 생계권과 상관적인 소극적 의무에 관한 철학적으로 확실하고 논란의 여지가 적은 설명이며, 이 의무의 불이행은 인권침해에 해당한다.

나는 이것이 구조적 인권침해로 분석되어야 한다고 생각한다. 지금도 수많은 행위자들이 지속하고 있는 이러한 행동양식은 수많은 희생자들이 기본적인 인권의 대상인 자급적 생계 수단을 박탈당하는 예측 가능한 결과를 낳고 있다.

내가 다른 곳에서 주장했듯이 생계권이 부여하는, 사람들에게 자급적 생계 수단을 제공하라는 적극적 의무 또한 기본적 정의라는 일반적인 의무로 여겨져야 하며, 이것은 인간성이라는 덕의 차원에서 모든 사람이 지켜야 한다. 지구 자원의 전반적인 규모를 고려할 때 극심한 빈곤을 퇴치하지 못한 우리의 지속적인 실패는 극심한 빈곤으로 황폐해지거나 파괴된 수많은 삶의 도덕적 가치에 대한 최소한의 적절한 인식과 양립할 수 없다. 따라서 이것은 헨리 슈(1996, 19)의 말대로 "나머지 인류에 대한 모든 사람의 최소한의 합리적인 요구"에 해당하는 최소한의 도덕적 임계점에 미치지 못한다.

그러므로 극심한 빈곤의 지속은 구조적 인권침해로 보아야 하며, 이러한 침해에 대한 책임은 권리자들의 정부에만 국한되는 것이 아니라 국제사회가 공유해야 한다. 이 구조적 기반의 적절한 분석은 역사적 관점이 있어야 하며, 현재의 세계 경제적·정치적·법적 구조의 특정한 특징들이 관련되어 있음을 보여주어야 한다. 이 구조적 인권침해에 참여하는 행위자들은 기본적 정의라는 위급한 공동의 의무하에서 해악을 방지할 수 있는 개혁을 시행해야 한다. 그 기반은 인간의 삶을 저버리지 않는 추상적이고 일반적인 정의의 의무이다. 이를 위해 필요한 것은 준수시 사람들이 자급적 생계 수단을 빼앗기지 않거나 얻게 될 규칙과 의무의 제도적 명시화와 분배, 강제 등이다.

기본적인 인권과 관련된 기본적 정의의 의무의 핵심적 특징은 그것의 강제가 정당하다는 것이다. 이것은 구조적 부정의를 극복하고 집단행동의 문제를 해결하는 데 필요한 조정을 위해 필수적이다. 또한 사람의 도덕적 권리에 대한 적절한 대응이기도 하다. 실제로 법적·경제적 구조에 최소한의 정당성이 있는지 결정하는 것은 그것이 기본적인 인권을 침해하지 않는 의무를 인식하고 강제하고 이행하는지의 여부이다(이것은 노예가 되지 않을 인간의 권리에 대한 도전을 받은 사회제도가 사람을 노예로 만들지 말아야 할 의무를 인식하고 시행하는 데 실패한 것에서 실증된 바 있다). 정의의 의무의 정당한 강제 가능성에 대한 보다 핵심적인 함의는 정의의 의무의 인식이 인식되지 못했을 경우 기본적 이익에 대한 통제할 수 없는 사회적·경제적 힘의 위협 앞에서 무력했을 사람들의 권한을 강화한다는 것이다.

따라서 극심한 빈곤의 지속을 거대한 부정의로 프레이밍하는 것의 가장 중요한 의미 중 하나는 그것이 기존의 법적·경제적·정치적 구조의 도덕적 정당성에 대한 근본적인 도전을 나타내며, 부유한 사람들과 극심한 빈곤을 겪는 사람들 사이의 실제적인 권력 이동을 요구한다는 것이다.

2. 효율적 이타주의의 개괄

피터 싱어는 「기근, 풍요, 도덕Famine, Affluence and Morality」(1972)에서 길을 가다가 우연히 연못에 빠진 아이를 보게 된 행위자가 바지에 진흙이 묻는 대가만 치르면 아이를 구할 수 있는 상황에 비유하며 독창적인 주장을 펼친다. 피터 싱어의 주장대로 그 행위자에게는 분명히 아이를 구해야 할 매우 엄중한 책임이 있으며, 그 책임을 이행하지 않는 것은 심각한 잘못일 것이다. 이어서 그는 연못에 빠진 아이를 구하지 않는 것이 잘못인 이유는 부유한 행위자가 옥스팜과 같은 효율적인 비정부기구에 기부하지 않는 것이 잘못인 이유도 된다고 주장한다. 행위자는 두 경우 모두에서 비교적 사소한 개인적인 대가만 치르면 아주 나쁜 일이—아이의 죽음이나 다른 끔찍한 해악—벌어지는 상황을 막을 수 있는 입장에 있다는 것이다.

이 논증에 고무된 효율적 이타주의자들은 부유한 행위자들(소득이 3만 4000파운드 이상인 사람은 세계 상위 1퍼센트 부자이다)이 가장 효율적인 비정부기구에 기부함으로써 수많은 사람의 생명을 구하거나 그들의 삶을 완전히 바꿀 수 있는 입장에 있다고 지적한다. 윌리엄 매캐스킬(2015)은 『냉정한 이타주의자』에서 효율적 이타주의의 기반이 되는 철학적 옹호론을 펼쳤다. 피터 싱어와 윌리엄 매캐스킬의 접근법에서 이 둘의 주요한 철학적 차이는 매캐스킬은 부유한 행위자가 효율적 비정부기구에 기부하지 않는 것이 심각한 잘못이라는 주장으로 시작하지 않는다는 점이다. 오히려 그는 부유한 행위자가 효율적인 구호단체에 기부함으로써 행할 수 있는 막대한 선을 강조하면서 효율적 이타주의를 다음과 같이 묘사한다. "99퍼센트 세일과 비슷하다. …… 당신이 살면서 접한 가장 놀라운 거래일지 모른다"(2015, 28).

3. 구호단체에 기부해야 할 의무는 보완적 의무

기본적인 인권이 부여하는 의무에 관한 영향력 있는 세 가지 분석에서 헨리 슈(1996, 2장)는 인권을 침해하지 말라는 1차적 의무뿐 아니라 기본적인 인권 역시 두 부류의 보완적 의무를 부여한다고 주장한다. 기본적인 권리를 침해하지 말라는 1차적 의무는 권리자에게서 권리의 대상을 박탈해서는 안 된다는 의무이다. 제2의 의무는 이러한 박탈로부터 사람들을 보호하는 것이다. 여기에서 핵심은 1차적 의무를 강제하기 위한 제도적 메커니즘의 시행이다. 보완적 의무의 마지막은 앞의 두 부류의 의무가 이행되지 않아 이미 권리 대상을 박탈당한 사람들을 도와야 한다는 의무이다.

나는 부유한 행위자가 구호단체에 기부해야 한다는 의무를 이 마지막 보완적 의무에 속하는 것으로 간주해야 한다고 생각한다. 이 의무는 부정의한 국내외적 구조 때문에 생존을 위한 소득을 얻을 수 있는 현실적인 기회를 이미 박탈당한 사람들을 도와야 한다는 것이다. 구호단체에 기부해야 할 의무는 사람들의 자급적 생계 수단을 박탈하지 말라는 1차적 의무가 위반되었기 때문에 발생하며, 이러한 위반의 가장 큰 원인은 이것을 방지할 국제규범 집행 메커니즘을 이행해야 할 의무를 이행하지 못한 우리의 계속된 실패 때문이다. 따라서 구호단체에 기부 의무가 발생하는 것은 앞의 두 부류의 의무가 이미 위반되었기 때문이다.

이 세번째 보완적 의무의 핵심적 특징은 권리자들이 보완적 의무의 이행에 의지하는 것보다는 1차적 의무를 강제하고 이행하는 것이 훨씬 나을 것이라는 점이다. 생존을 위한 소득을 얻을 수 있는 현실적인 기회를 이미 완전히 박탈당한 사람들은 부정의하게도 그들 자신이나 자녀들이 영양실조나 쉽게 예방할 수 있고/있거나 치료할 수 있는 질병으로 신체적 저하를 막을 수 있는 자급적 생계가 가능할지에 대한 깊은 불안감에 직면하는 절망적인 상황에 처해 있다. 이런 사람들은 자녀의 건강과 생존 같은 가장 기초적인 목표를 실현하기 위해 구호단체에 의지해야 할 가능성이 높다. 구호단체는 대체로 기금이 부족하거나 불확실하고 제한된 규모로만 운영이 가능하다는 점을 고려할 때 이 사람들이 그러한 목표를 이룰 수 있을지는 전적으로 불확정적이다.

게다가 이렇듯 매우 취약하고 의존적인 처지는 그 자체로 그 사람들에게 매우 해롭다. 그렇다면 생존을 위한 소득을 얻을 수 있는(또는 그럴 수 없을 경우 자급적 생계 수단을 제공받을) 현실적인 기회에 대한 권리는 강제되고 신뢰성 있게 존중되는 것이 분명 도덕적인 측면에서 훨씬 나을 것이다.

이와 관련해 제니퍼 루벤스타인(Jennifer Rubenstein 2015, 85)이 주장하고 있는 것과 같이 국제비정부기구(INGO)는 민주적으로 선출된 정부와 비교했을 때 '차선의 행위자'이다. "민주적으로 선출된 정부와 달리 국제비정부기구는 자신들이 상당한 영향을 미칠 취약한 집단들의 승인을 받지 않았으며, 일반적으로 이들 집단은 (제재를 가해) 국제비정부기구에게 효과적으로 책임을 물을 수도 없다." 더욱이 "국제비정부기구들은 부유한 서구 국가에 기반을 두고 있으며, 고위 관리자들도 대부분 부유한 국가 출신이기 때문에…… 그들의 결정과 행동은 그들이 활동하는 현지의 사회적·정치적·종교적·경제적·문화적 역학에 대한 제한된 이해를 나타내는 경우가 잦다"(85).

이러한 이유로 국제비정부기구들의 주요 활동은 개개인이 (그럭저럭 안정적인 수준의) 자급적 생계 수단을 얻을 수 있는 기회를 보장하는 국제적·국내적 구조 개혁의 시행과 **비교할 때** 불충분하다. 특히 중요한 것은 고전 중인 민주정부들이 사회경제적 인권을 실현하기 위해 역량을 약화시키는 세계 경제구조의 요소들을 개혁하는 것이다(매우 어려운 상황에서의 구조조정 프로그램 등).

그러나 보완적 의무의 또다른 핵심적 특징에는 극도의 도덕적 위급성도 있다. 보완적 의무는 절망적인 상황에 처한 사람들에게 있어 그들의 삶을 황폐화하거나 완전히 파괴할 극악하고 저렴하게 예방할 해악을 피할 수 있는 마지막 남은 기회일 가능성이 높다. 따라서 사회경제적 권리의 실현을 위한 정부의 역량을 약화시키는 세계의 경제적·정치적·법적 구조를 비판하고 개혁을 추구하는 것도 중요하지만, 각국 정부가 그러한 역량을 갖출 때까지 구호단체를 지원하는 것 역시 중요하다. 이러한 구호단체에 기부할 의무를 보완적 의무로 프레이밍하는 것은 극심한 빈곤의 부정의한 구조적 기반을 인식한다면 구호단체를 지지해서는 안 된다는 가정(효율적 이타주의에 대한 특정 반론들에서 명시화되기보다는 암시되는 경향이 있다)의 불합리성을 부각시킨다. 이러한 가정의 논리에 따르면 극심한 빈곤을 겪는 사람들의 고통은 그들에게서 가장 기본적인 경제적 권리를 앗아가 영양실조로 인한 자녀의 신체적 저하나 사망 등을 예방하기 위해 구호단체에 의존하게 만든 부정의한 구조들에 기인하므로 우리는 그들이 부정의한 고통을 겪게 내버려두어야 한다. 하지만 그런 식으로 박탈감을 겪고 있는 사람들을 도와야 한다는 보완적 의무가 이행되지 않는다면 그 사람들은 이중으로 고통받게 될 것이다. 즉 기본적인 사회경제적 권리를 박탈당한 상황에서 완전히 방치되어야 하는 것이다.

국제구호단체의 활동이 현지의 정치를 그리고 같은 활동을 하고 있는 현지 사회기관의 발전을 저해할 수 있다는 중요하고 현실적인 우려가 있는 것은 사실이다. 그래서 사활적 작업을 수행하는 국제구호단체에 대한 지원과 현지 국가의 사회제도에 대한 의도치 않은 훼손 사이에는 까다로운 상충성(trade-off)이 있을 수 있다. 그러나 국제구호단체가 현지 사람들의 기본적인 이익에 가해지는 심각한 위협을 방지할 수 있는 유일한 행위자일 경우에는 그 같은 기관들에 기부해서는 안 된다는 결론을 내리기 전에 상당한 주의를 기울여야 한다.

지금부터 내가 주장하겠지만 보완적 의무의 차원에서 구호단체에 기부해야 할 의무는 효율적 이타주의 반대론자들에 대한 효율적 이타주의자들의 대응을 강화한다.

4. 효율적 이타주의에 대한 반론

규범적으로 부적절한 프레이밍

효율적 이타주의는 극심한 빈곤의 지속을 지탱하는 기존의 정치적·법적·사회적 구조를 검토하거나 그것에 도전하지 못한다는 반론이다. 피터 싱어가 밝힌 비정부기구에 기부해야 할 의무와 우연히 발견한 연못에 빠진 아이를 구해야 할 의무의 유사성은 극심한 빈곤의 구조적 원인을 외면한다는 것이다. 이러한 맥락에서 피터 싱어의 비유는 사람들이 구조적 원인이 아닌 다른 곳에 관심을 갖게 만든다고 비판받았다(예를 들어 Miller 2007, 233-238, 259-260 참조).

효율적 이타주의자들이 사용하는 표현이 극심한 빈곤에 대한 부정확한 가정과 도덕적 요구의 부적절한 도덕적 프레이밍을 강화한다는 주장도 있다. 국제 사회제도의 일부 특징과 부유한 나라 및 기타 강력한 경제적 행위자의 경제정책이 가난한 사람들에게 해를 끼치는 방식을 도외시하거나 심지어 보이지 않게 만든다는 것이다(Gabriel 2017). '선을 행함'과 '이타주의' 같은 표현이 우려스러운 것은 부유한 행위자들을 세계 빈곤층의 구원자로, 그들의 아낌없는 기부가 빈곤층의 삶을 구제하거나 변화시킨다고 제시하기 때문이다. 이것은 세계 빈곤층에 해를 끼치기도 하는 구조에서 부유한 사람들이 편익을 얻는 방식을 모호하게 하는 결과를 낳는다. 이러한 맥락에서 제니퍼 루벤스타인(2015b)은 효율적 이타주의가 "구원자적 사고"를 부추긴다고 주장하며, 대런 애쓰모글루(Daron Acemoglu 2015)는 효율적 이타주의가 "사람들을 도움을 주는 이들과 도움을 받는 이들로 분류하고…… 애초에 무엇 때문에 현재의 상황이 되었는지는 묻지 않는다"고 주장한다.

또한 '선을 행함'과 '이타주의'라는 표현은 부유한 행위자들이 극심한 빈곤을 겪는 사람들을 돕는 이유에 자선 프레이밍을 씌워 그러한 도움이 매우 칭찬할 만하지만 도덕적 선택의 문제인 것처럼 만든다. 이러한 맥락에서 본 쟁점에 관한 윌리엄 매캐스킬과 피터 싱어의 프레이밍을 검토해볼 만하다. 피터 싱어의 독창적인 주장의 결론은 비정부기구에 기부하지 않는 것은 매우 잘못된 일—우연히 발견한 연못에 빠진 아이를 구하지 않는 것만큼 잘못이다—이라는 것이다. 그는 적극적인 원조 의무에 초점을 맞추면서 이 같은 의무를 강제해야 할 적극적인 정의의 의무로 제시하지 않으면서도 자선 프레임을 완전히 거부한다.

반면 윌리엄 매캐스킬은 부유한 행위자들의 기부 실패는 잘못이라는 주장에 호소하지 않는다. 대신 그들이 비용 효율이 가장 높은 비정부기구에 기부한다면 수많은 사람의 삶을 구제하거나 변화시킬 역량을 스스로에게 부여하게 된다는 사실에 호소한다. 이것은 실제로 효율적 이타주의의 성공에서 중요한 역할을 했을 수도 있다. 기부하지 않으면 (연못에 빠진 아이를 보고도 구하지 않는 것과 비견되게) 도덕적으로 매우 잘못된 것이라고 말하면 사람들은 방어적이 되거나 억울함을 느낄 수도 있다. 반면 세상을 위해 선을 행할 놀라운 기회가 있다고 호소하는 것은 부유한 행위자들의 마음을 움직이고 동기부여가 될 수 있다.

그러나 이러한 접근법에도 위험은 존재한다. 부유한 행위자의 부의 유일한 도덕적 함의는 그것이 제공하는 막대한 선의 이행 기회라는 관점을 강화할 수 있기 때문이다. 부를 이러한 관점에서만 보는 것은 부유한 행위자들이 부를 축적하게 된 구조가 용납할 만한 것이라는 가정을 내포한다. 실제로 도덕적 초점이 돈이 많을수록 더 큰 선을 행할 수 있다는 사실에만 집중된다면 막대한 부가 축적될 수 있었던 과정이 긍정적인 것처럼 보일 수도 있다. 이러한 우려는 아미아 스리니바산(Amia Srinivasan 2015)의 반론의 근거가 된다. "윌리엄 매캐스킬은 지구촌 빈곤의 뿌리깊은 근원을 해결하지 않는다. 효율적 이타주의는 권력의 작동방식을 이해하려고 애쓰지 않는다. 다만 이러한 방식 자체를 권력에 더 잘 동조시키려는 것뿐이다. 이러한 의미에서 효율적 이타주의는 모든 것을 현상유지만 시킨다. 이것은 현상황을 누리는 사람들에게 확실히 위안이 되며, 부분적으로 효율적 이타주의의 성공을 설명해줄 수도 있다."

기빙왓위캔, **기브**웰 등에서 볼 수 있는 기부(giving)라는 표현에 대한 우려도 존재한다. '구조적 인권침해로서의 극심한 빈곤'에서의 주장이 옳다면 이 같은 표현은 규범적으로 부적절하다. 우리가 정당하게 소유한 돈을 나눠주는 것이 아니기 때문이다. 경제적 권리와 관련해 정의로운 체제라면 모든 사람이 자급적 생계 수단을 얻을 수 있는 현실적인 기회를 갖게 될 것이다. 인권에 상응하는 정의의 의무의 핵심적인 특징은 정당하게 강제된다는 것이다. 따라서 극심한 빈곤의 지속을 거대한 부정의로 프레이밍하는 것에는 기존의 법적·경제적·정치적 구조의 정통성에 도전하고, 부유층과 극빈층 사이의 실제적인 힘의 이동을 촉구한다는 함의를 내포하고 있다.

인간의 생계권에 대한 진정한 인식은 가족에게 생활필수품을 제공하기에 충분한 소득을 얻을 수 있는 현실적인 기회가 전무할 정도로 통제할 수 없는 경제적·사회적 힘에 취약한 사람들에게 힘을 실어줄 것이다.

정의의 의무의 정당한 강제 가능성 때문에 극심한 빈곤이 부유한 나라와 개인에게 부여하는 도덕적 요구를 개발원조나 개인적인 선행 의무의 측면에서 프레이밍하는 것을 비판하는 사람들은 그 프레이밍이 과도하게 보수적이라고 생각한다. 토모히사 핫토리(Tomohisa Hattori 2003, 246)는 "권리에 관한 자유주의적 프로젝트는 선진국들로부터의 실제적 권력 이동을 수반하지만, 국외 원조라는 도덕적 정치는 선진국의 기존 권력을 정당화한다"라고 이야기했다.

부유한 행위자들은 비정부기구에 기부해야 할 엄중한 책임이 있다는 피터 싱어의 독창적인 주장은 분명 자선 프레임을 기피하지만, 피터 싱어는 그 책임을 정당하게 강제되는 정의의 의무로 여기지 않는다. 따라서 그의 주장은 권력의 기저에 있는 구조에 도전하지 않는다.

사실 효율적 이타주의는 구조 개혁의 필요에 대한 인정과 양립 가능한 방식으로 제시될 수 있다. 비정부기구에 기부하는 선행이나 필란트로피의 의무에 호소함에 있어서 그곳에 사용할 돈이 정당하게 우리의 소유라는 관점에 헌신할 필요는 없다. 오히려 현실적으로 현재 우리가 소유하고 있는 돈으로 무엇을 할지에 관한 질문을 하는 것으로 프레이밍할 수 있다. 부유한 행위자가 비정부기구에 기부해야 할 의무를 자급적 생계에 대한 인권이 부여하는 1차적 의무가 위반되어 발생하는 보완적 의무로 이해한다면, 비정부기구에 기부해야 할 의무에 대한 프레이밍은 현상황이 근본적으로 부정의함을 **내포한다**. 이러한 프레이밍은 극심한 빈곤의 도덕적 함의를 제대로 분석한다면 세계 사회경제적 구조의 특정 요소에 대한 개혁이 시급함을 인식할 것이라고 본다.

효율적 이타주의에 대한 실천적 반론

미봉적 접근

이 반론은 극심한 빈곤의 지속에 의해 제기된 도덕적 요구에 대한 효율적 이타주의의 프레이밍이 갖는 실천적 함의에 초점을 맞추고 있다. 먼저 효율적 이타주의의 야심이 불충분하다고 보는 반론이다. 도덕적으로 요구되는 것은 극심한 빈곤의 근절이며, 이것을 달성하기 위해서는 극심한 빈곤의 근본적인 원인을 해결해야 한다. 극심한 빈곤의 지속을 지탱하는 사회적·경제적·법적 구조를 개혁해야 한다. 비정부기구에 자금을 지원해 특정 개입(소외열대질환 치료 등)을 이행시키는 것에 집중하는 것은 극심한 빈곤의 근본적인 구조적 원인을 해결하는 것이 아니라 증상을 다스리는 미봉적 접근에 불과하다는 것이다. 마틴 커크(Martin Kirk 2012, 248)가 이야기했듯이 "자선은 지금 이대로의 세상을 이해하는 범위 안에서 작동하며, 급진적이거나 체제적인 변화의 영역에는 이르지 않는다. 다시 말해서 '자선'은 지나치게 작은 프레임이다. 그것은 제시되거나 요구되는 행위의 규모를 근본적으로 제한한다."

피터 싱어(2015)는 "우리는 이것이 생명을 구하고, 기아나 만성영양장애를 해소하고, 기생충을 박멸하고, 교육을 제공하고, 여성이 출산을 조절하도록 돕고, 시력을 보존한다는 뜻임을 잊어서는 안 된다. 미봉책치고는 나쁘지 않다"라고 답하고 있다. 이것은 설득력 있는 대답이지만 우리의 도덕적 목표를 세계적인 부정의의 끔찍한 여파와 과도한 경제적 불균형을 관리하고 완화하는 것으로 **국한해서는** 안 된다는 우려를 불식시킬 것 같지는 않다.

지금까지 내가 주장했듯이 보완적 의무는 1차적 의무의 수행—여기에서는 애초에 자급적인 생계 수단 박탈을 방지할 수 있는 정의로운 국내외적 사회제도를 시행하는 것—**에 비하면** 매우 부적절하다는 특징이 있다. 따라서 구호단체에 기부하는 것은 **그 자체만으로는** 극심한 빈곤에 대한 적절한 대응이 아니며, 극심한 빈곤의 지속을 지탱하는 구조적 부정의를 인식하고 도전하는 것이 병행되어야 한다.

그러나 보완적 의무가 발생하는 것은 사람들이 이미 사회경제적 권리를 박탈당했기 때문이며, 이런 상황에서 구호단체들은 방치되었다면 황폐화하거나 완전히 파괴되었을 수많은 사람들의 삶을 구제하거나 변화시킨다. 피터 싱어의 프레이밍은 우리가 누군가의 생명을 구하지 않는 것을 도덕적으로 상상할 수 없다고 여기는 것처럼 구호단체에 기부하는 것도 도덕적으로 중요하고 엄중하다는 사실에 이목을 집중시킨다.

따라서 구호단체에 기부해야 할 의무를 보완적 의무로 프레이밍하는 것은 그것이 미봉적 접근이라는 반론을 지지하는 도덕적 고찰의 중요성을 인정하면서도 그 반론의 힘을 약화시킨다.

국제비정부기구의 담론적 권력

제니퍼 루벤스타인이 구호단체의 '담론적 권력(the discursive power)'으로 일컫는 것에 초점을 맞추는 반론이다. 이 권력은 널리 통용되는 의미를 형성하는 힘이다. 구호단체는 "용어, 이미지, 개념을 사용할 때…… 사람들의 인식을 체계화하고 무엇이 정상적이고 자연스러운지에 관한 선입견에 영향을 미치는 방식으로" 그 힘을 행사한다(Rubenstein 2015, 71). 이것은 용어(이타주의, 기부 등)의 선택이 극심한 빈곤의 원인에 대한 부정확하고 안일한 선입견을 강화할 수 있는 방식에 주의할 필요가 있음을 강조한다.

더 나아가 극심한 빈곤의 근본적인 원인을 해결할 수 있는 급진적 구조 개혁의 달성은 공적 규범상의 변화가 뒷받침되어야 할 것이라는 주장도 제기되고 있다. 체제적 변화는 지지하는 대중을 필요로 하기 때문이다. 빈곤층을 해하는 구조에서 부유한 행위자가 편익을 얻는 방식을 도외시하거나 심지어 감추는 한 효율적 이타주의는 극심한 빈곤 근절에 필요한 공적 규범상의 급진적 변화와 갈등을 일으키는 극심한 빈곤에 대한 부정확하고 부적절한 도덕적 프레이밍을 사실상 강화할 수 있다는 위험이 존재한다.

사실 비정부기구 공동체 내부의 정책 부서들은 극심한 빈곤의 종식과 그로 인한 '극심한 빈곤을 과거로 만들기'라는 그들의 공개적 야심을 달성하려면 무역 개혁 등을 통해 극심한 빈곤의 구조적 원인을 해결해야 한다는 것을 잘 알고 있다. 그러나 자신들이 "여론의 허용이라는 엄격한 제한을 받고" 있다는 사실도 잘 알고 있다(Kirk 2012, 184). 폴 콜리어(Paul Collier 2007, xii)가 『빈곤의 경제학*The Bottom Billion*』•에서 주장하고 있듯이 "정보에 밝은 유권자가 없으면 정치인들은 계속해서 10억 명의 극빈층을 사진 촬영의 기회로만 이용하면서 실제적인 변화는 추구하지 않을 것이다." 따라서 유권자들이 극심한 빈곤의 진짜 원인을 정확하게 이해하는 것은 매우 중요하다. 그러려면 극심한 빈곤에 대한 부정확하고 파괴적인 태도와 선입견에 도전해야 한다.

구호단체의 지원 의무를 보완적 의무로 프레이밍하면 극심한 빈곤에 대한 대중의 인식을 개선하려는 옥스팜과 같은 기관들의 활동이 지지받

• 류현 옮김, 살림출판사, 2010.

을 것이다. 동시에 이러한 프레이밍은 구조 개혁이 완성될 때까지 현재의 세상에 관여해야 한다고 강조한다. 보완적 의무가 발생하는 것은 사회경제적 권리를 이미 박탈당한 사람들이 기본적 이익에 대한 일부 심각한 위협을 피하기 위해 구호단체에 의지하고 있기 때문이다.

현지 정치와 제도에 미치는 악영향

효율적 이타주의의 권고사항이 현지 제도 및 공공서비스 부문의 발전에 사실상 악영향을 끼친다는 비판이 존재한다. 폴 파머(Paul Farmer 2005, 244)가 주장하듯이 특정 신자유주의 경제정책은 사회경제적 인권 보장을 위한 국가의 역량을 약화시킴으로써 세계 보건 및 인권을 증진하기 위한 노력을 함정에 빠뜨린다는 것이다.

> 국가가 약화됨에 따라 비정부기관의 역할이 증가한다는 것을 쉽게 파악할 수 있다. …… 그러나 함정 역시 쉽게 파악할 수 있다. 일반적으로 국가가 주거, 교육, 의료서비스 제공이라는 기본적인 사업에서 손을 뗀다는 것은 가난한 사람들의 사회적·경제적 권리 침해가 더 심각해진다는 뜻이다. 우리의 독립적 개입은 비정부기구가 기본적인 서비스를 제공하는 국가의 의무를 덜어주는 현재의 추세와는 상당히 달라야만 한다.

이와 유사하게 에밀리 클러프(Emily Clough 2015)는 효율적 이타주의가 비정부기구의 존재와 해외로부터의 대규모 자원 유입이 국가 부문에서 유사 기관으로 이관되게 유도하거나 정부에 자체적 공공서비스를 강화하라는 정치적 압력을 무력화할 수 있는 방식을 간과하고 있다고 주장한다.

효율적 이타주의자들은 이러한 주장들이 이론적으로는 맞는 것 같지만 추천된 자선단체들을 보면 사실이 아니라고 대답해왔다. 에밀리 클러프의 반론을 반박하자면 '프로젝트 헬시 칠드런(Project Healthy Children)'의 주요 목표가 주식(主食)에 미량 영양소를 의무적으로 포함시키고자 하는 정부와의 협업임을 지적할 수 있다. '디웜 더 월드(Deworm the World)'의 목표는 기생충 구제사업에 착수한 뒤 현지 정부가 사업 운영을 인계하도록 돕는 것이다. 옥스팜은 특정 형태의 원조가 현지 제도 및 공공서비스의 발전에 악영향을 끼칠 수 있다는 사실을 매우 잘 알고 있으며, 이러한 위험을 막기 위해 부단히 노력하고 있다는 점을 강조하는 것도 중요하다. 예를 들어 현재 옥스팜은 현지의 농업경제를 교란시키지 않기 위해 현지 농부들로부터 곡물을 구매하고, 관리 및 최일선 부서에 현지 인력을 고용해 지역공동체에 관여하며, 그 사회시스템이 기능하는 방식과 공동체에 꼭 필요한 것이 무엇인지 알아내고자 한다.

물론 필수 서비스를 매우 효율적으로 제공하면서 정부가 이 같은 사업에서 밀려나게 될 위험을 감수하는 국제비정부기구들도 존재할 수 있다. 이것은 극심한 빈곤의 지속이 야기하는 난감한 이율배반성이다. 에밀리 클러프에 대한 프랜시스 허치슨(Francis Hutchison)의 대답은 가장 효율적인 구호단체들이 현지 제도와 공중보건 프로그램을 훼손하는 것이 아니라 지원하기 위해 부단히 노력하고 있다는 것을 보여준다. 이런 기관들을 지원하지 않는다면 그 대안은 구조 개혁에 성공할 때까지 극심한 빈곤의 희생자들을 완전히 포기하는 수밖에 다른 선택이 없음을 인정하는 것뿐이다. 내가 앞에서 언급한 '구호단체에 기부해야 할 의무는 보완적 의무'에서 주장했듯이 우리는 이 같은 과격한 결론에 이르기 전에 상당한 주의를 기울여야 한다.

비용 효율성 측정 기법

네번째 반론은 효율적 이타주의가 다양한 비정부기구의 효율성을 측정하는 기법이 지나치게 편협하며, 표적 집단에 대한 특정 개입의 직접적인 영향에 집중하면서 정치와 제도에 대한 더 넓고 장기적인 거시적 영향은 중요하게 여기지 않기 쉽다는 것이다. 효율적 이타주의가 주로 선호하는 평가 수단은 직접적 표적 대상에 대한 특정 개입의 효과를 분리하고 측정하도록 설계된 무작위 대조 연구에서 얻은 증거이다. 이아손 게이브리얼(Iason Gabriel 2017)은 이렇듯 좁은 초점 때문에 효율적 이타주의가 소외열대질환을 치료하는 자선단체들에 거의 배타적으로 집중하게 되었다고 주장한다. 이 분야는 무작위 대조 연구에서 나온 증거가 충분하기 때문이다.

무작위 대조 연구에 치중하면 특정 기간의 표적 집단에 대한 의도된 효과는 잘 측정되지만 더 광범위한 개체군에 대한 장기적인 의도하지 않은 효과—즉 연구자가 계획한 표적 집단이나 기간에 포함되지 않는 효과—는 잘 측정되지 못한다는 비판이 존재한다. 이에 따라 이타적 효율주의가 선호 조직들을 평가할 때 대체로 개입의 대상이 되는 개인들에 대해서만 결과를 검토해 의도하지 않은 제도적·정치적 효과를 적절하게 인지하지 못한다는 반론이 빈번하게 제기된다.

반대로 무작위 대조 연구에서 얻을 수 있는 증거에 집중하면 효율적 이타주의가 "선을 행할 다른 덜 가시적인 기회"(Gabriel 2017, 463)를 무시하거나 격하시킬 수 있다는 우려도 존재한다. 예를 들어 공적 규범의 변화를 지지하는 정치 캠페인의 효과는 측정하기가 훨씬 더 어렵다. 이아손 게이브리얼이 주장하듯이 만약 효율적 이타주의가 비정부기구의 효율성을 결정하는 판정자를 자처한다면 이는 덜 가시적인 접근법에 집중하는 조직의 평판을 부당하게 떨어뜨릴 수 있는 위험을 감수하는 것이다. 덜 가시적인 접근법의 효과는 효율적 이타주의가 선호하는 효율성 측정 기법의 범위에서 벗어나 있다.

앞에서 언급한 우려에 대한 효율적 이타주의의 대답은 대체로 만약 효율적 이타주의가 선호하는 방식이 특정 효과를 외면하는 결과를 초래한다면 그에 따라 방식을 바꿀 것이라는 것이었다. 일부 효율적 이타주의자들은 무작위 대조 연구를 통한 평가의 폭이 좁다는 반론에 대해 증거 기반을 확대하고 새로운 형식의 증거 및 분석을 도입하면서 이에 대처했다. 기브웰은 장애보정생존연수(Disability-Adjusted Life Year, DALY) 기준과 공식적으로 거리를 두고 "가능한 한 서로 무관한, 다른 여러 계통의 분석이 뒷받침하는"[6] 결과를 지향하겠다고 밝혔다.

그러나 정치적 변화를 일으키기 위한 수단의 효율성을 포함한 일부 중요한 효과들은 측정이 매우 어렵거나 어쩌면 불가능하다는 우려도 있다. 이런 효과들을 신뢰성 있게 측정하는 지표와 측정 기준은 존재하지 않을 수도 있다는 것이다. 그 결과 다음과 같이 되기 쉽다. "국제비정부기구의 자원 이용에 대한 중요한 결정 기준으로 비용 효율성이 장려될수록, 그리고 기금 지원기관이 비용 효율성의 증거를 더 많이 요구할수록 비용 효율성의 측정이 불가능한 활동을 국제비정부기구가 시도하기 어려워진다" (Rubenstein 2015a, 162).

효율적 이타주의가 구조 개혁을 추구하는 것의 중요성을 지나치게 축소할 수도 있다고 보는 또다른 이유는 효율적 이타주의가 대체로 행위 결과주의적인 도덕적 프레이밍을 선호하는 경향이 있기 때문이다. 행위 결과주의는 **개별 행위자들**에게 열려 있는 다양한 선택지의 중요성에 초점을 맞추며, 그 배경이 되는 사회구조들을 **주어진 것으로 간주한다**. 이러한 배경을 바탕으로 개별 행위자의 어느 선택지가 최선의 결과를 낳을 것인지 질문을 던진다. 그러나 구조적 위해를 파악하려면 수많은 행위자의 지속적인 행동 패턴에 대한 복합적인 효과를 살펴야만 한다. 개별 행위자의 행위가 미치는 영향에만 집중하면 평생 살펴본다고 해도 구조적 위해를 파악할 수 없다.

구조적 위해를 방지하려면 함께 행동하는 수밖에 없다. 이를 위해서는 조정 작업이 필요한데, 이것은 준수시 구조적 위해를 막을 수 있는 규칙과 의무에 대한 도식(schema)의 강제와 제도적 명시에 의해서만 가능할 정도로 복잡한 작업이다. 이러한 도식의 강제적 법 집행은 조정 문제와 집단행동 문제의 해결뿐만 아니라 부정의하게 박탈된 도덕적 권리에 대한 적절한 규범적 대응에도 필수적이다. 그런 다음 해로운 관습이 해롭다고 인식될 수 있도록 사회규범의 급진적 변화에 의해 지탱되어야 할 것이다.

내가 '효율적 이타주의의 개괄'에서 주장했듯이 구조적 위해를 종식시킬 수 있는 의무는 정의에 대한 공동의무(shared duty)로 이해해야 한다. 여기서 '공동의무'란 개별 행위자들이 준수하는 것이지만 각 행위자에게는 준수에 대한 부분적인 책임만 있는 의무이다. 따라서 기본 의무자는 여전히 개별 행위자이며, 책임 소재는 기존의 사회제도 및 그것의 공적 행위자들에게 전가되지 않는다. 기존의 사회제도가 구조적 위해를 방지할 책무를 제대로 수행하지 않고 있음을 고려할 때 개혁하거나 새로운 제도를 도입할 책임은 개별 행위자들에게 있다. 그러나 책임 소재는 개별 행위자 개개인이 아니라 **만약** 그렇게 조정된 구조 개혁을 달성한다면 위해를 방지할 수 있는 행위자 집단의 성원으로서의 개별 행위자들에게 있다.[7]

개별 행위자의 구조 개혁을 향한 여러 시도의 영향은 제각각 평가하기보다는 구조 개혁을 위한 원동력 축적에 기여하는 것으로 평가해야 한다. 구조 개혁을 뒷받침할 사회규범의 변혁적 변화의 전환점에 도달하려면 많은 행위자의 지속적인 헌신이 필요하다. 이런 맥락에서 보면 다루기 쉬움과 결합된 소외됨(neglectedness)이라는 척도는 행위자들의 관심을 어느 곳으로 돌려야 할지 결정하기 위한 최고의 척도는 아닐지도 모른다. 피터 싱어는 설령 우리가 극심한 빈곤의 구조적 원인을 알고 있다고 해도 "여전히 그것을 바꾸지 못할 수도 있다"고 주장한다. '우리'라는 말이 개별 행위자들이 제각각 이룰 수 있는 것을 의미한다면 그 주장은 참이다. 그러나 도덕적으로 극심한 빈곤의 두드러진 특징은 세계적인 제도적·기술적 자원의 전반적인 수준과 비교하면 실현 가능하고, 실현 가능한 구조 개혁이 실행될 경우 극심한 빈곤은 매우 적은 비용으로 근절될 수 있다는 것이다.

정의와 권리에 관한 고려가 부족하다

윌리엄 매캐스킬(2015)은 '차라리 노동착취 공장제품을 사라(The Moral Case for Sweatshop Goods)'•라는 도발적인 제목의 장에서 스웨트숍(sweatshop)••에서 생산된 의류를 불매하고, 스웨트숍 노동과 아동노동 금지를 지지해야 하는지에 대해 고찰한다. 윌리엄 매캐스킬은 스웨트숍이 있는 세상에서 가난한 사람들의 형편이 더 낫다는 이유로 이러한 금지에 반대한다. 그들이 스웨트숍에서 노동을 하는 유일한 이유는 다른 선택지가 더 나쁘기 때문이다. 다른 일(쓰레깃더미 뒤지기 등)은 더 적게 벌고 더 오래 일하며 근로조건도 더 열악하다.

이아손 게이브리얼은 다음과 같이 주장한다. "위험한 근로조건으로부터 적절한 보호를 받을 수 있는 권리도 인권이라고 믿는 사람들에게 상황

• 한국어판의 표현을 가져왔다.
•• 노동 착취 공장.

은 그렇게 단순하지 않다. 스웨트숍 노동 옹호론은 도덕적으로 허용되지 않는 이율배반성에 기초하기 때문이다. 즉 스웨트숍 노동은 소득원을 제공해 많은 사람의 경제적 복지를 개선하지만, 그 대가는 일터에서의 사고로 불구가 되거나 사망하는 사람들의 희생이다"(Gabriel 2017, 161). 이 반론은 윌리엄 매캐스킬의 추론이 타인의 편익을 위한 기본적 이익의 희생을 수반하는 수용 불가능한 대인적(interpersonal) 이율배반성으로부터 개인을 보호하는 권리의 역할을 도외시한다고 본다.

윌리엄 매캐스킬을 대신해 답하자면 스웨트숍 노동과 아동노동을 금지하면 **해당 개인 권리자에게** 더 나쁜 결과를 초래할 수 있다. 극심한 빈곤의 상황에서 자급적 생계 수단을 얻을 수 있는 유일한 기회가 스웨트숍 노동이나 아동노동이라면 사람들은 대체로 그 기회를 선택할 것이다. 자급적 생계를 획득하고자 하는 의사가 끔찍한 근로조건을 피하려는 의사보다 우세하다는 합리적 판단의 결과이다. 그러므로 금지로 대응하는 것은 자급적 생계 획득 의사와 스웨트숍 노동에 내몰리거나 어린 자녀를 일터로 내보내게 만드는 열악한 근로조건으로부터의 자유에 대한 의사 사이의 **개인내적**(intrapersonal) 이율배반성을 간과한다. 이런 상황에서 아동노동 및 스웨트숍 노동에 대한 단순한 금지는 사람들의 선택의 폭을 줄이고, 예상할 수 있듯이 그들의 전반적인 이익을 침해할 것이다. 특히 아동노동의 즉각적인 금지가 야기한 결과는 잘 기록되어 있는데(Basu 1999 등 참조), 윌리엄 매캐스킬이 지적한 것처럼 아이들이 굶주리거나 성매매처럼 훨씬 더 나쁜 형태의 일로 내몰리게 될 수 있다.

윌리엄 매캐스킬의 주장이 스웨트숍 노동자들의 근로조건과 아동노동자의 고통에 분노해 그러한 노동을 수용하게 만드는 극심한 빈곤이라는 배경은 해결하지 않은 채 단순한 금지나 불매운동으로 대응할 때 따라오는 심각한 여파를 부각시키는 것은 사실이다. 그러나 윌리엄 매캐스킬은 스웨트숍 노동과 아동노동에 마지못해 동의해야 한다고 너무 빨리 추론하고 있다. 한 가지 대안적인 추론은 극심한 빈곤이라는 배경에 대한 대처와 생계 소득을 얻을 수 있는 **더 나은** 기회를 제공해 결과적으로 선택지를 넓히는 구조 개혁의 실행을 대응책에 반드시 포함시키는 것이다.

이러한 구조 개혁에는 온당한 근로조건을 강제하는 노동법과 어린 자녀가 아동노동을 하지 않게 할 자급적 생계를 제공할 임금 지급이 포함되어야 할 것이다. 아동노동이라는 만연한 사회적 관행은 성인의 임금을 끌어내리고 그 결과 가난한 가족이 어린 자녀를 일터로 내보내지 않고서는 생존할 수 없게 만들 수 있다. 따라서 설령 어떤 가정은 어린 자녀를 일터로 내보내는 선택지가 있는 편이 이롭다 하더라도 아동노동 금지를 포함하고 있는 구조 개혁을 실행하는 것이 모두에게 더 이로울지 모른다. 이것은 배경이 되는 사회구조를 **주어진 것으로 간주해** 개별 행위자의 선택지에만 집중하기보다는 보편적 사회적 관행의 영향을 검토하는 것이 중요함을 강조한다.

이것은 신고전주의 경제에 대한 일반적인 비판, 즉 윌리엄 매캐스킬 논증의 주요 근거의 방법론에 대한 비판과 관련이 있다. 근본적인 구조적 변화 없이 가능한 선택지만 보고 그 결과 현상황을 과도하게 수용한다는 것이다. 그는 배경적인 경제구조를 주어진 것으로 간주한 채 빈곤한 가정이 스웨트숍 노동이나 아동노동이라는 선택지를 가짐으로써 편익을 얻지 않으냐고 묻는다. 이러한 배경에서 다른 대안이 일자리가 아예 없는 완전 빈곤임을 고려하면 대답은 '그렇다'이다. 그러나 구조적 변화가 가능한 선택지들을 살펴보는 것 역시 중요하다.

이에 대해 윌리엄 매캐스킬은 스웨트숍 노동과 아동노동이 만연한 나라들은 이러한 구조 개혁을 지금 시행하기에는 자원이 부족하다고 답할 것이다. 그는 스웨트숍 노동이 국가의 경제발전에서 중요한 역할을 한다고, 그 나라 사람들을 극심한 빈곤에서 벗어나게 할 것이라고 주장한다. 현재의 선진 산업국들에서도 한때 스웨트숍 노동과 아동노동이 만연했으며, 이러한 노동이 우리의 경제발전에 큰 역할을 했다는 것이다.

그러나 이런 주장은 선진 산업국들의 존재 때문에 과거와 현재의 상황이 매우 다르다는 사실을 무시한다. 데브라 사츠(Debra Satz 2010, 169)가 지적하고 있듯이 "과거와 현재의 아동노동의 핵심적 차이는 오늘날의 산업 세계의 존재 유무이다. …… 부와 권력의 분배 양상의 차이로 인해 아동노동의 필요성이 약화될 것이다." 국제노동 기준의 경제적·규범적 영향에 관한 심화 연구에서 크리스천 배리(Christian Barry)와 산자이 레디(Sanjay Reddy)는 다음과 같이 주장한다(2008, 37).

> 각국이 부담을 분담하면 **개발도상국들이 근로기준 향상과 교역 수익 최대화 사이의 인지된 이율배반성을 완전히 피하게**• 할 수 있다. …… 예를 들어 거대 다국적기업은 공급업체 공장들의 노동비용을 파악해 그것을 상쇄하는 임금 보조금을 공급자들에게 직접 제공할 수 있다. …… 다른 대안으로는 개발도상국에서 생산된 제품을 수입하는 선진국 정부가 그 제품을 수출용으로 생산하는 개발도상국 기업에게 원칙적으로 임금 보조금을 직접 지급하는 것이다.

지구촌 자원의 전반적인 규모를 고려하면 가난한 나라들이 현재 직면

• 강조는 필자인 엘리자베스 애슈퍼드가 한 것이다.

하고 있는 극심한 빈곤 타파와 양질의 근로조건을 확보하는 것 사이에서의 선택은 불가피한 것과는 거리가 멀다. 오히려 이것은 부유한 나라들과 다국적기업, 세계적인 사회제도 등의 정책에 기인한다. 이러한 정책들에 주목해야 한다. 아동노동 및 스웨트숍 노동에 의해 제기된 도덕적 쟁점들에 관한 윌리엄 매캐스킬의 프레이밍은 이런 정책에 주목하지 않는데, 정책의 변화 없이 가능한 선택지만 바라보기 때문이다. 세계적인 구조 변화로 가능해질 수 있는 선택지들을 고려하기 시작하면 스웨트숍 노동이나 아동노동과 극심한 빈곤 중에서만 선택하지 않아도 된다.

논란의 여지가 없는 도덕적 기준선에서 스웨트숍 노동과 아동노동은 극도로 해롭다. 이것들이 용인되어서는 안 되는 인권침해에 해당한다는 관점을 가져야 한다. 하지만 사람들이 이러한 노동으로 내몰리는 것은 영양실조로 인한 신체 저하와 극심한 빈곤이 훨씬 더 나쁠 것이라는 점도 인정해야 한다. 극심한 빈곤으로 고통받는 사람들에게 극심한 빈곤의 지속이라는 현상황은 너무 심각해서 논란의 여지가 없는 도덕적 기준선에 비해 해로운 처우라고 해도 다른 선택지보다는 형편이 더 나은 삶을 살 수도 있다. 다시 말해서 그들의 현상황은 너무 나빠서 해악의 경험적 기준선이—다른 대안인 일반적인 경우에서 기대되는 것보다 형편을 더 나쁘게 만들면서—심각한 해악을 측정하는 도덕적 기준선 아래로 체계적으로 떨어진다(도덕적으로 마땅히 누려야 할 형편보다 훨씬 더 나쁘게 만들면서). 따라서 스웨트숍 노동과 아동노동은 대안인 일반적인 경우에서 영양실조로 인한 신체 저하를 겪거나 훨씬 더 나쁜 형태의 일(성매매 등)로 내몰리는 것보다는 그들을 더 나은 삶을 살게 만들 수 있지만, 여기에서 우리는 단순히 스웨트숍 노동 및 아동노동이 빈곤한 가정에 편익을 준다고 추론해서는 안 된다. 오히려 이런 관행이 (논란의 여지가 없는 도덕적 기준선에 있어) 그들에게 해를 끼친다는 사실을 인정하면서도 완전 빈곤은 훨씬 더 해롭다는 것 역시 인지해야 한다. 그러나 이러한 이율배반적인 경우들은 부유한 행위자들의 이해와 극심한 빈곤을 겪는 사람들의 이해 사이의 이율배반을 조성하는 배경적 구조 때문에 발생한다는 사실을 인식하는 데 초점을 맞추는 것은 중요하다. 극심한 빈곤의 고통에는 수많은 인명 소실까지 포함되지만 매우 적은 비용으로 방지할 수 있다.

효율적 이타주의는 세계 빈민에 대한 '온정주의'이다

대체로 다양한 의견들이 한데 묶여 있는 반론이다. 나는 역으로 각각의 의견을 분석해 원조가 세계 빈민을 '온정적으로 간섭한다(paternalize)'는 흔한 문구가 전달하는 지나치게 포괄적인 주장을 지양해야 한다고 주장한다.

극빈층의 주체성을 간과한다

본 반론을 이루는 한 가지 의견은 "이 신조는 빈곤 완화에서 빈민의 중심적 역할을 간과한다"(Rubenstein 2015b)는 것이다. 이상한 비판이다. 기브디렉틀리(Give Directly) 같은 개입 활동 단체에는 확실히 적용할 수 없다. 효율적 이타주의가 지원하는 (기브디렉틀리 같지 않은) 일부 개입 활동에서는 실제로 빈민이 스스로의 상황 개선에 적극적인 역할을 하지 않고 원조의 소극적인 수혜자인 것이 사실이다. 그러나 이런 개입 활동은 수혜자가 다른 방식으로 자신의 상황을 적극적으로 개선하는 것을 막지 않고 오히려 촉진하는 경향이 있다. 예를 들어 기생충 구제가 촉진한 보건의 증진은 아동교육에 매우 긍정적인 영향을 미쳤고, 적절한 영양 공급은 영양실조

로 인해 야기될 수 있는 심각한 만성적 무기력 상태를 방지한다.[8]

극빈층 자력화의 중요성을 간과한다

반론을 이루는 또다른 의견은 빈곤층이 자신의 상황을 개선하기 위해 현재 맡고 있는 역할이 아니라, 자력화를 통해 맡을 수 있어야 하지만 기존의 권력 구조가 삶의 여건을 적절히 통제할 경제적 기회와 권리를 부정의하게 박탈해 현재로서는 맡을 수 없는 역할에 초점을 맞춘다.

이러한 주장은 캐서린 텀버(Catherine Tumber 2015)의 다음 반론을 뒷받침하는 듯하다.

> 피터 싱어의 효율적 이타주의 옹호론은 앤드루 카네기를, 더 정확히 말하면 카네기에 대한 유명한 비판을 생각나게 한다. …… [카네기의] 후한 필란트로피 기부는 직원들로부터 가치를 강취하고, 대다수를 단순작업 노동에 종사시키며, 저임금으로 하루 12시간 근무를 강요했기에 가능했다는 것이다. …… 카네기가 도서관 수천 곳을 세우는 대신 적절한 임금과 근로조건을 통해 자신의 막대한 부를 나눴다면 노동자들은 자력으로 도서관을 세울 수 있었을—그 외에도 많은 것들을 할 수 있었을—것이다.

여기에는 가난한 사람들이 그들의 도덕적 권리대로 경제적 자원을 부여받아 자력화해야 한다는 생각이 담겨 있다. 그렇게 되면 가난한 사람들은 자신들의 삶을 통제할 수 있게 될 것이다. 현재 가난한 사람들의 심각한 취약성과 의존, 권한 박탈은 그 자체로 중대한 부정의에 해당한다.

이러한 반론은 극심한 빈곤을 겪고 있는 사람들이 경험하는 만성적 의

존 및 취약성이 그 자체로 심각하게 해롭다는 것을 인식하는 것이 중요하다고 강조한다. 원조는 자급적 생계권과 관련된 정의의 의무의 법적 강제를 통한 기존의 권력 구조 개혁을 대신할 수 없다. 구조 개혁은 경제적 기회와 권리의 부정의한 분배로 인한 만성적 의존과 취약성을 방지한다. 만약 극심한 빈곤을 겪고 있는 사람들의 원조가 그들의 경제적 권리 주장과 향유로 이어질 자력화와 관련된 법적 개혁의 적절한 대용품으로 여겨진다면, 그리고 이러한 원조가 극심한 빈곤이 부여하는 도덕적 요구를 **고갈시키는 것으로 여겨진다면** 이것은 매우 중요한 반론일 것이다.

그러나 다시 말하지만 원조를 사회경제적 권리를 부정의하게 박탈당한 이들을 돕는 보완적 의무로 이해한다면 이 반론은 적용되지 않는다. 현재 극심한 빈곤을 겪고 있는 사람들에게 자력화의 중요성에 대한 인식과 원조 자체가 세계 빈민을 온정적으로 간섭한다는 더 광범위한 주장을 구별하는 것이 중요하다.

'잠행적인 도덕적 위계'와 연결되어 있다

자선 프레임은 자애로운 기부자와 감사하는 수혜자 사이의 도덕적 위계와 밀접한 관련이 있다는 주장이 종종 제기된다. 이러한 반론은 곤혹스럽게 느껴질 수 있다. 원조는 온정적이고 부지중에 기부자와 수혜자 사이의 도덕적 위계를 낳는 방식으로 제공될 수 있는 것이 사실이지만, 이것은 오직 기부자가 수혜자를 원조가 필요한 상황에 처해 있으니 어떤 식으로든 결함이 있고 열등하다고 보는 경우에만 해당된다.

나는 이러한 반론의 기저에 있는 근거를 식민주의와 노예제 이후 기본적인 사회경제적 인권 실현을 위한, 일부 부유한 제국의 부에 대한 남반구 개발도상국들의 강제할 수 있는 정의 실현 요구를 개발원조가 대체하게 된 역사적 배경에 비추어볼 때 제대로 파악할 수 있다고 생각한다. 이후 개발원조는 개화된 인도주의적·도덕적 비전의 발로로 미개한 나라에 기술적·정치적 전문 지식을 전하는 서구 전문가들의 이미지와 결부되었는데, 이 비전은 북반구 선진국들이 번영의 비밀(기술, 혁신, 법치 등)을 발견한 뒤 이것을 전 세계에 전파하는 역할을 담당했다는 암묵적인 가정에 의해 뒷받침된다. 이러한 그림에서 개발원조는 북반구 국가들이 단순히 부의 비밀을 발견한 것이 아니라 다른 나라들의 천연자원과 사회자원을 체계적으로 약탈했으며, 이것의 지속적인 영향이 지금도 수백만 명의 삶을 망치고 있다고 인식하지 못한다. 또한 현재의 세계경제 교류의 특정 요소들이 고전중인 민주주의 국가들을 (국제 자원 특권, 부채, 환경 파괴, 불공정한 무역법, 불법적 금융 흐름 등을 통해) 지속적으로 방해한다는 것도 인식하지 못한다.

그러므로 개발원조가 잠행적(潛行的)인 도덕적 위계와 관련 있게 된 것은 그것이 부유한 나라들에 법적 구속력 있는 책임을 부과하는 것으로서 기본적인 사회경제적 인권의 적절한 인식의 **대체물** 역할을 하게 된 맥락에서이다. 구체적으로 이러한 맥락에서 볼 때 개발원조와 잠행적인 도덕적 위계 사이에는 두 가지 관련성이 있다. 첫째, 개발원조는 가난한 나라들의 내부적 요인에만 초점을 맞춘 극심한 빈곤의 근본적인 원인에 대한 안일한 가정들과 관련이 있다. 내가 '구조적 인권침해로서의 극심한 빈곤'에서 주장했듯이 이런 그림에는 역사적 깊이와 지리적 넓이가 모두 빠져 있다. 폴 파머(2005, 153)의 주장처럼 "사람들을 선천적 결함의 희생자로 보는 것과 구조적 폭력의 희생자로 보는 것 사이에는 엄청난 차이가 있다."

둘째, 정의의 의무는 수혜자에게 빚진 것으로서 법적 구속력이 있는 반면, 원조는 임의적인 덕의 표현으로 널리 간주된다. 심지어 불완전한 의무를 엄중한 동시에 요구적으로 보는 칸트의 의무 도식에서도 '덕의무'로 분류된다. 따라서 정의의 의무의 인식과 강제는 권리자들을 자력화해 그들에게 빚진 것을 요구하게 하는 반면, 인도주의적 원조 의무의 잠재적 수혜자들은 의존하는 입장에 머문다.

따라서 개발원조를 잠행적인 도덕적 위계와 결부시키는 것은 개발원조를 기본적인 사회경제적 인권과 관련해 부유한 나라들이 빚진 법적 구속력 있는 정의의 의무에 대한 인식의 적절한 대체물로 여기는 맥락이자, 부유한 나라들이 견고하고 광범위한 경제적·정치적·법적 구조를 통해 세계 빈곤의 지속에 깊이 관련되었음을 인식하는 것이 아니라 개발원조(원조 금액은 부유한 나라들의 국내총생산에 비해 매우 작다)를 제공하는 데 있어 유덕하다는 부수적 프레이밍의 맥락이다.

그러나 정치와 대다수 개발원조의 탈선적 프레이밍에 대한 이러한 우려를 원조 자체가 본래 세계 빈곤층을 온정적으로 간섭한다는 주장과 혼동해서는 안 된다. 삶의 어느 시점에서 타인의 도움이 절실히 필요하다는 것은 인간존재에 대한 보편적 사실이다. 이것은 우리 중 많은 사람에게 비극적인 사건을 제외하면 주로 유아기와 노년기에 국한되겠지만, 극심한 부정의로 인해 급박하고 지속적으로 의존적이고 취약한 입장에 처하는 사람들도 있다. 타인에 대한 의존은 이유를 막론하고 모멸적이라는 생각을 버려야 한다. 절박한 상황에 처한 이들에게 원조를 제공하는 행위자들이 수혜자들을 온정적으로 간섭하고 있다는 지나치게 포괄적인 주장을 지양하는 것도 중요하다. 이러한 개발원조의 동기는 일반적으로 우리 모두의 인간적 취약성에 대한 연대감과 모든 개인의 안녕이 중요하다는 인도주의적 관심에서 비롯된다. 효율적 이타주의자들과 그들이 지원하는 구호단체의 동기는 분명 그러하다. 예를 들어 자녀가 영양실조로 사망하는 부모들이 없게 미리 대처하려는 사람들에게 세계 빈민을 '온정적으로 간섭한다'

고 비난하는 것은 매우 비열하다.

비정부기구에 기부해야 할 의무를 보완적 의무로 프레이밍하면 원조를 잠행적인 도덕적 위계와 결부시키는 맥락에서 이러한 의무를 완전히 분리할 수 있다. 이것은 법적 구속력 있는 정의의 의무에 대한 인식을 개발원조로 **대체하는** 맥락이지만, 앞에서 언급한 것과 같은 프레이밍은 극심한 빈곤으로 고통받는 사람들이 부당하게 권한을 박탈당했음을 내포하고 있다. 그러나 구조적 부정의가 계속되는 한 극심한 빈곤이 야기하는 심각한 해악과 모욕을 직접적으로 소탕하는 유일한 행위자는 대체로 비정부기구들과 그 후원자들이다.

결론

나는 극심한 빈곤에 대한 이른바 '싱어 해법'과 극심한 빈곤의 지속이 중대한 부정의(또는 심지어 구조적 인권침해)라고 생각하는 사람들이 주장하는 구조 개혁 중 하나를 선택해서는 안 된다고 생각한다. 오히려 우리는 양쪽 모두의 도덕적인 중요성을 인식해야 한다.

부유한 행위자들이 비정부기구에 기부해야 할 의무는 보완적 의무로 이해해야 한다. 이러한 의무가 발생하는 것은 인간의 자급적 생계권이 부여하는 1차적 의무가 무시되었기 때문이다. 이러한 프레이밍은 구호단체의 담론적 효과에 민감하며, 세계 빈곤의 진짜 원인에 대한 대중의 인식을 제고하고 극심한 빈곤을 초래하는 구조가 정상적이고 수용 가능한 것처럼 보이는 도덕적 프레이밍에 이의를 제기하려는 옥스팜과 같은 조직들의 활동을 지원할 것이다. 또한 배경적 구조의 도덕적 불합리에 집중하는 '저항 윤리'를 뒷받침하는데, 이러한 구조가 의미하는 것은 현지의 행위자들이 어린 자녀를 일터로 보내지 않으면 영양실조로 인한 신체적 저하의 위험을 감수해야 하는 등의 끔찍한 이율배반에 직면한다는 것이다. 내가 '구조적 인권침해로서의 극심한 빈곤'에서 주장했듯이 극심한 빈곤을 야기하는 배경적 구조 자체의 요소들은 세계 자원의 전반적인 수준과 비교하면 전혀 필요치 않고 매우 저렴하게 예방할 수 있는 인명 희생에까지 이르는 이율배반성을 조성한다.

지금까지 살펴보았듯이 효율적 이타주의의 비판자들이 제기하는 대부분의 우려는 비정부기구의 단편적인 개입이 극심한 빈곤을 퇴치하고, 현재 가장 기본적인 경제적 권리마저 부정의하게 박탈당한 사람들을 자력화할 수 있는 구조 개혁과는 거리가 먼 측면들을 지적하고 있다. 비정부기구에 기부해야 할 의무를 보완적 의무로 이해하면 이러한 고찰의 도덕적인 힘은 완전히 인식된다.

동시에 이러한 고찰은 비정부기구 자체의 활동과 부유한 행위자들의 비정부기구를 지원하는 의무의 도덕적 위급성을 결코 손상시키지 않는다. 구조 개혁에 성공할 때까지는 현재 있는 그대로의 세상에 관여하는 것이 매우 중요하다. 이를 위해서는 자급적 생계 수단을 부정의하게 박탈당한 사람들을 원조해야 할 보완적 의무를 인식해야 한다. 그들의 고통을 초래한 부정의에 대한 인식은 그것에 대응해야 한다는 보완적 의무의 위급성을 어떤 식으로도 경감시키지 않는다.

나는 효율적 이타주의자들과 극심한 빈곤을 구조적 부정의라고 생각하는 사람들이 서로를 비판해서는 안 된다고 생각한다. 각각의 접근법 모두 중요한 도덕적 고찰에 호소하고 있으며, 두 접근법의 중요성을 인정하는 것이 적절한 대응일 것이다.

극심한 빈곤에 대한 두 가지 접근법의 통찰과 도덕적 프레이밍을 결합하면 내가 이 장의 도입부에서 언급한 마비를 극복할 수 있다. 이러한 마비는 우리가 효율적인 비정부기구에 기부해야 할 의무를 생각할 때, 뒤로 물러나서 극심한 빈곤의 규모와 심각함, 이것을 퇴치하기 위해 필요한 구조 개혁을 생각할 때 발생한다. 반대로 이러한 구조 개혁을 달성하는 것에 대해 생각할 때는 우리가 개별 행위자로서 할 수 있는 일이 거의 없다고 생각한다.

우리는 비정부기구에 기부하는 것을 생각할 때 적절한 개인적인 기부를 통해 많은 사람의 삶을 구하거나 변화시킬 수 있으며, 여기에는 큰 도덕적 의의가 있다는 사실에 주목해야 한다. 피터 싱어가 연못에 비유한 이야기의 장점은 그 사실에 주목하게 해준다는 것이다. 이 점에서 그 비유가 극심한 빈곤의 구조적 맥락을 가린다는 것이 사실은 그 비유의 장점일 수 있다. 한 발 뒤로 물러나서 구조적 맥락을 생각하면 그 규모와 복잡함에 압도당해 마비가 발생할 위험이 있다. 피터 싱어의 비유는 비정부기구에 기부하는 것이 연못에 빠진 아이를 구하는 것과 같은 작은 비상사태에 대처하는 것만큼 위급한 일임을 일깨워준다.

그러나 극심한 빈곤의 지속이 무작위적이고 드물며 삽화적(episodic)이라고 여겨지는 일반적인 비상사태와의 차이점을 인식하는 것도 중요하다. 극심한 빈곤은 전혀 무작위적이거나 드물지 않으며, 특정 집단에 속한 사람들의 기본적 이익을 지속적으로 위협한다. 그들은 처음부터 극악한 삶의 고난에 직면하며, 도움을 받지 못하면 조기에 사망할 가능성이 높다. 이러한 위협은 완벽하게 예측 가능할 뿐 아니라 세계 자원의 전반적인 수준과 비교하면 매우 적은 비용으로 예방할 수 있기 때문에 당할 까닭이 없다고 할 수 있을 정도이다. 역사적 뿌리가 깊고 국내적·국외적 요인이 모두 작용하는 위협이기도 하다. 우리는 구조 개혁의 달성을 생각할 때 한 발

뒤로 물러나서 바라볼 필요가 있다. 극심한 빈곤의 구조적 기반에 관심을 가지고 법적·사회적 개혁을 이룰 공동의 의무라는 맥락에서 개별 행위자로서 실행할 수 있는 단계를 고찰해야 한다.

그렇다면 마비를 극복하기 위해 두 가지 관점을 모두 채택해야 한다. 극심한 빈곤이 구조적 인권침해임을 인식하고, 구조 개혁을 위한 추동력에 힘을 보태는 동시에 비정부기구에 기부해야 한다는 보완적 의무의 위급성도 인식해야 한다. 부유한 행위자들은 구조 개혁에 성공할 때까지 비정부기구에 기부해야 할 의무도 있다. 이 의무는 비상 상황에서 큰 위험을 감수해야 하는 것이 아니라면 행인이 위험에 처한 사람을 구조해야 한다는 의무만큼 위급하다.

결론적으로 극심한 빈곤은 엄청난 규모의 지속적인 비상사태이지만 국내는 물론 세계적인 수준에서 근본적으로 부정의한 경제적·정치적·법적 구조가 그 원인임을 예측할 수 있다. 부유한 나라에서 개별 행위자의 입장은 근로조건이 극도로 유해한 공장에서 잔인하고 종종 가학적인 체벌을 받으며 하루 16시간 동안 일하는 아이들을 걱정하는 빅토리아시대 영국의 부유한 필란트로피스트의 입장과 비슷하다. 실제로 당시 많은 아이들은 이 같은 근로조건에서 신체장애를 얻은 결과 아무런 조치 없이 해고당해 구걸을 하는 등 스스로는 결코 생존할 수 없는 처지가 되었다.

현대의 아동노동도 이와 유사한 점이 너무 많다. 데브라 사츠(2010, 64)가 지적하듯이 "국제노동기구(International Labour Organization, ILO)의 최근 연구에 따르면 1억 7100만 명의 노동하는 어린이들이…… 건강상의 위험과 폭력적 학대, 그로 인한 부상에 일상적으로 노출되어 있다. 수백만 명의 아동이 구타, 성폭행, 추행, 학대를 당하는데 이는 고용자들의 동기가 경제적인 것에 국한되지 않음을 시사한다." 더욱이 아동노동은 아동의 성장 발달에 파괴적인 영향을 미칠 수 있고, 아동이 교육받지 못하게 만들기 때문에 성인이 되었을 때 경제적으로 의존적이고 예속적인 처지에 놓이게 될 가능성이 높아진다.

앞에서 언급한 빅토리아시대의 필란트로피스트는 자신의 부와 영향력을 이용해 공장법(Factory Acts) 제정으로 이어진 구조 개혁의 추동력을 강화했어야 한다. 또한 그는 이 법이 제정될 때까지 가난한 아이들을 지원하고 학교에 다닐 수 있게 하는 등의 활동을 벌이는 단체에 기부하는 것도 중요하게 여겼어야 한다.

부유한 행위자들은 극심한 빈곤의 지속이 지속적인 구조적 인권침해임을 인식해야 한다. 그러면 극심한 빈곤 퇴치를 달성할 수 있는 구조 개혁을 시행해야 한다는 기본적 정의에 대한 공동의 위급한 일반적인 의무가 우리에게 부여된다. 구조 개혁에 성공할 때까지 수많은 사람들이 삶을 황폐하게 하거나 완전히 파괴하는, 저렴하게 예방할 수 있는 극악한 해악을 피할 수 있는 유일한 기회를 제공하는 비정부기구들을 지원해야 한다는 위급한 의무 역시 우리에게 주어져 있다.

| 5장 |

자기충실성 및 정체성과 자선단체의 선택

브랜던 보쉬(Brandon Boesch)

어렸을 때 우리집에는 항상 **우편물이 가득했다.** 대부분 손편지였는데 영어 교사였던 어머니가 늘 문자 언어를 열렬히 애호했기 때문이다. 나머지는 주로 청구서와 자선 기부금 요청서로, 현대사회의 서로 다른 두 가지 측면이지만 목적은 둘 다 금전의 추구이다. 기부금을 요청한 곳은 매우 다양했다. 내가 자란 네브래스카 중부 시골의 가난한 사람들을 돕는 종교단체, 중앙아프리카 오지의 배고픈 사람들을 돕는 비종교단체, 절실히 필요한 새 도서관 건립 비용을 요청하는 대학, 심각한 질병의 치료제를 연구하기 위한 기부금을 요청하는 기관 등의 단체가 있었다. 거의 매일 매우 다른 요구들이 제각각 나름대로 의미 있는 주장과 함께 우리에게(더 정확하게 말하면 나의 부모님에게) 제시되었다. 부모님은 대체 어떻게 기부할 곳을 결정했을까?

이 글을 읽는 대부분의 사람들에게 이러한 상황은 그리 낯설지 않을 것이라고 생각한다. 물론 이제 자선 기부금을 요청하는 수단은 우편물에서 매월 자동 결제를 신청하는 서식의 링크를 포함한 이메일로 바뀌었다.

그럼에도 불구하고 아직도 모든 잠재적 기부자는 자선단체를 선택할 때 곤혹스러움을 느낀다. 사람들은 저마다 기부할 곳을 정하기 위해 다양한 방식으로 대처한다. 모든 기부금 요청서를 상자에 넣고 마구 뒤섞은 뒤 매달 하나를 무작위로 추첨하는 가족의 이야기를 들은 적이 있다. 그렇게 선택된 자선단체가 자의적인 '자선 복권'에 당첨되어 그달의 기부금을 경품으로 받는 것이다. 내 생각에 훨씬 더 흔한 다른 선택방식들 역시 비슷하게 자의적이다. 어떤 사람들은 선착순으로, 월급을 받은 직후에 도착한 기부금 요청서를 선택한다. 일종의 시간적 자의성이 지배하는 것이다. 이러한 자선단체가 제때 요청하는 것이 왜 중요할까? 심지어 공정성 원칙을 일반적으로 적용하는 것조차 다소 자의적으로 보인다. 왜냐하면 기부금을 요청하는 모든 단체에 똑같이 기부하기로 하는 것은 어떤 면에서는 공정하지만 기부금을 요청하지 않은 다른 모든 자선단체를 외면하는 것인데다가 모든 기부금 요청의 중요성이 똑같다고 보는 것이기 때문이다.

자선단체를 선택할 때의 곤혹스러움을 고려하면 나는 기부처 선택에 어떤 구조를 도입하는 이러한 자의적 수단들이 이해가 되기도 한다. 그럼에도 불구하고 나는 우리가 자선 기부자로서 최선을 다할 때 탐구와 조사를 통해 우리의 돈을 어디에 기부하고 싶은지에 대해 분별 있게 결정하는지 의심스럽다. 여기에서 중요한 질문들이 발생한다. 기부단체를 결정함에 있어 이러한 것들을 고려해야 할 이유들은 무엇인가? 주어진 선택지들을 탐구하고 조사할 때 정확히 무엇을 찾아야 하는가? 의사결정에서 어떤 요소들을 감안해야 하는가? 어떻게 하면 아리스토텔레스(1999, 50 [1120a26])가 아주 오래전에 이야기했듯이 "옳은 사람들에게 옳은 만큼 옳은 시기에 줄 수 있는가?"

이 장에서는 자선단체 선택에 관한 옳은 종류의 실천적 추론 중 일부인 기부 이유의 본질에 대해 논하고자 한다. 먼저 이 의사결정에서 요소로서 포함되어야 할 이유들의 종류에 관한 비교적 좁은 관점을 채택하는 시각에 대해 비판할 것이다. 이 관점은 필란트로피에 대한 전면적인 공리주의적 접근법으로 **항상** 최고의 공리가 보장될 수 있는(그리고 나의 논증에서 더 중요한 것은 고려할 가치가 있는 **유일한 이유**가 최고의 공리에 대한 관심이라는 점을 암시할) 단체에 돈을 기부해야 한다고 주장한다. 그러나 나는 행위자의 신념, 그만의 역사와 배경 때문에, 심지어 어쩌면 행위자와 관련된 특정한 부수적 사실(거주지역 등) 때문에 특정 대의명분이 그 행위자에게 잠재적으로 더 큰 선택의 가치가 있다고 주장할 것이다. 그렇게 하기 위해서 버나드 윌리엄스가 설명한 자기충실성(integrity)에 대해 고찰한다. 그에 따르면 우리는 도덕적 행위자로서 특정한 도덕적 신념과 정체성을 갖게 되는데, 그러한 신념과 정체성을 적어도 부분적으로 구성하는 것은 정체성을 뒷받침하는 이유 때문에 한 행위이다. 비자의적으로 자선단체를 선택하는 유일한 방법이 공리에 의지하는 것밖에 없다면 우리는 앞에서 언급한 이유들을 위해 행위할 수 있는 기회를 상실하게 된다. 이것은 어떤 의미에서 우리 자신을 행위로부터 소외시키면서 우리가 동일시하지 못하는 이유와 선을 위한 통로로 만들고, 도덕적 인간으로 발전할 수 있는 능력을 제거한다. 나는 자선 기부자의 실천적 추론에 합당하게 제기될 수도 있는 몇 가지 종류의 우려도 예시할 것이다. 자기충실성에 대한 관심은 도덕적 정체성과 신념을 넘어 개인이 충실의 빚을 지고 있는 이유와 시민으로서의 위치로 인해 지역적 이유까지 아우른다고 생각한다. 이러한 방식으로 자선단체를 선택함에 있어 선하고 비자의적이며 비공리주의적으로 고려할 수 있음을 보여줄 것이다. 마지막으로 이러한 고려가 최근 필란트로피의 일부 경향과 어떻게 관련되어 있는지 간단하게 언급할 것이다.

공리주의적 접근

이 장에서 개진할 관점은 부분적으로 필란트로피에 관한 공리주의적 설명에 대한 반응으로 볼 수 있다. 적어도 그 설명이 자선 기부의 의사결정에 내재된 잠재적 이유의 공리주의적 목록을 (늘려서) 바꾸려고 한다면 그러하다. 내가 거부하려는 것을 정확히 이해하기 위해서는 한 가지 공리주의적 해석을 좀더 자세히 살펴볼 필요가 있다. 많은 이들이 이러한 관점을 채택해 설명하고 있다. 매우 유명한 피터 싱어(2009, 15-16)의 논증을 예로 들겠다(Unger 1996도 참조). 그의 기본적인 논증은 꽤 유명하지만 간단하게 정리하면 다음과 같다.

> 첫번째 전제: 식량과 주거지, 의료 부족 등이 야기하는 고통과 죽음은 나쁘다.
>
> 두번째 전제: 중요하다고 할 만한 어느 것도 희생하지 않으면서 나쁜 일이 벌어지는 것을 막을 힘이 당신에게 있다면 그것을 막지 않는 것은 잘못이다.
>
> 세번째 전제: 당신이 구호단체에 기부하면, 중요하다고 할 만한 어느 것도 희생하지 않으면서 식량과 주거지, 의료 부족이 야기하는 고통과 죽음을 막을 수 있다.
>
> 결 론: 그러므로 당신이 구호단체에 기부하지 않는 것은 잘못된 일이다(Singer 2009 15-16).

이 논증은 지금 상태로는 내가 우려하는 전면적인 공리주의적 논증이 아니다. 아직은 괴로움과 고통을 줄이기 위해 일하는 단체에 대한 자선 기부는 좋은 것이라는(또는 더 정확히 말하면 더 급박한 사안이 없는데도 구호단체에 기부하지 않는 것은 잘못이라는) 주장일 뿐이다.

나는 여기서 이러한 주장을 부인할 생각은 없으며 다른 사람도 마찬가지일 것이라고 생각한다. 내가 부인하려는 것은 추가적인 전제이다. 추가적인 전제는 앞에서 언급한 논증의 주된 개요에 명확하게 서술되어 있지 않지만 다음과 같은 언급에 함축되어 있다고 볼 수 있다. 피터 싱어(2009, 24)는 미국인의 자선 기부 양상이 비교적 양호하지만 "미국인의 기부금은 대부분 족히 3분의 1은 종교단체에 지급되어 성직자의 봉급과 교회, 유대교 회당, 모스크를 짓고 관리하는 데 사용된다. …… 그다음으로 가장 큰 부문은 대학, 전문학교, 도서관 등 교육 분야이다." 피터 싱어는 이러한 현상을 부정적으로 보는데, 기부금이 "식량과 주거지, 의료 부족 등이 야기하는 고통과 죽음"(15)을 종식시키지 못한다는 뜻이기 때문이다. 따라서 추가적인 전제는 다음과 같다.

추가 전제: 식량과 주거지, 의료 부족이 야기하는 고통과 죽음을 종식시키지 않는 이유는 종식시키는 이유보다 훨씬 중요하지 않다.[1]

이 추가 전제가 제시하는 결론은 고통과 죽음을 종식시키는 단체에만 기부해야 한다는 것이다.

이것이 내가 거부하고 싶은 전면적인 공리주의적 설명이다. 이것은 공리를 가장 많이 증가시킬 수 있는 대의명분에만 기부금을 내야 한다고 말한다.[2] 기부단체를 정할 때 기부금이 어디에서 최대의 효과를 낼 수 있을지만 고려하라는 것이다. 여기에서 효과는 고통, 고난, 죽음을 종식시키거나 공리를 최대화하는 측면에서 이해되어야 한다. 공리주의적 시각에서 볼 때 비공리주의적 이유를 고려해 기부단체를 정하는 것은 실천적 추론상의 오류이다. 각기 다른 목표를 추구하는 기관과 대의명분을 고려하는 것은 앞에서 제시된 논증의 힘에 대한 인식과 대응의 실패일 것이다. 이러한 추론에 근거한 행위는 (반드시 잘못된 것은 아니더라도) 잘못된 행위일 가능성이 크다.[3]

이 설명을 비판하기 전에 내가 무엇을 비판하지 **않을지** 간략하게 강조하고자 한다. 나는 우리(무엇이 되었든 여분을 보유한 사람들)가 지금보다 훨씬 더 많은 기부금을 자선단체에 기부해야 한다[4]는 피터 싱어의 주장에 전적으로 동의한다. 물론 식량과 주거지, 의료 부족 등이 야기하는 고통과 죽음은 시정해야 할 심각한 악이며, 이러한 잘못들과 싸우는 단체는 가치가 있고 우리의 기부금을 받아 마땅하다는 주장에도 동의한다. 이 장에서 나는 이상적인 자선 기부자에 대한 추론과 고찰을 집중적으로 다룰 것이다. 내가 피터 싱어가 암시한 우려를 제대로 파악했다고 가정하면, 그의 관점에서 이상적인 도덕적 행위자는 자선 기부의 잠재적 대상의 공리를 넘어서는 어떤 것도 전혀 고려하지 않을 것이다. 지금부터 나는 이런 시각을 비판하고, 이상적인 도덕적 행위자가 할 수도 있을 추론과 고찰의 긍정적인 확장을 제시할 것이다. 결론은 다른 이유로도 행위자는 옳은 기여를 할 수 있으며, 이러한 기부의 기회가 생활에서 중요하며 도덕적 삶을 구성한다는 것이다.

버나드 윌리엄스의 자기충실성 비평

자기충실성에 근거해 공리주의를 비판한 버나드 윌리엄스(1973)의 논증을 복습하면서 전면적인 공리주의적 설명에 대한 나의 비판을 시작하겠다. 이 비평은 상당히 달갑지 않은 상황에 처한 자신을 발견한 유명한 짐(Jim)의 사례로 가장 잘 파악할 수 있다. 자세한 내용은 다음과 같다.

> 짐은 남아메리카 작은 마을의 중앙 광장에 있는 자신을 발견한다. 벽에 일렬로 묶여 서 있는 20명의 인디언 대부분은 겁에 질려 있고 몇몇은 반항하고 있었는데, 그 앞에는 제복을 입은 무장한 남자들이 있다. …… 우두머리인 지휘관은…… 그 인디언들이 무작위로 선택된 원주민들이며 곧 처형될 것이라고 설명한다. 최근의 반정부 시위 이후 잠재적인 시위자들이 시위할 생각을 하지 못하게 하기 위해서라는 것이다. 지휘관은 짐이 다른 나라에서 온 귀빈이므로 벽 앞에 서 있는 인디언들 중 한 명을 죽이는 특권을 주겠다고, 이를 짐이 수락한다면 특별 조치로 나머지 인디언들은 풀어주겠다고 말한다. 물론 짐이 거절한다면 특별 조치는 없으며, 페드로라는 사람이 짐이 광장에 도착했을 때 원래 하려던 일을 해 모든 인디언을 죽일 것이다(98).

앞의 예는 후반부에서 짐이 이 상황을 모면할 수 있는 합리적인 대안이 없음을 분명히 하고 있다. 예를 들어 짐이 총을 잡은 뒤 원주민들을 구하려고 나설 수는 없다는 것이다.

짐은 어떻게 해야 할까? 버나드 윌리엄스(1973, 99)는 공리주의에 따르면 짐이 원주민 한 명을 죽여야 한다고 설명한다. 실제로 공리주의에 따르면 그것이 '명백하게 옳은 [답]'이다. 버나드 윌리엄스는 앞의 시나리오에 대한 공리주의적 해답이 "옳을 수도 있다"(117)고 동의하면서도 그러한 접근법을 비판할 근거를 찾아낸다. 그의 비판은 짐이 결국 선택할 **행위**가 아니라 그 행위에 이르게 되는 방식에 초점을 맞춘다.[5] 이 문제의 핵심은 공리주의적 추론이 "각 개인은 그가 하는 일에 특별히 책임이 있다"(99)는 사실을 고려하지 않는다는 것이다. 즉 행위자의 추론, 헌신, 행위 사이에는 도덕적으로 두드러진 연관성이 있다.

버나드 윌리엄스는 계속해서 자기충실성이라는 측면에서 설명한다. 먼저 그는 각 개인이 자신의 삶에서 다양한 과제를 수행한다는 점에 주목한다. 그중 일부는 예를 들어 본인과 가족, 친구들의 기본적인 욕구(와 어쩌면 취미에 관한 것까지)를 위해 일하는 것은 일순위이다(110). 심오하고 진지한 "지적·문화적 또는 창의적 성격의" (단순히 취미의 문제가 아닌) 과제들도 있을 수 있다(110). 마지막으로 "어떤 대의명분을 지지하는…… 관련 과제들"(111)이 있다. 행위자가 가장 동일시하는 이러한 과제들은 행위자의 신념으로 보아도 무방하다. 버나드 윌리엄스는 공리주의가 성공적이라면 "만약 그러한 신념이 가치가 있다면 그것으로부터 나오는 과제들을 수행해나가고, 그중 일부를 완수하는 것이 그런 과제들을 가치 있게 여기는 행위자를 행복하게 만들 것이다"(113)라고 할 수밖에 없다고 말한다. 따라서 행복의 극대화를 고려하면 이러한 과제들의 극대화를 최소한 부분적으로 고려해야 할 것이다.

문제는 행위자의 과제와 신념은 무엇을 할지 고려할 때 감안되지만 "여러 많은 것들 중 하나일 뿐"(115)이라는 점이다. 다시 말해서 무엇을 할지 결정할 때 다른 사람의 과제를 위해 자신의 과제를 포기하도록 요구받을 가능성이 어느 정도 발생한다. 물론 이것이 사실상 상당히 합리적이고 옳을 수 있는 경우도 있다. 자신의 과제가 스스로에게 별로 중요하지 않거나 대안적 과제가 압도적으로 중요한 경우가 바로 그 예이다. 그러나 행위자와 더 깊이 결부되어 있고 자신과 동일시하는 과제에 이르면, 즉 신념을 고려하게 되면 앞에서 이야기한 공리주의적 추론은 아무래도 문제가 있다. "어떻게 한 개인이 공리주의적 행위자로서, 다른 사람의 과제가 공리주의적 합계가 도출되는 방식으로 인과관계를 구성했다는 이유만으로 여러 만족감 중에 하나를, 없어도 되는 만족감을 삶의 중심이 되는 과제나 태도로 여길 수 있겠는가?"(116)

여기에서 버나드 윌리엄스의 자기충실성 비평에 대한 요지를 파악할 수 있다. 행위자에게 다음과 같은 상황에서 전적으로 오직 공리주의적 고려만 하라고 하는 것은,

> 그 나름의 신념에 따른 행위와 행위의 원천에서 사실상 그를 소외시키는 것이다. 그를 자신의 과제를 비롯해 모두의 과제 투입과 최적의 결정 산출 사이의 통로로 삼는 것이다. 그러나 이는 그의 행위와 결정이 스스로 가장 가깝게 동일시하는 과제와 태도에서 나온 행위와 결정으로 보여야 하는 정도를 무시하는 것이다. 따라서 이것은 그야말로 그의 자기충실성에 대한 공격이다(116).

나는 이것이 작은 실패가 아니라는 버나드 윌리엄스의 주장에 동의한다. 궁극적으로 자기충실성의 상실은 무엇을 해야 할지 결정함에 있어 적어도 중요한 한 가지에, 행위를 하는 사람이 행위자 자신이라는 것에 신경쓰지 못하는 것이다. 즉 행위의 도덕적으로 두드러진 요소는 그것을 이행하는 것이 다른 누군가가 아니라 행위자 **본인**이라는 것이다. 어떤 행위에 대해서든 그 요소에 신경을 쓰지 못하면 일정 수준에서 상황의 모든 도덕적 요소를 설명하지 못하는 결과를 초래한다. 물론 이러한 고려가 어떤 상황에서든 행위자가 무엇을 할지 **혼자서** 결정할 것이라는 뜻은 아니다. 고려해야 할 것들은 많다. 그러나 앞에서 언급한 행위의 요소를 행위자가 무

시한다면 자신의 도덕적 의사결정에서 매우 중요하고 유관한 무엇인가를 무시하게 될 것이다.

자기충실성과 자선 기부

지금까지의 비평과 자선 기부에 대한 공리주의적 설명의 유관성이 다소 분명해졌기를 바란다. 이 상황에서 우려되는 것은 공리주의의 자선 기부 설명에서 기부단체를 결정할 때의 고려사항들이 적어도 이러한 상황의 특징, 즉 자신의 돈을 어디에 기부할지 결정하는 것은 다른 누구도 아닌 행위자 **본인**이라는 점을 인정하지 않는다는 것이다. 다시 말해서 공리주의적 접근은 행위자의 추론 및 신념, 자선 기부 행위 사이의 중요한 연관성을 무시한다. 공리주의적 설명은 효율적이게도 다음과 같이 이야기한다. "당신의 모든 돈을 공리를 최대한 증가시킬 수 있는 단체들에 기부하라." 그러나 이것은 행위자의 강한 신념을 구성하는 명분들의 '수많은 것들 중 하나'로 고려하라는 것이다. 본인의 결정을 '영원의 관점에서(sub specie aeternitatis)' 추론하라고 하는 것이다. 그러나 버나드 윌리엄스(1973, 118)가 옳게 파악한 것처럼 "그것은 대부분의 인간 목적에 있어 보기 좋은 상이 아니다." 행위자는 신념이 있으며, 이것은 그의 의사결정에서 반드시 고려해야 할 유관한 도덕적 사실이다.

이것을 더욱 분명하게 보여주는 예가 있다. 성매매 근절을 위해 활동을 하는 한 동료가 있다. 그는 이 문제를 둘러싼 윤리적 질문에 대한 논문을 쓰고 싶어할 정도로 여러 면에서 이 대의명분에 자신의 삶을 바쳤다. 나는 동료와 동료의 남편이 대학원생이기 때문에 그들이 기부할 정도로 경제적인 여유가 없을 것이라고 짐작하면서도 그 대의명분을 위해 적어도 일부는 기부하고 있을 것이라고 확신한다. 나는 그들에게 기부에 관해 물어본 적이 없는데, 그 이유는 동료에게 그런 질문을 하는 것이 어색한 주제일 뿐만 아니라 그 동료에 대해 내가 알고 있는 것을 고려할 때(예를 들어 그 대의명분에 대한 동료의 신념을 고려할 때) 어리석은 질문처럼 느껴지기 때문이다. 만약 그에게 "인신매매 근절을 위해 기부금을 내고 있어?"라고 묻는다면 내가 듣게 될 대답은 코미디언 자흐 갈리피아나키스(Zach Galifianakis 2014)가 오바마 대통령에게 동계올림픽에서 어느 나라를 응원할 것이냐는 질문에 대통령이 한 대답과 비슷할 것이다. "몰라서 물어요? 저는 미국 대통령입니다. 어느 나라일 것 같아요, 자흐?" 대통령의 대답이 의미심장한 이유는 그의 정체성에 대한 언급 때문이다. 미국 대통령인 그가 자신이 통치하는 나라를 응원할 것임은 명백하다. 나는 동료의 대답이 대통령의 대답만큼 직설적(더 정중하겠지만)이면서 비슷하게 정체성 언급으로 정당함을 증명할 것이라고 추측한다. 헌신적인 반(反)인신매매 활동가인 그 동료가 그 대의명분을 위해 기부할 것임은 분명하다.[6] 동료에게 다시 생각해보라고—공리주의적 계산을 해보라고—하는 것은 그에게 신념을 저버리라고, 그가 헌신적인 반인신매매 활동가가 아닌 것처럼 행동하라고, 즉 자신이 아닌 다른 사람인 것처럼 행동하라고 하는 것일 터이다.

이러한 고려사항의 중요성을 강조하는 더 깊고 근본적인 층위를 살펴보기 전에 여기서 채택한 정체성 개념에 대해 설명해야 한다. 일반적인 요지는 스스로를 성소수자(LGBTQ)로 정체화하는 사람들의 '앨라이(ally)'라는 개념에 관한 흥미로운 논의에서 볼 수 있다. 특히 대학 캠퍼스에서 자신을 성소수자로 정체화하지 않는 사람이 성소수자로 정체화하는 사람들의 앨라이로 스스로를 정체화하는 일은 흔히 볼 수 있다. 몇 년 전 이 표현의 사용과 관련된 관행에 대한 흥미로운 논의가 있었다. 앨라이로 정체화하는 사람들이 자신의 도덕적 과업이 이러한 정체화로 완성되었다고 생각해 그 결과 성소수자 커뮤니티를 위한 그 어떤 유의미한 선도 이행하지 못할 것이라고 우려하는 목소리가 있었다. 이러한 위험이 존재하는 이유는 앨라이가 되는 것이 전문 자격증 같은 일종의 표찰로 쉽게 오인되기 때문이다. 그러나 미아 매켄지(Mia McKenzie)가 적절하게 표현한 것처럼 "'앨라이'는 당신이 돌아다니면서 일종의 정체성으로 주장할 수 있게 누군가 당신에게 달아주는—또는 (부디 그런 일이 없기를!) 당신이 스스로에게 달아주는—표찰이 될 수 없다. 앨라이는 정체성이 아니라 실천이다. 가장 크고 가장 작은 방식들로 매일 반복해서 이행되어야 하는 능동적인 것이다"(인용 출처는 Smith 2013). 미아 매켄지가 말하고자 하는 것은 성소수자 커뮤니티의 앨라이가 되거나 앨라이인 것은 표찰 착용만으로 완성되는 것이 아니라는 점이다. 앨라이가 되거나 앨라이가 되기 위해서는 성소수자 커뮤니티의 대의명분을 가치 있게 여기고 이것을 진척시키기 위해 행동해야 한다.[7]

정체성은 같은 방식으로 작동한다.[8] 우리는 정체성을 일종의 표찰이나 자신을 세상에 드러내는 방식으로 여길지 모른다. 그러나 여기서 논하는 정체성은 표찰이 아니다. 정체성은 행위자의 신념과 그 신념을 위해 이행한 행위에서 나오는 성격 규정(characterization)이다. 정체성에 대해 이야기하는 것은 행위자가 일관적으로 선택하는 행위의 이유에 대해 이야기하는 것이다. 정체성이라는 이유 우선적(reason-first) 개념을 적용하면 이러한 정체성이 실천적 추론에 요소로 포함되는 방식을 분명히 알 수 있다. 정체성 그 자체는 선택과 행위의 대상이 아니다. 행위자는 정체성을 갖기 위해 행위하지 않는다(또는 무슨 일이 있어도 그래서는 안 된다). 여기서 논의하는 것과 유관한 의미의 정체성은 특정 이유를 위한 행위자의(아마도 기질적이거나 습관적인) 행위방식이다.[9]

정체성의 이러한 두번째 구성적(constitutive) 특징, 즉 신념을 위해 행위하는 특징은 당면한 질문에 대한 이 비평의 더 심오한 중요성으로 이어진다. 우리는 우발적인 이유로 이러한 정체성을 갖게 된다고 생각하는 경향이 있다. 가치가 성찰 없는 경험에 기초한 것이라고, 신념이 그 자체로 자의적이거나 기본적인 것이라고 생각하는 경향이 있다. 2005년 데이비드 포스터 월리스(David Foster Wallace)는 널리 알려진 케니언칼리지 졸업식 연설에서 정체성과 가치에 관한 우리의 논의가 종종 관용과 다양한 믿음에 대한 신념에 관한 논의로 귀결된다고 이야기했다. 그는 물론 이러한 것들이 중요하다고 본다. 그러나 데이비드 포스터 월리스(2009, 26-28)에 따르면 거기서 멈추면 신념의 본질과 관련된 더 심오한 질문을 놓치게 된다.

> [우리는] 이러한 개인적인 본보기와 믿음이 어디에서 왔는지, 그 두 사람의 **내면**에서 왔는지 이야기하는 것으로 끝내지 않습니다. 세상에 대한 사람의 가장 기본적인 성향과 경험의 의미가 키나 신발 사이즈처럼 그저 타고났다는 듯이 혹은 언어처럼 문화에서 흡수한 것이라고 말이지요. 마치 우리가 의미를 구성하는 방식이 사실상 개인적이고 의도적인 선택의 문제가, 의식적인 결정의 문제가 아닌 것처럼요.

졸업식 연설의 맥락을 고려할 때 데이비드 포스터 월리스는 졸업생들이 자신의 '세상에 대한 성향[들]'에 관해 비판적으로 사고하고, 이것들이 자신의 통제 안에 있음을 인지하도록 격려한 것이다. 이러한 요지는 이 장과 관련이 있다. 왜냐하면 만약 정체성을 자의적이라고, 부수적이고 비이성적인 사건으로부터 발달한 어떤 것이라고 생각한다면 내가 개괄하고자 하는 버나드 윌리엄스의 요지와 우려가 잘못 이해될 것이기 때문이다.[10]

나는 데이비드 포스터 월리스(2009, 28)를 통해 정체성이 그 자체로 '개인적·의도적 선택과 의식적 결정의 문제'라고 제안하고 싶다. 그의 주장은 명료하다. 자신의 정체성에 대한 선택은 스스로를 위한 표찰을 주장함으로써 가능한 것이 아니다. 사람으로서 자신에 대해 할 수 있는 선택은 다음 두 가지에 관한 것이다. 첫째는 생각하기, 즉 "당신이 **무엇을 어떻게** 생각하는지 통제하는 방법 배우기"(53)와 둘째는 행동하기, 즉 "수많은 사소하고 수수한 방식으로 매일, 다른 사람들에게 진심으로 신경을 쓰고 그들을 위해 희생할 수 있는 것"(120)이다. 다시 말해서 우리는 세상을 주의깊게 적극적으로 바라보고 이러한 시각이 예시하는 신념에 따라 행동하는 한 자신의 정체성을 통제할 수 있다. 만약 그렇다면 버나드 윌리엄스가 자신의 비평에서 언급한 자기충실성에 대한 위협은 단순히 자기 자신으로부터의 소외만을 의미하는 것이 아니라 정체성을 개발할 수 없는 무능력까지 포함한다. 깊은 수준에서 공리주의적 설명은 특정 종류의 정체성 개발에 관한 모종의 선택을 할, 즉 특정 부류의 사람으로 스스로를 구성하는 방식에 대해 선택할 수 있는 능력을 위태롭게 한다.

중요한 것은 직접적인 행위로만 정체성 개발이 가능한 것은 아니라는 점이다. 무시할 수 없는 정체성의 특징은 간접적인 행위로도 형성할 수 있다는 것이다. 이 점은 다양한 장기 봉사활동에 참여하기 위해 가족과 친구에게 금전적인 지원을 요구하는 모든 사람들이 채택하는 듯한 "나는 가는 것으로 기부하고, 너는 기부를 통해 간다"는 의미심장한 말에서 드러난다. 이 상투적인 문구는 지나치게 자주 개인적인 이득을 위해 부적절하게 사용되는 듯하지만, 대의명분을 위해 행동하는 방식이 여러 가지임을, 직접적·간접적인 행위 모두가 대의명분을 위한 행위방식임을 보여준다. 실제로 자선 기부자들은 정말로 "기부를 통해 간다"고 말할 수 있다. 가난한 사람들에게 음식을 제공하는 단체에 기부하는 행위자는 가난한 사람들의 그릇에 음식을 담아준 적도, 음식을 받는 사람들을 실제로 본 적도 없을 것임에도 **그가** 가난한 사람들에게 음식을 제공한다고 주장할 수 있다.

특히 앞에서 언급한 자선 기부에 관한 요지는 현대사회의 구조로 인해 더욱 중요해진다.[11] 오늘날 세계의 많은 사람들에게 자선 기부는 단지 특정한 이유로 행위하고, 그 결과 특정한 정체성을 개발할 수 있는 **여러 가지 중 하나의** 방법에 불과한 것이 아니다. 실제로 많은 사람과 대의명분에 있어 자선 기부는 강한 신념을 위해 의미 있게 행동할 수 있는 **유일한** 방법이다. 나눌 수 있는 잉여가 있는 사람들 중 대부분은 이러한 잉여를 가질 방법이 지난하고 시간을 잡아먹는 임금노동에 종사하는 것뿐이다. 많은 사람들은 직장에서 보내는 주 40시간 이외에도 자녀와 연로한 부모를 돌보고, 신체적·정신적으로 건강한 생활을 유지하는 데 필요한 일까지 해야 한다. 저마다 지지하는 대의에 많은 시간을 할애할 수 없는 경우가 대부분이다. 즉 대부분의 사람들이 대의명분을 위해 행위하고 그리하여 관련 정체성을 개발하거나 유지할 수 **있는** 방식은 대체로 수표를 쓰거나 웹사이트에 신용카드 번호를 입력하는 것이라는 뜻이다. 종종 자선 기부는 대부분의 사람들이 굳은 신념을 위해 행동할 수 있는 유일한 방법이기에, 그들에게 공리주의적으로 계산하라고 요구하는 것은 신념을 위해 행동할 능력과 정체성 개발 능력을 빼앗는 일일 것이다.

자선단체 선택시의 고려사항

지금까지 자선 기부에 대한 공리주의적 설명과 자기충실성 비평의 연관성이 잘 제시되었기를 바란다. 나는 어느 곳에 기부할지를 결정할 때 공리주의적 고려사항**만** 고려하라는 것은 자기충실성에 대한 위협이라고 주장했다. 이러한 위협은 자기 자신이라고 여기는 것으로부터의 잠재적인 소외인 동시에 신념을 위한 행위에서 나오는 정체성 개발을 막는 무능력으로 여겨져야 한다.

그렇다면 다음과 같은 의문이 생긴다. 기부단체를 정할 때 행위자가 주목해야 하는 것은 무엇인가? 먼저 나는 공리주의적 고려사항을 모두 배제하는 것에 찬성하지는 않는다는 점부터 밝혀야겠다. 행위자는 기부금이 어디에서 가장 큰 영향력을 행사할지, 가장 효율적일지, 어느 단체가 기부금을 효율적으로 사용할지 등을 고려할 수 있고 또 고려해야 한다. 아리스토텔레스(1999, 49 [1119b29-1120a4])의 논고에도 나오듯이 나는 이것이 관대함의 핵심이자 기본적인 요소를 이룬다고 믿는다. 따라서 나는 이러한 종류의 질문들이 행위자의 실천적 추론에 요소로서 포함되어야 함을 여기에서 의심하지는 않을 것이다.

그러나 지금까지의 나의 논증은 이런 이유들만으로는 부족하다는 것을 시사한다. 지금부터는 기부단체 결정에 요소로서 포함될 수 있는 일부 다른 고려사항들을 옹호할 것이다. 이를 위해 여러 상황에서 행위자가 합리적으로 관심을 가질 수 있는 몇 가지의 고려사항에 대해 개괄하겠다. 몇 개의 토막글에서 자기충실성의 역할 및 행위자가 다양한 신념을 고려할 수 있으며, 어떻게 고려해야 하는지 논할 것이다. 뒤이어 나오는 고려사항들은 결코 완전한 목록을 구성하는 것이 아니라 내가 염두에 둔 이유의 종류들을 예시하기 위한 것이다.

각 토막글의 결론은 행위자가 해당 대의명분에 결국 기부해야 한다는 것이 아니라 그 대의명분을 위해 기부할 것을 **진지하게 고려해야** 한다는 것이다. 여기서 '진지한 고려'란 대의명분을 위한 기부라는 결과를 낳을 **수**

도 있는 고려라는 뜻이다. 부정적으로 표현하면 이미 다른 곳에 기부하기로 결정한 사람은 어느 단체에 기부하는 것을 진지하게 고려할 수 없다. 이어질 각 토막글의 결론은 행위자는 해당 단체에 기부하는 것을 진지하게 고려할 수 있어야 하며, 그렇지 않다면 이러한 기회는 자기충실성에 대한 위협이라는 것이다. 각각의 경우에서 나는 행위자가 정확히 무엇을 선택해야 하는지 밝히지 않았는데, 그 이유는 매우 복잡한 결정이기 때문이다(이 점이 나의 글에서 드러나기를 바란다). 논의의 마지막에서는 개인이 자기충실성에 대한 위협을 피하기 위해 반드시 가져야 하는 몇 가지 진지한 고려사항에 대해 알아본다.

진지한 고려라는 개념은 한 가지 쟁점을 제기하는데 이를 간단히 짚어본 다음 토막글로 넘어가고자 한다. 내가 다루는 종류의 고려가 전형적인 기부 관행에 딱 들어맞지 않는 소수의 상황들에만 적용될 수 있다는 우려가 있다. 각각의 토막글에는 '신규 기부'라고 일컬을 만한 예시가 나오는데, 이것은 아무런 사전적 추측이나 습관, 결정 없이 일정 금액을 따로 모아둔 **뒤에** 기부단체를 고민하는 것이다. 그러나 이런 경우는 매우 드물다. 사람은 습관의 동물이라 오랫동안 기부하던 곳에 계속 기부하는 경우가 많다. 간단히 말해서 우리의 실천적 추론은 대부분 오래전에 내린 결정의 산물이다. 그렇다면 다음의 토막글들은 사람들이 실제로 돈을 기부하는 방식에 대한 유의미한 통찰을 보여주지 못할 것이라는 우려가 발생한다.

이러한 지적은 어느 정도 주목할 가치는 있지만 자선단체의 선택에서 선하고 비자의적이며 비공리주의적인 고려사항이 존재한다는 나의 일반 명제를 약화시키지는 않는다. 행위자가 새로운 기부단체를 결정할 때 이러한 고려사항이 존재한다는 것이 참이라면, 습관이나 선입견, 기부금의 상이한 구조가 존재하는 상황에서 이러한 고려사항이 유효하다고 주장하는 것은 꽤 무해한 추론이기 때문이다. 따라서 이어지는 글에서는 논의의 용이성을 위해 앞에서 언급한 우려를 무시하고 각 토막글을 신규 기부의 비전형적인 형태와 함께 논의한다.

시민됨

'시민됨(citizenship)'의 연관성을 고찰해보자. 행위자는 특별히 이웃에게 어느 정도 우선순위를 주어야 할까? 도덕적 거리는 새로운 문제가 아니다. 적어도 프랜시스 허치슨(1990, 280-283)[12]에서부터 많은 사람들이 논한 문제이다. 여기서 도덕적 거리에 관한 논의를 확장하지는 않을 것이다. 다만 시민됨 역시 기부단체에 관한 실천적 추론에 합리적으로 포함될 수 있는 요소 중 하나라는 것을 밝히고 싶다. 시민됨이 어떻게 기능할 수 있는지 알아보기 위해 다음의 상황을 살펴보자.

> 캔자스주 스몰빌을 자랑스러워하는 주민 클라크는 방금 복권에 당첨되었다. 당첨금은 300만 달러에 육박한다. 클라크는 자신이 필요로 하는 것들을 충족시킬 수 있는 그 이상의 엄청난 금액임을 깨닫고 곧바로 200만 달러를 기부하기로 결심했다. 마침 스몰빌은 현재 모든 주민의 관심사인 새로운 커뮤니티센터 건립을 위한 모금 캠페인이 한창 진행중이다. 수많은 주민들의 결혼식과 동창회 및 주민 행사 장소로 애용된 기존의 커뮤니티센터는 운영이 불가능한 상태이며, 새로운 커뮤니티센터가 생겨야 이 같은 주민 행사를 계속 할 수 있다. 클라크는 다양한 기부단체에 얼마씩 기부금을 낼지 고민하고 있다.

나는 클라크가 스몰빌 주민의 일원으로서의 역할을 진지하게 고려해

200만 달러 중 일부를 새로운 커뮤니티센터 건립에 기부하는 것을 고려해야 한다고 제안한다. 그 이유를 알기 위해 클라크가 다른 곳에 기부하기로(이 역시 나는 옳은 결정일 수 있다고 본다), 심지어 커뮤니티센터 건립에 기부하는 것은 전혀 진지하게 고려하지 않으면서 결정한다고 가정해보자. 이 경우 클라크와 스몰빌을 자랑스러워하는 주민으로서 그의 정체성 사이에 균열이 발생하리라는 것은 명백하다. 먼저 클라크가 커뮤니티센터 건립에 기부하기를 고려하지 않는 것은 해당 프로젝트에 거액을 투입하는 다른 스몰빌 주민들과 매우 다른 태도를 보여주는 것이다. 더욱이 그 대의명분은 지역공동체에 분명 이로운 것으로서 스몰빌 주민들의 교류에 필요한 장소를 제공하는 것이다. 클라크와 다른 주민들의 이러한 차이만으로도 여느 외지인은 클라크가 스몰빌의 이익을 중요시하지 않는다고 합당하게 의심할 수 있을 것이다.[13] 클라크가 공동체를 위해 기부할 수도 있었음을 알기 때문에 그를 헌신적인 공동체 일원으로 생각하지 않을 가능성이 큰 스몰빌 주민들로부터 소외당할 수도 있다. 따라서 이 예는 기부단체에 관한 추론에서 특정 공동체의 일원임을 고려해야 하는지에 대해 보여주는 것일 수 있다. 다시 말하지만 클라크가 커뮤니티센터 건립에 기부**해야 한다**고 말하려는 것은 아니다(기부해야 하는 것일지도 모르지만). 클라크는 다른 대의명분에 기부해야 할 타당한 이유를 제시할 수 있다면 자신의 정체성과 지역공동체와의 관계를 유지할 수도 있다. 하지만 이것은 그가 공동체에 대한 신념을 억누를 것을, 자신의 결정에 대해 설명할 것을 요구한다. 논란의 여지가 있지만 이 설명은 내가 다루는 일종의 진지한 고려에 해당한다. 설명이 요구된다는 것은 어째서 해당 대의명분이 궁극적으로 선택되지 않았는지 설명하기 위해 이유가 필요했음을 보여주기 때문이다. 결국 그 명분을 진지하게 고려하지 않는 것은 스몰빌 시민으로서 클라크의 정체성을 소외시키는 결과를 낳는다.

충실

많은 상황에서 중요할 수 있는 또다른 고려사항은 충실(piety)이다. 내가 생각하는 충실은 절대 되갚을 수 없는 빚을 지고 있는 사람이나 존재에 대한 경의와 섬김이다.[14] 따라서 충실의 대상은 부모, 국가, 스승을 포함하고 있지만 이들에 국한되지는 않는다. 충실이 행위자의 고려사항이어야 하는 이유를 알기 위해 다음의 예를 살펴보자.

> 아이작은 기금이 넉넉하지 않은 북동부의 작은 자유학예대학에서 미국문학을 공부했다. 그 학과의 규모는 작고 교수진은 (특히 소속 학과의) 학생들의 지적 성장은 물론 전반적인 웰빙에도 깊은 관심을 가지고 있다. 기금이 부족한 학교는 각 학과에 과 운영을 위한 모금을 요청하며, 아이작도 이러한 사정을 알고 있다. 한 해가 시작된 지금 아이작은 이번 해에 기부할 곳을 정하고 있다.

클라크의 경우와 마찬가지로 나는 아이작이 출신 학과 교수들에 대한 충실을 진지하게 고려해 학과 기금에 대한 기부에 대해 생각할 것을 제안한다. 그 대의명분을 진지하게 고려하지 않는 것은 누가복음의 탕자(Luke 15:11-32)와 같은 행동일 것이다. 어느 아버지에게 아들이 둘 있었는데 한 아들은 아버지와 함께 지내고, 다른 아들은 (아버지가 죽기 전에) 자기 몫의 유산을 챙겨 외국으로 떠나 그 돈을 탕진한다. 이 우화는 신앙이 없는 사람에게조차 충실의 관계에 대해 중요한 점을 말해준다. 탕자는 자기 몫의 유산을 가지고 떠나면서 아들됨(sonship)을 긍정하는 동시에 부정했다. 그는 부유한 아버지의 아들로서 이익을 취하면서도 집으로부터 그리고 아들로서의 역할로부터 달아났다. 이러한 행동에 내재된 균열은 동일한 역할의 긍정과 부정이 동시에 존재하므로 쉽게 알아차릴 수 있다. 아이작의 경우에도 정도는 덜하지만 이 같은 사실이 존재한다. 아이작은 말하자면 '유산'을 받았고, 만약 출신 학과에 기부하는 것을 진지하게 고려하지 않는다면 자신의 '아들됨'을 부정하는 것일 터이다.[15] 학과에 기부하는 것을 (적어도) 진지하게 고려하지 않는 것은 사실상 자신에게 되갚을 빚이 없다고 말하는 것과 같기 때문이다. 그러나 앞에서 언급한 것과 같이 아이작은 교수진에게 충실의 빚을 지고 있기 때문에 이것은 명백히 거짓이다. 아이작의 학비가 아무리 비쌌다고 해도 이것은 교수들에게 받은 개인적인 관심을 되갚기에는 충분하지 않다. 클라크의 경우에서와 같이 외부적 균열까지 생길지도 모른다. 만약 아이작이 학과에 기부하는 것을 전혀 **고려하지** 않았음을 알게 된다면 교수들은 감정이 상할 수도 있다. 따라서 이런 충실의 관계 또한 의사결정의 요소로 포함되어야 한다.

도덕 정체성

마지막 고려사항은 도덕 정체성(moral identity)이다. 내가 생각하는 의미를 간략하게나마 밝혀야 할 것 같다. 공동체적 관계와 충실의 관계는 논란의 여지가 있겠지만 도덕 정체성이기 때문이다. 내가 생각하는 도덕 정체성은 행위자가 갖게 될 수 있는 신념으로 환경주의, 페미니즘, 동물권, 교육개혁, 시민권 등 그가 선하고 도덕적인 삶을 살기 위한 구성요소로 삼는 것이다. 기아나의 사례에 대해 살펴보자.

기아나는 지역의 어느 회계사무소에서 비교적 적은 임금을 받으며 일하고 있다. 대학에 다닐 때는 시간이 날 때마다 환경정화운동과 환경보호 집회에 참여하고 시에라클럽(Sierra Club)• 지역 지부의 일원으로서 활발히 활동했다. 현재는 긴 근무시간과 부모로서의 의무 때문에 환경보호운동에 시간을 많이 할애하지 못하지만 환경보호는 그가 지금도 매우 중요하게 여기는 대의명분이다. 임금이 적어도 그는 매월 초 기부금을 낼 단체를 결정한다.

이 사례는 간단히 분석할 수 있는데 앞의 다른 사례들을 비슷하게 따라가기 때문이다. 나는 기아나의 의사결정에도 환경주의가 유의미한 역할을 해야 한다고 생각한다. 기아나가 이것을 고려하지 않고 행위하는 것은 자기충실성 없이 환경에 무관심한 사람처럼 생각하고 행동하는 것일 테이고, 따라서 그의 신념을 부분적으로 훼손하게 될 것이다. 이 사례가 다른 사례와 달라지는 중요한 지점은 기아나가 예전처럼 환경보호를 위해 적극적으로 활동할 시간이 없다는 사실이다. 환경적 선을 위한 남은 잠재적 행동 수단이 크게 줄어들었고, 자선 기부가 그중 하나이다. 따라서 기아나의 자기충실성에 대한 위협뿐만 아니라 환경주의자로서의 정체성을 유지하거나 조금이라도 더 개발할 능력에 대한 위협까지 존재한다.

아이스버킷챌린지와 자기충실성

지금까지 살펴본 고려사항은 기부처에 관한 주로 개인의 의사결정과 관련된 문제에 적용하기 위한 것이다. 글을 마무리하기 전에 나의 논증과

• 미국의 자연환경 보호단체.

관련된 더 광범위한 필란트로피의 실천, 특히 최근의 필란트로피 트렌드에 대해 논하고자 한다. 대부분의 관습과 마찬가지로 필란트로피도 시류를 따라 소셜 미디어(SNS)를 활용하고 있다. 예를 들어 나는 기부단체의 우편물이나 전화를 받는 일이 드물어졌다. 대신 이메일을 받거나 트위터와 페이스북의 게시물을 살펴본다. 각 게시물들은 작은 성공담을 공유하거나 단체들이 해결하려는 새로운 문제를 소개하는 등 나에게 기부할 동기를 또는 이미 매월 기부중인 단체는 계속 기부(또는 더 많이 기부)할 동기를 부여하려고 애쓴다. 자선단체들의 편익은 매우 확실하다. 기부 가능성은 사람들이 어떤 대의명분에 (개인적인 이야기와 구체적인 프로젝트를 통해) 더 강하게 연결될수록 커지기 때문이다. 후원자들에게도 확실한 이점이 있는데, 기부금의 사용에 대해 알 수 있고 지지하는 대의명분과 더 밀접하게 연결된다는 점이다. 여기까지는 나무랄 데가 없다.

그러나 최근의 한 이벤트를 보면 다양한 방식의 소셜 미디어 사용이 다소 기만적일지도 모른다고 우려할 정도이다. 2014년 여름에 시작된 기부를 위한 SNS 바이럴 마케팅인 '아이스버킷챌린지(Ice Bucket Challenge)' 이야기이다. 시작은 소소했다. 어떤 사람이 친구 3명을 지목해 얼음물이 든 양동이를 뒤집어쓰거나 ALS(근위축성측색경화증)재단에 100달러를 기부하라고 한 것이다. 두 가지 중 하나를 선택한 친구들은 다시 각각 3명의 친구를 같은 방식으로 지목한 결과 챌린지는 기하급수적으로 퍼져나갔다. 챌린지는 곳곳에서 조금씩 변형되었는데, 규칙상의 주된 변화는 사람들이 기부금도 내고 얼음물도 뒤집어쓰면서 그 모습을 찍은 동영상에서 다른 3명을 지목하는 것이다. 이 글을 읽는 독자들도 기억하겠지만 아이스버킷챌린지는 매우 큰 파장을 일으켰고, 모금에 있어서는 확실히 성공적이었다(2014년 ALS재단은 이 챌린지의 인기가 가장 높았던 30일 동안 기부금이 1억 달러

증가했다고 보고했다). 나는 개인적으로 친구들과 가족이 (특히 어머니가) 차가운 물을 뒤집어쓰는 것을 보며 꽤 즐거워했다.

나는 아이스버킷챌린지가 세간의 주목을 받을 때 몇 가지 점에서 그 새로운 필란트로피의 실험이 걱정스러워졌다.[16] 하나는 자선단체들이 바이럴 마케팅을 주된 홍보 수단으로 삼게 되어 각 단체는 그해의 기부금을 가장 크게 늘릴 새로운 것이나 소셜 미디어 전략을 세우는 데 집중하리라는 것이다.[17] 이렇게 될 가능성이 높다는 것은 마케팅 전문가들에게 아이스버킷챌린지에서 앞으로 얻어야 할 교훈이 무엇인지를 질문한 〈가디언〉의 기사에서 나타났다(Adeyeri et al. 2014). 한편 근위축증협회(Muscular Dystrophy Association, 2015)는 매년 방영해온 장시간의 텔레비전 프로그램을 중단하기로 결정했다. 협회장 스티븐 더크스(Steven Derks)는 아이스버킷챌린지가 "오늘날 가족과 기부자들, 그리고 후원자들은 새롭고 창의적이며 유기적인 방식으로 우리의 사명을 지지할 방법을 찾고 있음을 확인시켜주었다"면서 아이스버킷챌린지의 역할을 인정했다. 이러한 결과로 탄생한 새로운 수단으로 모금한 기부금이 개인의 기존 연간 기부금에 **추가되는** 양상으로 지속된다면 크게 걱정스럽지는 않다. 하지만 이런 수단이 더 흔해지면 사람들이 그해의 주요 자선 기부 트렌드가 정해질 때까지 기다리느라 기부를 미루기 시작할 수 있다는 의심은 지나치지 않다. 기부 요청서들을 상자에 넣어 무작위로 뽑는 가족의 이야기에서처럼 기부가 우려스러울 정도로 자의적으로 변할 수 있다는 뜻이다.

적어도 나의 명제와 관련이 있는 더 큰 우려가 존재한다. 지목당한 사람은 **챌린저**가 정한 더 정확하게는 **최초의** 챌린저가 정한 프로젝트나 대의명분에 기부할 것을 (상당한 사회적 압력과 함께) 요구받는다는 것이다. 이것은 자기충실성에 대한 모욕처럼 보인다. 다른 사람에게 도전하기 위해 얼음물을 뒤집어쓰거나 기부하는 대의명분은 지목당한 사람의 신념에 의한 것이 아니다. 그 자신의 정체성을 지탱하는 이유들에 의해 동기가 부여되지 않는다. 지목당한 사람이 ALS재단에 기부하는 이유는 그가 세상에서 중요시하는 것과는 거의 또는 전혀 무관하며, (대부분) 소셜 미디어의 본질에 관한 부수적 사실과 그가 모르는(그럴 가능성이 매우 큰) 최초의 챌린저의 결정이 낳은 것이다. 피지목자가 ALS재단에 기부하기로 결정했다는 것이 우려스러운 것은 아니다(앞에서 언급했듯이 이것은 옳은 결말일 수도 있다). 문제는 그 결정에 관여하는 이유와 고려사항이 피지목자의 도덕적 신념이나 심지어 해당 단체의 우열과도 거의 또는 전혀 무관하다는 것이다.

아이스버킷챌린지가 널리 퍼지면서 많은 사람들이 본인의 자기충실성에 대한 관심에 맞게 챌린지를 변형시켰다. 예를 들어 나의 몇몇 친구들은 미국암학회에 기부하기로 결정했다. 살면서 저마다의 방식으로 암의 영향을 받은 사람들이기 때문이다. 마찬가지로 로마 가톨릭 신자인 친구들은 가톨릭 계열의 한 의료 연구 재단에 기부해(기부금이 ALS 연구에 사용되도록 명시했다) 기부금이 그들의 종교적 신념을 반하는 배아줄기세포 연구에 사용되지 않도록 했다. 이 사례들은 자선 기부의 새로운 경향을 기꺼이 포용하면서도 자기충실성에 대한 관심을 존중하는 방식이 존재한다는 것을 보여준다. 이것은 필란트로피의 미래를 생각할 때 (기부자이자 기부자의 조직책으로서) 자기충실성을 고려할 수 있는 한 가지 예라고 할 수 있다.[18]

결론

나는 결론을 내리기 위해 행위자가 결국 다른 신념을 위해 행위할 필요는 없다고 강조하고 싶다. 고통과 괴로움에 대한 관심 때문에 이와 관련된 문제를 해결하기 위해 전념하는 단체에 기부를 결정하게 되는 많은 상황들이 있다. 그러나 결국 행위자는 다른 선택지에 기부할 가능성을 **진지하게** 고려해야 한다. 이것은 다른 신념의 지지와 적어도 자신의 결정에 대한 설명을 수반한다. 그러면 실제로는 다른 대의명분에도 기부할 가능성이 커질 것이다. 이중 하나라도 이행한다면 행위자의 자기충실성은 거의 위협받지 않을 것이다. 이러한 문제들을 진지하게 고려하지 않는다면 행위자의 신념에 파괴적인 행위를 하게 될 것이다.

결국 이것이 기부처를 정하는 행위자에게 있어 의미하는 바는 무엇인가? 한마디로 말해서 고려할 사항이 아주 많다는 뜻이다! 자선단체에 기부할 때는 신중하게 생각해야 하고, 그 생각은 단순히 기부금이 어디에서 공리를 최대로 증가시킬 것인지 그 이상으로 확장되어야 한다. 삶은 매우 복잡하다. 우리는 다양한 다차원적인 신념을 수용하고 광범위한 역할을 수행한다. 도덕적인 삶 역시 그만큼 복잡할 것이라는 사실은 놀랍지 않을 것이다. 충만하고 풍부하고 도덕적인 삶이 복잡하다면 우리가 그런 삶을 살도록 돕는 추론과 고려사항 역시 당연히 적어도 그만큼은 복잡할 것이다.[19]

| 6장 |

기부는 지나친 요구가 아니다

윌리엄 매캐스킬(William Macaskill),
안드레아스 모겐센(Andreas Mogensen), 토비 오드(Toby Ord)

피터 싱어는 「기근, 풍요, 도덕」(1972)에서 선행 의무에 관한 두 가지 도덕 원칙을 제시하고 있다.

> **희생의 원칙**: 우리의 힘으로 나쁜 일이 벌어지는 것을 막을 수 있다면, 그 결과 그에 상응하는 도덕적으로 중요한 다른 무언가를 희생시키지 않으면서 그럴 수 있다면 도덕적으로 그렇게 해야 한다(231).
> **약한 희생의 원칙**: 우리의 힘으로 매우 나쁜 일이 벌어지는 것을 막을 수 있다면, 그 결과 도덕적으로 유의미한 다른 무엇도 희생시키지 않으면서 그럴 수 있다면 도덕적으로 그렇게 해야 한다(235).

이것에 대해 대부분의 사람들은 순수한 도덕적 원칙으로 납득했지만 나머지 사람들은 달랐다. 이들은 이 원칙들이 **지나치게 요구적**이라고 주장한다. 그것들을 지키려면 가진 것의 대부분을 모두 내놓아야 하고 대부분의 시간을 다른 사람을 돕는 데 할애해야 할 것이며, 이것은 도덕이 실제로 요구하는 것보다 큰 요구라는 것이다.

이 장에서 우리는 다음과 같이 더 약한 원칙을 제안한다.

> **매우 약한 희생의 원칙**: 부유한 나라의 중산층 시민 대다수는 도덕적으로 타자의 삶을 효율적으로 개선하는 데 최소한 소득의 10퍼센트를 사용해야 한다.

이 원칙은 피터 싱어의 **약한 희생의 원칙**보다 훨씬 더 약하면서도 개선적이다. 비영리단체 기빙왓위캔(이 글의 두 저자가 공동 창설자이다)은 10퍼센트 서약을 장려하는데, 많은 사람들은 이 서약을 도덕적 요구라기보다는 의무 이상의 것으로 여긴다. 평균적으로 미국의 1인당 개인 기부 금액은 국내총생산의 약 2퍼센트(Giving Institute 2017)이며, 영국의 경우 0.5퍼센트이다(Charities Aid Foundation 2015). 이 금액에서 또다시 작은 일부만이 가장 효율적인 프로그램에 사용된다. 미국인의 절반만 이 원칙을 지켜도 매년 6120억 달러가 추가로 기부될 것이다. 참고로 전 세계의 대외원조 총지출은 연간 1350억 달러에 불과하다(Organisation for Economic Co-operation and Development 2015).

이 장에서 우리는 **매우 약한 희생의 원칙**이 전혀 요구적이지 않으며, 따라서 '요구성' 반론은 이 원칙에 대항력이 없다고 주장할 것이다. 그러므로 피터 싱어의 두 가지 희생 원칙의 요구성에 대한 생각이 어떠하든 간에 **매우 약한 희생의 원칙**은 지지해야 한다. 그리고 여전히 우리는 타인의 삶을 효율적으로 향상시키기 위해 소득을 사용할 유의한 의무가 있다고 동의해야 한다.

매우 약한 희생의 원칙이 지나치게 요구적이지 않다고 보는 우리의 주장은 다음 두 가지 전제에 근거한다.

1. 금융자원을 기부하는 것은 특별히 짐스러운 것이 아니다. 우리의 직관적 믿음보다 훨씬 덜 짐스럽다.
2. 금융자원의 기부는 우리가 직관적으로 믿는 것보다 훨씬 더 막대한 큰 선을 행한다.

주로 심리학과 경제학의 경험적 증거를 바탕으로 각각의 전제를 옹호할 것이다. 하지만 그전에 몇 가지를 분명히 하고 싶다.

첫째, 이 장에서는 **공리주의**의 요구성은 다루지 않는다. 그보다 훨씬 더 구체적인 규범적 요구, 즉 소득의 10퍼센트를 기부하는 것에 대한 요구성에 대해 다룬다. 그동안 금융자원의 일부를 타자의 삶을 개선하기 위해 사용하라는 의무의 요구성이라는 쟁점은 언제나 선을 극대화해야 한다는 훨씬 더 좁은 관점과 너무 자주 혼동되었다. 우리는 훨씬 더 많이 기부할 의무가 **없다**고 주장하지 않는다. 실제로 우리의 주장이 확대되면 더 많은 기부를 타당하게 이끌어낼 수 있다고 믿는다. 그러나 적어도 소득의 10퍼센트를 기부하는 의무는 그 어떤 타당한 도덕 이론에 의해서도 합의되어야 한다고 믿는다.

둘째, 우리의 주장은 '부유한 나라의 중산층 시민'에게만 적용된다. '중산층'은 소득 기준으로 '상위 50퍼센트'를 의미한다고 정의한다. 이와 더불어 우리의 주장이 적용되는 범위를 부유한 나라의 중산층 시민 '대다수'로 한정한다. 이것은 장애로 인해 지속적인 의료서비스가 필요한 사람들처럼 생활비가 특별히 많이 필요한 사람들을 제외하기 위해서이다.

셋째, 우리는 소득의 10퍼센트를 기부하라는 요구에 특별한 것이 있다고 주장하려는 것이 아니다. 앞으로 제시할 증거가 10퍼센트 이상을 기부하라는 요구를 정당화할 수 없다고 이야기하려는 것도 아니다. 10퍼센트라는 수치를 선택한 이유는 (1)10퍼센트를 요구하는 원칙이 지나치게 요구적이라고 주장하기는 매우 어렵고, (2)사람들이 실제로 얼마나 적게 기부하는지를 고려할 때 이 원칙은 이미 철저히 개선적인 함의를 갖기 때문이다.

넷째, '타자의 삶을 효율적으로 향상시킨다'에서 우리가 생각하는 것은 일반적인 개입보다 훨씬 더 사람들의 삶을 개선하는 개입이다. 뒤에서 다시 언급하겠지만 가난한 나라에서는 미화 2800달러로 한 사람의 생명을 구할 수 있는(GiveWell 2015) 반면, 부유한 나라에서 일반적인 생명을 구하는 개입 비용은 수백 배, 수천 배 더 들 수 있다.

다섯째, 가장 중요한 것은 요구성 반론의 본질을 명시화하는 것이다. 어떤 도덕 이론이나 의무가 과도하게 요구적인지를 결정하는 것은 두 가지이다. 그것은 해당 의무가 행위자에게 요구하는 대가와 문제가 되는 도덕적 이해(利害)의 크기이다. 도덕적 이해관계가 크면 도덕성은 과도하게 요구적이지는 않더라도 매우 요구적일 수 있다. 이것은 상식 도덕(commonsense morality)에서 드러난다. 예를 들어 수세기 전의 어느 노예 주인을 상상해 보자. 그에 대한 도덕적 요구는 설령 가족의 생계 수단을 상실하게 되더라도 노예해방일 것이다. 일련의 불운한 사건들로 텍사스주에서 살인죄를 선고받고 사형 집행을 기다리는 무고한 사람은 어떨까. 만약 그가 무고한 간수 1명을 죽이지 않고는 탈옥할 수 없다면 상식 도덕은 그에게 탈옥보다는 사형을 당하라고 요구할 것이다.

그러므로 특정 의무의 요구성을 가늠하려면 행위자가 치러야 할 대가 **그리고** 도덕적 이해의 크기를 모두 살펴보아야 한다. 따라서 이 장에서 우리의 논증은 타자에게 줄 수 있는 편익에 **비해** 스스로에게 줄 수 있는 편익이 어느 정도인지를 살펴본다.

누군가는 노예 주인과 사형수의 사례가 고작 10퍼센트 기부에 대한 실패가 수반하는 **선행**의 위반이 아니라 **정의**의 잠재적 위반과 관련이 있다고 주장할 수도 있다. 그러나 요구성 반론의 지지자들조차도 낯선 사람들에게 선행을 베풀 의무가 얼마간 존재하며, 이러한 의무에는 희생이 필요할 수 있다는 것에 동의한다. "낯선 사람에게 편익을 제공하기 위해 얼마간의 희생을 도덕이 요구하는 것에 대해 직관적으로 반대할 수 있는 것은 아무것도 없다"(Hooker 2009, 151). 합당한 말이다. 때때로 선행의 의무는 정의의 의무와 경쟁하거나 정의의 의무보다 우세할 수 있다. 부수적인 제약의 위반이 수천 명의 목숨을 앗아갈 수 있는 긴급한 상황이 바로 그 예이다. 그러나 만약 정의가 결과적으로 요구적 의무를 낳는 큰 도덕적 이해를 발생시킬 수 있고, 선행의 의무가 때때로 정의의 의무와 경쟁하거나 우세할 수 있다면 선행은 때때로 큰 도덕적 이해를 발생시킬 수 있다. 우리는 기부자의 손실에 비해 도덕적 이해가 매우 크다고 주장한다.

마지막으로 도덕 이론의 요구를 따르는 대가가 지나치게 큰 것 같을 때 해당 대가가 무엇인지 항상 분명한 것은 아니다(Kagan 1989). 이 장의 목적을 위해 우리는 요구성 반론이 (개인의 자기 이익에 대한 기여와 거리가 멀다고 여겨지는) 도덕적 자율성(Slote 1985; Shiffrin 1991)이나 개인적 프로젝트 및 신념의 추구가 아니라(Williams 1973), 개인의 웰빙이나 자기 이익에 관한 것이라고 가정할 것이다. 안타깝게도 이러한 가정을 완전하게 방어하는 것은 이 장의 범위에서 벗어난다. 그러나 우리는 대가를 개인의 웰빙 손실로 나타내는 것은 도덕 이론이 행위자에게 불합리한 대가를 요구하므로 과도하게 요구적이라는 것이 무슨 의미인지에 대한 고도로 직관적인 이해를 나타내는 것이라고 추정한다. 우리가 이 추정에 근거해 **매우 약한 희생의 원칙**에 대한 요구성 우려를 반박할 수 있다면 적어도 상당한 진전일 것이다. 이제 우리의 주 논증으로 넘어가보자.

당신이 치러야 할 대가는 의외로 작다

여기에서는 10퍼센트를 기부해야 하는 요구가 행위자에게 초래할 행복의 손실을 추산해볼 것이며, 이에 세 가지를 주장한다. 첫째, 기부의 대가에 대한 우리의 직관은 일반적으로 신뢰할 수 없으며 조직적으로 편향되어 있다. 둘째, 사용 가능한 증거가 암시하는 바로는 기부의 대가가 비교적 작다. 셋째, 같은 증거가 암시하는 바로는 기부에는 치러야 하는 약간의 대가 이외에도 무시할 수 없는 편익도 있다.

우리가 제공하는 모든 자료는 소득과 행복의 관계를 **평균적으로** 다루고 있음을 밝힌다. 어떤 사람들에게 소득은 행복과 매우 강력한 상관관계가 있을 수 있으며, 그 사람들에게 우리의 주장은 설득력이 떨어질 것이다. 한편 대부분의 사람들에게 소득과 행복의 상관관계는 평균보다 약할 것이며, 그들에게 우리의 주장은 더 강력할 것이다.

신뢰할 수 없는 직관

사람들은 저마다 돈과 나름의 관계를 맺고 있으며 다양한 이유로 행복감을 느낀다. 소득 수준이 정확히 어떻게 행복감 또는 주관적 웰빙을 좌우하는지 결정하려면 개인적인 판단이 필요하다. 동시에 인간의 불완전성을 인식해야 한다. 심리학자들은 다양한 결과가 행복감에 미치는 영향을 우리가 얼마나 정확하게 예측하는지 연구해왔으며, 이런 예측을 **정서 예측**

(affective forecast)이라고 부른다. 연구 결과에 따르면 우리는 스스로 예상하는 것보다 정서 예측에 능숙하지 않다.

우리는 어떤 결과가 유쾌할지 또는 불쾌할지 예측하는 것에는 대체로 능숙하다. 휴가 여행은 즐겁고 치과 치료는 즐겁지 않다는 것을 잘 알고 있다. 문제는 다른 곳, 즉 질이 아닌 양에 대한 우리의 추정에 있다. 우리의 정서 예측은 **영향력 편향**의 지배를 받는데, 좋은 결과나 나쁜 결과에 결부된 유쾌하거나 불쾌한 감정의 지속시간과 강도를 과대평가한다(Wilson and Gilbert 2005). 예를 들어 사람들은 다양한 질환이 삶의 질에 미치는 부정적인 영향을 늘 잘못 판단한다(Boyd et al. 1990; Sackett and Torrance 1978). 연인들은 이별의 부정적인 영향을, 학자들은 종신 재직 실패의 부정적인 영향을, 유권자들은 지지하는 후보자가 낙선하는 부정적인 영향을 과대평가한다(Gilbert et al. 1998).

영향력 편향은 소득과 행복감의 관계에 대한 사람들의 인식에도 영향을 미친다. 대니얼 카너먼(Daniel Kahneman)을 포함한 연구진(2006, 1909)은 한 표본인 미국의 여성 노동자들에게 저소득자(2만 달러 미만)가 기분 나쁜 상태로 보내는 시간의 비율을 추정해달라고 요청했다. 연구진은 불쾌한 시간이 더 길 것이라는 예측이 '지나치게 과장된' 것임을 밝혀냈다. 라라 애크닌(Lara Aknin)과 동료들(2009, 524)의 연구에서는 미국인들의 대표 표본이 "가계소득이 낮은(5만 5000달러 미만) 사람들의 행복을 매우 과소평가했다"는 것을 발견했다. 소득의 10퍼센트를 기부해도 행복감은 우리가 생각하는 것보다 훨씬 적게 감소할 가능성이 크다.

기부의 대가

따라서 이러한 예측의 신뢰성이 낮다는 점을 고려하면 10퍼센트를 기부하는 것이 우리가 직관적으로 예측하는 것만큼 나쁘지는 않을 것이다. 그렇다면 얼마나 나쁠까?

횡단적 단면 연구에 따르면 어느 시기, 어느 국가에서든 소득은 행복과 양의 상관관계가 있음을 일관되게 보여준다(Diener and Biswas-Diener 2002: 122-127 개괄 및 논의 참조). 세계가치관조사(World Values Survey)에 따르면 영국에서 삶의 만족도가 보통 이상이라고 응답한 사람의 비율은 저소득층보다 고소득층에서 19퍼센트 더 높게 나타났다. 프랑스에서는 그 차이가 29퍼센트였고, 네덜란드는 6퍼센트, 세계 평균은 17퍼센트였다(World Value Survey Group 1994).

이로부터 우리는 소득의 10퍼센트를 기부할 때의 개연적 영향에 대해 어떤 결론을—결론이 존재한다면—내릴 수 있을까? 누군가는 10퍼센트를 기부하면 행복감의 수준이 같은 나라에 살며 소득이 자신보다 10퍼센트 적은 사람이 횡단적 단면 연구에서 답한 수준과 똑같아질 것이라고 생각할지도 모른다. 더 정확히 말하면 자신만큼 버는 사람과 자신보다 10퍼센트 덜 버는 사람의 평균적인 행복감 차이에 해당하는 만큼 웰빙의 하락을 경험할 것이라고 기대할지도 모른다.

이런 생각에는 두 가지 문제점이 있다. 첫째, 횡단적 단면 연구는 인과관계가 아니라 상관관계만 증명한다. 행복감과 소득 사이에 양의 상관관계가 존재하는 이유는 부분적으로 행복감이 소득에 미치는 영향 때문일 수 있다. 성격이 더 쾌활한 사람들이 다른 사람들보다 부유해질 수 있다. 이런 종류의 영향력이 존재한다는 것을 뒷받침하는 증거가 있다(Diener and Biswas-Diener 2002: 134-135). 마찬가지로 소득과 행복의 상관관계에도 더 높은 소득과 더 큰 행복감을 발생시키는 다양한 제3의 변수들이 부분적으로 작용할지 모른다(Easterlin 2001: 468; Diener and Biswas-Diener 2002:

128 일반 논의 참조).

둘째, 횡단적 단면 연구에서는 사용 가능한 최고의 주관적 웰빙 척도가 사용되지 않는다고 우려할 수 있다. 대부분의 횡단적 단면 연구에서 웰빙은 전 세계의 조사 대상자에게 삶의 만족도에 대한 보고서를 작성해달라고 요청하는 방식으로 측정된다. 예를 들어 다음과 같은 질문을 할 수 있다. "모든 점을 고려할 때 최근 전반적으로 당신의 삶에 얼마나 만족하십니까?" 그러나 행복감을 측정하는 대안적인 기법인 **경험 표집**이 있다. 이 기법은 대상자들에게 특정 기간의 몇몇 시점에서 행복이나 불행의 순간적인 감정을 기록해줄 것을 요청한다. 경험 표집은 행복을 측정하는 더 나은 기법으로 여겨져왔는데, 과거의 경험을 회상하고 통합하는 데 필요한 인지 능력과 관련된 편향성을 극복하기 때문이다(Kahneman 1999; Stone et al. 1999). 전 세계 사람들을 대상으로 한 자기보고 방식을 경험 표집으로 대체하면 소득과 행복감 사이의 상관관계가 약화되므로 측정 기법의 선택은 중요하다(Kahneman et al. 2006; Diener et al. 2010). 경험 표집이 주관적 웰빙을 더 잘 측정한다면 돈으로 살 수 있는 행복감은 삶의 만족도 조사가 보여주는 것보다 적다.

그러나 앞에서 언급한 문제들을 무시하고 만약 상관관계에서 인과관계를 추정해 행복감과 삶의 만족도를 동일시한다면 우리의 행복감이 얼마나 줄어들지 생각해보자. 그렇게 하면 소득의 10퍼센트 기부로 인한 행복감 감소의 그럴듯한 **하한값**을 얻을 수 있을 것이다. 이제 소득과 행복감 사이의 상관관계가 작고 비선형적이므로 소득이 크게 줄어들어도 삶의 만족도는 경미하게 감소한다는 것이 밝혀졌다. 2013년 베시 스티븐슨(Betsey Stevenson)과 저스틴 울퍼스(Justin Wolfers)는 여론조사기관인 월드 갤럽 폴(Gallup World Poll)이 조사한 자료를 바탕으로 행복감과 소득의 관계가 대수적임을 발견했다. 소득이 2배로 늘어날 때마다 행복감은 계속 증가한다. 이들의 연구에 따르면 미국인의 경우 소득이 10퍼센트 감소하면 삶의 만족도를 측정하는 10점 만점의 척도에서 0.1점 정도가 줄어든다. 즉 소득의 10퍼센트 기부로 인한 개인적인 행복감의 감소는 미미하다고 결론을 내릴 수 있다.

기부의 편익

앞에서는 소득의 10퍼센트를 기부하는 것이 10퍼센트 덜 버는 것과 비슷하다고 가정했다. 그러나 이런 가정은 문제가 있다. 이러한 가정에 따르면 먼 나라의 사람들을 돕는 자선단체에 기부함으로써 커지는 웰빙은 애초에 그 돈을 벌지 못했거나 아무렇게나 써서 커지는 웰빙과 같다고 추정하게 되는데, 이것은 매우 받아들이기 어렵다.

소득의 10퍼센트를 자선단체에 기부하는지의 여부에 따라 우리의 행복감이 어떻게 달라지는지 이해하기 위해서는 지출의 종류에 따라 행복감이 어떻게 달라지는지 살펴볼 필요가 있다. 활용 가능한 증거에 따르면 다른 사람을 위해 사용한 돈이 자기 자신을 위해 사용한 돈보다 주관적 웰빙을 더 크게 증가시킬 수 있다(Dunn et al. 2011).

다음의 시나리오를 상상해보자. 심리학 실험에 참가한 당신은 24시간 이내에 사용하라는 지시와 함께 돈이 든 봉투를 받는다. 실험자는 두 가지 조건 중 한 가지를 당신에게 적용할 수 있다. 즉 돈을 자기 자신에게 사용하거나(청구서 납부, 간식 사먹기 등), 다른 사람에게 사용하라고 할 수 있다(선물하기, 자선단체에 기부하기 등). 당신은 어느 조건으로 돈을 사용할 때 더 큰 행복감을 얻을 수 있을 것이라고 생각하는가?

당신이 던(Dunn)과 동료들(2008)이 수행한 이러한 종류의 실험에 참가한 대부분의 사람들과 비슷하다면 자기 자신에게 돈을 사용해야 더 행복해질 것이라고 예상할 것이다. 그러나 친사회적 지출을 하게 된 피실험자들이 개인적인 지출을 하게 된 피험자들보다 우발적인 소득을 사용한 뒤에 더 큰 행복감을 느꼈다고 보고했다. 이것은 고립된 결과가 아니었다. 던을 포함한 연구진들은 보너스를 받은 보스턴 소재의 한 회사 직원 16명을 대상으로 종단적 연구를 수행했는데, 보너스를 친사회적 지출에 더 많이 사용한 사람들이 지출로 인해 더 큰 행복감을 느꼈다는 것을 발견했다. 미국인 대표 표본에 대한 횡단적 단면 연구에서도 더 많은 친사회적 지출은 훨씬 더 큰 행복감과 유의한 상관관계가 있음이 밝혀진 반면, 개인적인 지출은 행복과 관련이 없는 것으로 나타났다. 한편 라라 애크닌과 그의 동료들(2010)은 갤럽조사연구소가 136개국에서 수집한 자료를 분석해 주관적 웰빙의 평가와 자선단체 기부액 사이에 양의 상관관계가 있는지 살펴보았다. 가계소득을 대조한 결과 136개국 중 122개국에서 주관적 웰빙과 "지난달에 자선단체에 기부했습니까?"라는 질문에 "그렇다"라는 응답 사이에 양의 상관관계가 존재했다. 연구팀은 평균적으로 "자선단체에 기부하는 것과 SWB[주관적 웰빙]의 관계는 가계소득의 2배 증가와 주관적 웰빙의 관계와 유사하다"(638)는 사실을 발견했다.

물론 우리는 앞의 결과에 근거해서 추정을 할 때 신중해야 한다. 갤럽의 데이터는 상관적이며 자선단체에 기부한 금액은 평가하지 않았다. 해당 실험에서의 금액은 소득의 10퍼센트를 기부하는 것과 비교하면 미미하다. 또한 피실험자에게 예기치 않은 돈이 주어졌는데, 원래는 자신을 위해 사용하려던 돈을 다른 사람을 위해 사용하라는 요청을 받지 않았다. 또한 실험자들은 친구와 가족에게 친사회적 지출을 한 피실험자들과 자선단체에 기부한 피실험자들을 구별하지 않았다. 이러한 제약에도 불구하고 실험

결과는 자선단체에 기부하는 것이 자신에게 사용할 돈이 줄어들어 겪게 될 수도 있는 모든 사소한 불만을 초월하는 삶의 만족도에 대한 증가를 가져올 수 있음을 어느 정도 뒷받침한다. 참고로 이것은 이 장의 세 저자의 경험에서 입증된다.

지금까지의 논의에서 고정불변의 결론을 이끌어내기는 어렵지만 **매우 약한 희생의 원칙**을 준수하는 것은 우리의 위치를 고려할 때 대단하지 않으며, 예상보다는 확실히 작은 희생을 초래한다는 증거를 발견한 것 같다. 만약 기부금이 자기 이익의 관점에서 쉽게 사용한 돈만큼 좋다면 최악의 경우에서도 주관적 웰빙이 10점 만점에 0.1점 정도로 미미하게 줄어든다고 예측할 수 있다. 또한 자선 기부가 우리에게 편익을 줄 수도 있으며, 그 편익은 우리의 예상보다 클 수도 있고 자기 자신에게 돈을 사용해서 얻을 수 있는 편익보다 클 수 있다는 증거를 발견한 것이기도 하다. 소득의 10퍼센트를 기부하는 것이 실제로 주관적 웰빙을 어느 정도까지 감소시키는지의 여부는 불분명하다. 설령 주관적 웰빙이 감소한다고 해도 소득의 10퍼센트를 기부하라는 요구가 지나치게 요구적이라는 주장을 입증하기에는 행복감의 손실이 지나치게 작다.

타자의 편익은 의외로 크다

우리가 가난한 사람들에게 상대적 편익을 얼마나 제공하는지 측정할 수 있는 기준은 다양하며 다음을 포함한다. (1)소득과 행복감의 관계, (2)기대수명당 발생 비용, (3)구제된 인명당 발생 비용.

첫째, 소득과 행복감에 대해 살펴보자. 전 세계의 많은 사람들은 극심한 빈곤 상태로 살아가고 있다. 이들은 미국, 오스트레일리아, 서유럽 국가 등 부유한 나라에서는 거의 알려져 있지 않은 물질적 조건에 직면해 있다. 이 같은 부유한 나라에도 빈곤은 존재하지만 그 성격이 매우 다르다. 우리는 다른 사람들보다 상대적으로 적게 가진 **상대적 빈곤**에 익숙한데, 상대적 빈곤은 사회적 배제, 범죄 그리고 다른 많은 문제를 야기한다. 상대적 빈곤은 부유한 나라에서 심각한 문제이지만 이 글의 맥락에서 우리의 걱정거리인 절대적 빈곤과는 구별되어야 한다. 절대적 빈곤을 정의하는 것은 다른 사람들보다 얼마나 더 가난한지가 아니라, 살아가는 데 필수적인 것들을 마련할 수 있는 기준에 얼마나 미치지 못하게 소유하고 있는가이다.

적절한 관점에서 보기 위해 오늘날 전 세계 70억 명의 상황을 생각해 보자.

> 7억 210만 명이 하루에 1.9달러 미만으로 생활한다(세계은행 2015).
> 6억 6300만 명이 깨끗한 식수를 구하지 못한다(세계보건기구와 유니세프 2015).
> 7억 9300만 명이 영양 결핍 상태이다(국제식량농업기구 2015).
> 1억 명의 어린이가 초등교육을 끝까지 받지 못한다(유네스코 2015).
> 7억 8100만 명의 성인이 읽거나 쓰지 못한다(유네스코 2014).
> 매년 300만 명의 어린이가 예방 가능한 질병으로 사망한다(유니세프 2015).

지금의 논의에서 중요한 것은 수많은 사람들이 극심한 빈곤 상태에서 살아가고 있는 반면, 더 부유한 사람들은 그들의 고통을 어느 정도 경감시키거나 그들 중 일부를 빈곤에서 완전히 벗어나게 할 수 있는 기회가 있다는 사실이다.

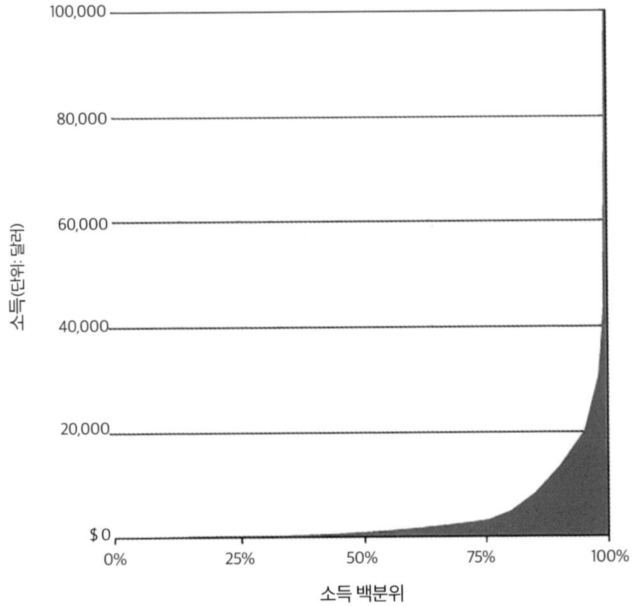

[그림 6.1] 세계 소득 분포(출처: MacAskill 2015, 18)

이제 세계의 소득 분배 상황을 살펴보자. 전 세계의 사람들을 연소득 순으로 줄을 세운다고 가정해보자. 적절한 비교를 위해서는 몇 가지 기술적 조정이 필요하다. 1달러로 할 수 있는 것은 가난한 나라에서 더 많지만 이를 감안하기 위해 소득을 **구매력 평가**로 환산할 수 있다. 또한 대부분 소득이 없는 아동을 어떻게 처리할지와 관련한 문제도 있다. 따라서 가계의 소득을 가족 구성원으로 균등하게 나누는 전형적인 관행을 따를 것이다. 이런 조정을 거친 뒤 전 세계의 사람들을 소득 순으로 줄을 세우면 [그림 6.1]과 같은 소득 분포가 나온다.

소득이 완전히 균등하게 분포되어 있다면 도표에 수평선이 그어질 것이다. 그러나 이것은 실제 소득 분포와는 거리가 멀다. 실제로는 대부분의 소득이 도표의 오른쪽 끝에, 가장 부유한 사람들에게 집중되어 있다.

부유한 나라의 대다수 사람들은 자신이 정말 부유하다고 생각하지 않는다. 그들은 자신을 사회적 계층의 사람들과 비교해 조금 더 부유하거나 가난하다고 생각한다. 그러나 전 세계적인 관점에서 보면 그들은 대체로 매우 부유하다. 예를 들어 2018년 기준 연소득이 미화 3만 달러인 미국인은 전 세계 인구의 상위 2퍼센트 부자이며, 전 세계 대부분의 사람들보다 25배 더 벌고 있는 것이다. 현재 미국 연방 최저 시급인 7.25달러(연간 1만 4500달러)만 벌어도 전 세계 인구의 상위 10퍼센트 부자가 되기에 충분하다.

[그림 6.1]은 오늘날의 세계를 잘 요약해서 보여주고 있다. 즉 세상이 얼마나 불평등한지 보여주며, 이 소득 분포에서 우리 자신의 위치를 설명해주고 있다. 또한 세계에서 가장 가난한 사람들과 비교할 때 우리에게 여분의 돈이 얼마나 불필요한지를 보여준다.

실제로 우리가 세계 소득 분포의 최상층부에 있다는 발견은 변화를 가져올 엄청난 기회를 제공한다. 상대적으로 매우 부유한 우리가 타자에게 제공할 수 있는 편익은 우리 자신에게 제공할 수 있는 편익보다 훨씬 크다. 따라서 우리는 비교적 적은 비용으로 매우 큰 선을 행할 수 있다.

우리는 선을 얼마나 많이 행할 수 있을까? 우리가 효율적인 자선단체에 기부해 스스로는 1달러만큼 가난하게, 아프리카의 극심한 빈곤 속에서 살고 있는 사람은 1달러만큼 부유하게 만든다고 가정해보자(이 가정은 직접 송금을 하는 자선단체에 기부하는 경우 적어도 현실적이다. 기브다이렉틀리(GiveDirectly)에 1달러를 기부하면 케냐나 우간다의 누군가가 약 0.9달러를 받게 된다). 이 1달러는 우리가 스스로에게 제공할 수 있는 것보다 얼마나 더 큰 편익을 가난한 아프리카 사람에게 제공할 수 있을까?

이 질문에 답하기 위해 소득과 웰빙에 관한 경제학 연구로 돌아가보자.

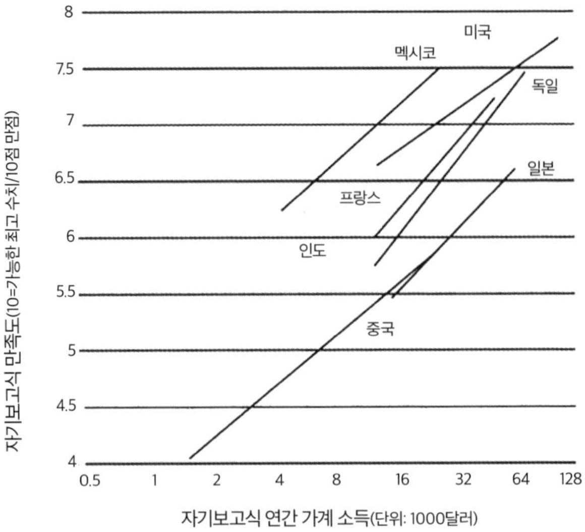

[그림 6.2] 삶의 만족도와 소득(출처: Stevenson and Wolfers 2013)

경제학자들은 소득 수준과 주관적 웰빙 수준 사이의 관계를 파악하기 위해 대규모 연구를 수행했다. 그 결과는 [그림 6.2]와 같다. 이 그림은 각 국가 및 국가 간 소득과 주관적 웰빙의 관계를 보여준다.

[그림 6.2]의 세로축은 자기보고에서 나타난 삶의 만족도를 나타낸다. 피면담자들은 자기 삶에 대한 만족도를 0부터 10까지의 숫자로 답변했다. 10은 최대의 행복감을 나타내는데, 현실적으로 더할 수 없이 삶에 만족한다는 뜻이다. 0은 극도의 불행감을 나타내며, 현실적으로 더할 수 없이 삶에 불만족한다는 뜻이다. 대부분의 사람들은 0과 10 사이의 값을 선택했다. 가로축은 연소득을 나타낸다.

이 그래프에서 흥미로운 점은 소득이 2배로 늘면 보고된 주관적 웰빙이 언제나 같은 정도로 증가한다는 것이다. 연소득이 1000달러인 사람이 1000달러를 더 벌게 되면 연소득이 2000달러인 사람이 2000달러를 더 벌게 되거나, 연소득이 8만 달러인 사람이 8만 달러를 더 벌게 될 때와 같은 정도로 행복감이 증가한다.

이러한 경제학 연구들은 당신의 소득이 2배가 될 때 발생하는 편익이 소말리아의 극심한 빈곤을 겪는 사람의 소득이 2배가 될 때 발생하는 편익과 동일하다는 것을 함축한다. 만약 당신이 미국의 중간임금인 연간 미화 2만 8850달러(Social Security Administration 2014)를 번다면, 당신이 추가로 2만 8850달러를 더 벌 때 얻게 될 편익은 소말리아의 가난한 농부가 미화 133달러—1인당 명목 평균 국내총생산(GDP)(UNdata 2015)—를 더 벌면 얻게 되는 편익과 동일하다.

이것은 같은 금액으로 미국의 일반 시민들에게 편익을 제공할 수 있는 것보다 세계에서 가장 가난한 사람들에게 **훨씬** 더 많은 편익을 제공할 수 있다고 생각할 수 있는 타당한 근거가 된다. 당신이 일반적인 미국 노동자만큼 돈을 번다면 당신은 세계에서 가장 가난한 사람보다 200배 이상 부유하다. 당신이 버는 2만 8850달러를 10퍼센트만큼 줄이면 216명의 소득을 10퍼센트씩 늘릴 수 있다. 즉 그 돈을 당신 자신에게 사용해서 얻는 편익보다 200배 더 큰 편익을 타인에게 제공할 수 있다.

사람이 자신 또는 타인에게 제공할 수 있는 상대적 편익을 추산하는 두번째 방법은 1년의 질보정수명(QALY) 제공에 필요한 국가별 비용을 살펴보는 것이다. 질보정수명이란 한 사람에게 1년의 건강한 삶을 제공하는 편익이다. 건강경제학자들은 각국의 정부가 한정된 자원을 가장 효율적으로 사용할 수 있는 방법을 조언하기 위해 다양한 보건사업 및 치료법 개발에 자금을 지원해 1년의 질보정수명을 제공하는 데 드는 비용을 추산했다.

영국의 경우 1QALY 제공의 한계 비용은 미화 4만 2000달러이다(National Institute for Health and Care Excellence 2014, sect. 7.7). 미국의 경우

명확한 수치를 발표한 기관이 없지만 R. 스콧 브레이스웨이트(Scott Braithwaite)를 포함한 연구진(2008)은 미국 사회가 보건에 지불할 용의가 있는 비용을 생존연수당 18만 3000달러에서 26만 4000달러 사이로 추정한 바 있다. 태미 O. 텡스(Temmy O. Tengs)를 포함한 연구진(1995)은 미국에서 500건의 인명 구조 개입을 분석해 개입 비용의 중간값이 연장된 생존연수당 4만 2000달러임을 밝혀냈다.

한편 가장 효율적인 자선단체에 기부할 경우 불과 100달러로 최빈국에 1 QALY를 제공할 수 있다(GiveWell 2015). 즉 부유한 나라의 우리가 1년의 건강한 삶을 위해 지불할 용의가 있는 돈으로 최빈국 사람들에게 수백년의 건강한 삶을 제공할 수 있다는 뜻이다. 소득과 행복감의 관계에서처럼 우리의 돈이 가난한 사람들에게 제공할 수 있는 편익과 우리 자신에게 제공할 수 있는 편익은 100배 이상 차이가 난다.

자신과 타인에게 제공할 수 있는 편익을 비교하는 세번째 방법은 각국에서 한 사람의 생명을 구하는 데 필요한 비용을 살펴보는 것이다. 미국의 정부 부처는 한 사람을 살리는 데 드는 비용이 약 700만 달러보다 적을 경우 안전을 강화하는 사회 기반시설에 자금을 투입할 것이다. 보다 구체적인 기준선은 환경보호국의 경우 910만 달러, 식품의약국 790만 달러, 교통부 600만 달러이다.

이에 비해 가난한 나라에서는 한 사람의 인명 소실을 막는 데 2800달러밖에 들지 않는다(GiveWell 2015). 여기서 편익의 차이는 훨씬 더 크다. 다른 나라에서 1명의 인명 손실을 방지하는 비용은 미국이 미국인 1명을 구하는 데 기꺼이 부담하는 비용의 1000분의 1 미만이다.

이러한 사실들을 고려할 때 소득의 10퍼센트를 기부하는 것이 지나치게 요구적이지 않다는 결론을 부정하기는 어렵다. 10퍼센트를 기부하는 것은 기껏해야 기부자의 웰빙을 미미하게 감소시킬 뿐이며, 심지어 기부자의 삶을 더 향상시킬 수도 있다. 또한 이러한 기부는 타인에게 막대한 편익을, 기부자가 자신에게 제공할 수 있는 것보다 최소 100배에서 그보다 훨씬 더 많은 편익을 제공할 것이다. 오늘날 대부분의 사람들은 소득의 10퍼센트보다 훨씬 적게 기부하고 있다. 그러나 10퍼센트 기부는 도덕이 요구하는 최저치이다.

웰빙에 관한 다양한 이론

지금까지 우리는 경제학자들의 웰빙 척도에 의존해왔다. 그러나 누군가는 경제학적 척도와 철학적 쟁점의 관련성에 대해 의문을 제기할 수도 있다. 경제학적 척도들이 철학적으로 논란의 여지가 클 수 있는 웰빙의 본질에 대한 가정에 의존하고 있을 수도 있기 때문이다. 여기서 우리는 두 가지 반론을 고려하고 있다.

첫째, 지금까지 우리는 웰빙의 두 가지 주요 척도인 전생애 평가(삶의 만족도 조사로 측정됨)와 경험 표집을 살펴보았다. 이 두 가지 측정 기준은 당연히 웰빙에 대한 다른 구상을 측정한다. 전생애 평가 기준은 사람들에게 삶에 대한 전반적인 견해를 묻고 있는 한 자연스러운 웰빙의 척도이다. 선호도 및 만족도로 웰빙을 설명할 수 있다고 생각한다면 그렇게 볼 수 있다. 특정 순간에 얼마나 긍정적인 감정을 갖는지 필수적 경과 시간을 채택하는 경험 표집법은 웰빙에 대한 쾌락주의적 설명을 지지한다면 자연스러운 웰빙의 척도처럼 보인다. 두 가지 기준 모두 우리의 논증을 잘 뒷받침하므로 우리의 논증은 선호도 및 만족도 옹호자들과 쾌락주의자들을 모두 만족시킬 것이다.

객관적 목록 이론가들에 대해서는 문제가 좀더 복잡하다. 실제로 그들에게 직접적으로 주장하는 것은 어려운데, 이는 객관적으로 좋은 것의 목록에는 많은 것들이 많은 방식으로 존재할 수 있기 때문이다. 이 경우 누군가는 객관적인 웰빙의 구상에서 기본적인 비교는 다양한 사람들 사이에서 이루어져야 한다고 제안할 수 있다. 그러나 우리는 우리의 논증이 객관적인 목록 이론가들에게도 설득력이 있어야 한다고 믿는다.

타당한 객관론이라면 긍정적인 의식 상태를 객관적으로 좋은 것이라고 여길 것이다.[1] 그리고 지금까지 살펴보았듯이 경험 표집은 긍정적인 의식 상태의 자연스러운 척도인 것처럼 보인다. 따라서 설령 극빈층에게 10퍼센트를 기부하는 편익이 자기 자신에게 10퍼센트를 기부하는 데 따르는 대가의 수백 배라고 확신할 수는 없지만 **객관적으로 좋은 것들 중 한 가지에 관해서는** 그것이 참이라고 말할 수 있다.

마찬가지로 대부분 또는 모든 객관적 목록 이론은 건강을 객관적으로 좋은 것이라고 여길 것이다. 앞에서 살펴보았듯이 일정 금액으로 얻을 수 있는 건강 편익이 수혜자가 자기 자신인지 극빈층인지에 따라 천 배 이상 차이가 난다. 따라서 좋은 척도를 사용할 수 있는 두 가지 객관적으로 좋은 웰빙에 미치는 영향에 이러한 차이가 있음을 가정할 근거가 존재한다면, 객관적으로 좋은 다른 것들 역시 사용할 수 있는 척도가 있다면 비슷한 결론에 이를 것이라고 보는 것이 합당하다.

자선단체에 기부해 타인에게 제공할 수 있는 편익을 넘어서고 일정 소득 수준의 사람들만 접근할 수 있는 '더 높은' 것들—위대한 예술의 향유, 철학하기 등—이 존재한다고 믿는 사람들은 아마도 우리의 결론을 거부할 것이다. 그들에 따르면 소득의 일정 부분을 기부하는 것은 기부자가 더 높은 것들을 향유할 수 있는 능력을 줄일 것이고, 그 대가로 얻는 것은 타인이 더 낮은 것을 향유하는 것에 불과하다. 그러나 이런 반론은 문제가 되지 않는데 우리는 그렇게 과격하게 반평등주의적인 암시를 내포하고 있는 웰빙에 관한 견해를 지지할 사람은 없을 것이라고 믿기 때문이다.

두번째 반론은 **적응적 선호**, 즉 행위자에게 사용할 수 있는 선택지에 대한 제약들로만 형성되는 선호(Bruckner 2009)와 관련이 있다. 적응적 선호가 충족된다고 해서 사람의 삶이 더 나아지지는 않는다고 생각하는 사람이 있을지도 모른다. 예를 들어 어떤 노예는 끔찍한 상황에 대처할 최선의 방법으로 자신이 노예가 되기를 갈망할 수도 있다. 쾌락적 상태에 대해서도 비슷한 쟁점이 있을 수 있다. 설령 그 노예가 (노예가 되고 싶다는 갈망이 형성된 결과) 자신의 처지에 만족한다고 해도 우리는 그런 '적응적 경험'이 그의 삶을 좋게 만든다는 것을 직관적으로 부정하고 싶을지도 모른다.

누군가는 적응적 선호 현상이 우리가 해온 경험적 연구에 영향을 미친다고 우려할 수도 있다. 충분히 부유한 사람에게 재화를 더 많이 사는 것보다 더 적게 살 수 있음은 보고된 사람의 웰빙에 거의 영향을 미치지 않는다. 그러나 이것은 부분적으로 사람이 합리화와 자기확증을 통해 환경에 적응하기 때문이기도 하다(Wilson and Gilbert 2005).

하지만 우리는 이러한 반론이 문제가 되지 않을 타당한 이유가 있다고 믿는다. 첫째, 적응을 예측하지 못하는 것은 소득이 웰빙에 미치는 영향을 과대평가하는 이유의 일부만 설명한다. 심리학자들은 적응뿐 아니라 **초점의 오류(focusing illusion)** 역시 이유가 된다고 시사한다(Wilson and Gilbert 2005). 장애가 없는 사람에게 장애가 있는 삶이 어떨 것 같은지 생각해보라고 하면 응답자는 곧바로 장애라는 조건이 부정적인 영향을 미칠 삶의 측면을 떠올린다. 이런 고찰의 특별한 현저성은 장애가 있는 삶에 대한 그림에서 불균형적인 위치를 차지한다. 응답자는 개인적인 웰빙에 기여하면서 장애에 영향을 받지 않는 다른 많은 것들을 적절히 고려하지 못한다. 우리가 지금 생각하는 결과가 행복에 더 중요하다고 보는 것은 단지 그 순간 그것에 집중하기 때문이다.

둘째, 그렇게 반론하려면 단순히 사람들의 선호가 적응적일 뿐만 아니라 **논쟁적**일 정도로 적응적이라고 주장해야 한다. 예를 들어 오랫동안 만난 연인에게 이별을 통보한 당신은 그를 다른 시각에서 보게 될 수 있다. 그의 단점은 더 두드러질 수 있고, 긍정적인 특성은 덜 중요하게 보일 수 있다. 이것은 상실에 대처하는 자연스러운 과정이며, 누군가의 웰빙을 순수하게 평가하는 것과 관련이 있는 것으로 보인다. 다른 모든 조건이 동일할 때 이러한 심리학적 대처 기제가 없는 사람은 있는 사람보다 실연이 더 힘들 것이다.

셋째, 앞에서 언급했듯이 죽음의 위협 같은 보다 객관적인 웰빙 척도를 보면 자기 자신에게 제공하는 편익과 타인에게 제공하는 편익의 차이에서 훨씬 더 강력한 결론을 얻는다. 그러나 이러한 객관적 웰빙 척도는 적응적 선호에 의해 오염되지 않는다.

넷째, 가장 중요한 점은 적응적 선호 현상을 걱정할 것이라면 부유한 나라 사람들의 선호와 가난한 나라 사람들의 선호를 모두 걱정해야 한다는 것이다. 우리의 논증은 사람이 자기 자신에게 제공할 수 있는 편익과 타인에게 제공할 수 있는 편익 사이의 **비율**에 관한 것이기 때문이다. 우리가 부유한 나라에서 상대적으로 가난한 사람들이 자신의 웰빙을 적응적 선호 때문에 과대평가한다고 걱정한다면, 극빈층의 사람들이 자신의 웰빙을 적응적 선호 때문에 과대평가하는 것은 훨씬 더 많이 걱정해야 한다. 실제로 적응적 선호에 관한 문헌에서 가난하거나 억압받는 사람들의 적응적 선호는 웰빙 이론에 일반적으로 가장 논쟁적으로 포함되어왔다(Nussbaum

2001). 이것이 타당한 이유는 주어진 선택지에 가장 큰 제약을 받는 사람들이 극빈층이기 때문이다. 이 점을 고려할 때 적응적 선호의 충족이 사람의 웰빙에 기여함을 부인하면 우리의 주장은 더 강력해질 뿐이다.

결론

이 장에서 우리는 다음의 원칙을 고찰했다.

> **매우 약한 희생의 원칙**: 부유한 나라의 중산층 시민 대다수는 도덕적으로 타자의 삶을 효율적으로 개선하는 데 최소한 소득의 10퍼센트를 사용해야 한다.

우리는 피터 싱어가 제안한 두 가지 희생 원칙과는 달리 매우 약한 희생의 원칙은 지나치게 요구적이라고 할 만한 근거가 없다고 주장한다. 이 원칙은 웰빙을 매우 적게 감소시키거나 전혀 감소시키지 않으며, 일부 극빈층 사람들에게 막대한 편익을 제공할 것이기 때문이다.

| 7장 |

후기 : 정의와 자선 기부

폴 우드러프

우리에게는 필란트로피적이지 않은 자선 기부를 해야 할 윤리적 이유가 있다. 예를 들어 정의는 어떤 경우 필란트로피에 불리한 기부의 이유를 제공한다. 필란트로피 추론은 당신의 자원으로 가능한 최대의 선을 행하게 만들지 모르나, 정의는 그런 필란트로피에 노란불 또는 심지어 빨간불을 깜박일지도 모른다. 그러므로 정의가 자선 기부에 영향을 미치는 방식을 고찰하지 않고서는 필란트로피 윤리를 완전히 탐구할 수 없다. 이 장은 자선 기부에 영향을 미치는 넓은 의미의 정의에 속하는 고려사항들에 대한 개괄이다. 나의 목표는 정의 기반 추론이 자선 기부에 대한 결정에 관여함을 보여주는 것이다. 우리는 결코 필란트로피적 이유만을 고려해서는 안 되며, 정의가 우리에게 무엇을 요구하는지도 고려해야 한다. 어떤 경우에는 정의가 필란트로피보다 우세하다. 윤리는 복잡한 것이고, 어떤 추론도 그 자체로 모든 경우에 들어맞지는 않는다.

원상회복을 통한 정의

> 재화에 의존하는 선행을 이행할 수 있는 자원이 있다는 것은 대부분 특정 인간존재들이 정부의 부정의를 통해 덕을 본 결과로, 부의 불평등을 야기해 타자로 하여금 그들의 선행을 필요하게 만든다. 이런 상황에서 부유한 사람은 가난한 사람을 돕는 것이 칭송받을 만한 일이라고 너무 쉽게 스스로를 자랑스러워하는데, 이것이 정말로 선행이라고 불릴 자격이 있을까?(Kant [1797] 1996, [6:454] 203)[1]

칸트는 『윤리형이상학』에서 이같이 이야기했다. 그는 더 큰 이론으로 두 종류의 자선 기부를 구별한다. 선행의 의무는 넓은(또는 불완전한) 의무이다. 칸트가 말하는 '선행(beneficence)'이란 우리가 필란트로피적 행위라고 이야기하는 것을 의미한다. 우리는 필란트로피를 통해 무엇인가를 해야 하지만 토머스 E. 힐 주니어가 이 책에서 지적했듯이 누구에게 얼마나 기부할 것인지 선택함으로써 다양한 방식으로 필란트로피적 의무를 이행할 수 있다. 하지만 부정의하게 획득한 재화를 복구해야 하는 의무는 분명 좁은(또는 완전한) 의무일 것이다. 도둑은 훔친 물건을, 장물의 값어치만큼을 그것의 정당한 소유자에게 반드시 반환해야 한다. 이러한 원상회복의 의무는 칸트가 말하는 완전 의무에 해당하며, 누구에게 얼마만큼 반환해야 하는지를 분명하게 지시한다. 애초에 절도가 잘못이므로 원상회복에 도덕적 가치가 있는지 의문을 갖는 것도 무리는 아니다. 원상회복은 선행이나 필란트로피가 아니라 채무의 이행이다.

이에 관한 칸트의 주장은 옳은 것 같다. 엘리자베스 애슈퍼드는 이 책에서 제1세계의 부는 제3세계를 착취해 얻은 것이며, 따라서 제1세계는 제

3세계에 갚아야 할 빚이 있다고 설득력 있게 주장한다. 제1세계 국가 내부에서도 비슷한 부정의를 발견할 수 있다. 노동자나 소비자를 착취해 막대한 부를 축적한 가문은 착취당한 사람들이나 그들의 후손에게 빚을 지고 있는 것이다.

나는 이러한 착취 혐의가 사실이거나 사실로 밝혀졌을 때 어떤 원상회복이 요구되는지 판단할 보편적인 방식을 알고 있다고 주장하는 것이 아니다. 그러나 확실한 것은 이러한 원상회복 논증이 국내와 국외에서 벌어지는 모든 착취에 적용된다는 점이다. 일반적으로 모든 부정의한 경제적 구조는 원상회복의 요구를 초래할 수 있다. 내가 이야기하는 부정의한 구조란 누군가 다른 사람을 희생시켜 부를 축적할 수 있게 하는 모든 장치이다. 부정의한 구조에서 이익을 얻은 사람들은 자신의 부에 권리가 없다. 만약 그들이 착취당한 이들에게 부를 돌려준다면 그들은 사실상 훔친 물건을 원래 주인에게 돌려주는 것이다.

이 논증은 절도나 다른 형태의 부정의에만 적용되는 것이 아니다. 내가 길에서 분실물을 줍거나 다른 방식으로 다른 사람의 재물을 손에 넣었다면 나에게는 그것을 돌려줄 의무가 있다. 택시 뒷좌석에서 발견한 지갑을 자기가 가진다면 비난받을 것이다. 꼭 범법 행위를 저지르지 않더라도 물건을 원래 주인에게 되돌려줄 의무는 발생할 수 있다.

그러나 만약 당신이 범법 행위를 저질렀다면 원상회복 이상의 빚을 지게 될 수 있다. 당신이 저지른 잘못을 속죄하기 위해 당신이 취득한 것보다 더 많은 것을 넘겨줘야 할 수도 있다. 다시 말해서 이 경우 당신의 의무는 원상회복뿐만 아니라 **배상**—훔친 물건을 돌려주는 것 이외에도 피해자에게 폭력행위나 부정행위에 대한 보상—까지 해야 할지 모른다. 예를 들어 노예가 된 사람들의 노동을 착취한 조상에게 부를 물려받은 기관과 가문은 그 부에 권리가 없다고 생각하는 사람들이 많다. 그 노동은 노예가 된 사람들에게 폭력을 사용해 훔친 것이며, 그런 절도 행위에 대한 원상회복이 마땅히 이루어져야 한다는 것이다. 이와 더불어 그런 노동 탈취 행위를 가능하게 한 폭력과 부정의를 속죄하기 위해 무엇인가를 해야 마땅하다. 이 같은 가문들은 노예나 그들의 후손들에게 배상을 해야 한다. 덜 확실한 것들도 있겠지만 원칙은 분명하다. 폭력으로 부를 갈취한 사람들은 그 부에 대한 권리가 없으며, 갈취당한 사람들에게 반드시 배상해야 한다.[2]

지금부터는 우리에게 원상회복이나 배상의 의무 외에도 많은 정의의 의무가 있다고 주장할 것이다. 이러한 모든 정의의 의무는 어느 정도 좁은 의무이며, 이 점에서 정의의 의무와 필란트로피가 구별된다. 앞에서 언급한 도둑이 훔친 물건을 원래 주인에게 돌려주지 않고 옥스팜에 기부하는 것이 더 많은 선을 행할 수도 있다. 하지만 물건 주인은 그것을 자신에게 돌려줘야 한다고 주장할 것이고 이는 옳다. 이러한 정의의 의무는 (일반적인 의무인 필란트로피와는 달리) 반드시 행위 공리주의의 범위 밖에 있어야 한다. 최고의 결과를 위해 정의가 요구하는 것과 다른 행위를 하는 것은 옳지 않다.

칸트의 구분방식이 유용한데, 필란트로피의 의무는 광범위하거나 불완전한 의무인 반면, 정의의 의무는 어느 정도 좁거나 완전한 의무이다.[3] 필란트로피 의무는 다양한 방식으로 수행할 수 있으며 수혜자를 자유롭게 선택할 수 있다. 그리고 그 선택이 어떤 것이든 당신은 필란트로피스트로 남는다. 그러나 원상회복의 의무는 특수하다. 수혜자는 당신이 부를 축적한 결과로 부를 잃은 사람이어야 한다. 그런 수혜자가 아닌 다른 곳에 베푸는 행위는 그로 인해 더 큰 선을 행했다고 하더라도 정의의 실패에 해당한다.

필란트로피 행위와 정의의 행위는 칸트가 말하는 완전성에서 그리고 도덕적 가치에서도 다르다. 필란트로피는 그 자체로 칭송받을 만하지만 부정의로 이익을 얻는 것을 거부하는 데에는 특별히 칭송할 부분이 없다. 단지 부정의를 통해 이익을 얻기로 한 이들에게서 칭송거리가 사라질 뿐이다. 우리는 도둑이 아닌 사람을 도둑이 아니라는 이유로 칭찬하지 않는다. 마음을 바꿔 훔친 물건을 돌려준 도둑을 칭찬해야 할까? 마음을 바꾼 것은 좋지만 도둑의 마음이 바뀌었든 바뀌지 않았든 그 물건은 주인에게 돌려주어야만 하는 것이다.

때로는 권리가 없는 부를 돌려주는 사람들도 비난받을 이유가 있다. 내가 당신의 연금을 대신 투자하면서 과도한 수수료를 받아 당신의 돈을 착복하고 있다고 가정하자. 내가 착복한 돈의 일부나 전부를 당신에게 돌려준다고 해도 나는 여전히 도둑이다. 그리고 그 돈을 당신의 연금으로 다시 돌려준다고 해도 이는 칭송할 만한 행위가 아니다. 심지어 내가 훔친 돈을 돌려준 것이 칭송받을 만하다면서 우쭐해진다면, 더구나 그런 반환 행위로 습관적인 착복을 정당화하려고 한다면 칭송은커녕 비난받아 마땅하다. 따라서 부정의한 사회의 부자는 원상회복의 실행 때문이 아니라 부를 축적할 수 있게 한 부정의를 시정하는 원상회복을 할 때의 **태도** 때문에 스스로를 더 비난받을 만하게 만들 수도 있다.

구조적 부정의

자선 기부가 구조적 부정의를 보호하는 데는 두 가지 방식이 있다. 첫째, 앞에서 언급했듯이 기부자들이 자신들이 행하는 부정의에 대해 기만적으로 우쭐한 기분을 느끼게 하는 것이다. 그들은 "우리는 정말 너그러워!"라고 말하면서 계속 부정의하게 다른 사람들을 착취한다. 연금을 착복하는 내가 그 부당한 이익금으로 고객에게 선물을 하면서 계속 부당한 수수료를 받는다고 가정해보자. 이런 나눔 행위는 나의 양심을 달래주고 심지어 고객들은 내가 잘 대해준다고 느낄 수도 있다. 이 경우 나의 나눔은 지속적인 부정의를 감추고 보호한다.[4]

이어 주요 주제인 두번째 방식은 실제로 인정이 많지만 구조적 변화의 필요성을 숨기는 경향이 있는 나눔을 실행하는 기부자들과 관련이 있다. 이 경우 자선 기부는 구조적 부정의의 징후를 숨김으로써 부정의의 지속을 허용할 수 있다. 구조적으로 부정의한 사회에서 자선 기부는 구조적 부정의를 영속시켜 부정의를 강화한다고 볼 수도 있다. 당신은 적선을 해서(그리하여 부정의한 체제가 다소 인간적으로 보이게 하면서) 굶주리는 사람들을 구할 수도 있지만, 부정의한 체제를 강화하는 그 어떤 것도 행하지 않으면서 당신의 자원을 더 정의로운 구조를 추구하는 데 사용한다면 정의 실현에 더 도움이 될 수 있다.

만약 내가 굶주리는 사람들에게 음식을 제공하는 단체에 100달러를 기부한다면 나는 많은 생명을 구하는 동시에 혁명을 일으켰을 수도 있는 분노를 잠재울 수 있다. 이 경우 나는 본의 아니게 부정의한 통치자들이 굶주림을 야기하는 여러 조건을 유지하게 돕고 있는 것이다. 적선은 정의로운 혁명으로 이어질지도 모르는 고통을 사람들이 느끼지 않게 만들 수 있다. 한편 나는 같은 금액을 국제앰네스티(Amnesty International)나 정의를 추구하는 다른 단체에 기부할 수 있고, 이는 장기적인 관점에서 더 큰 선을 행할 수도 있다. 같은 예로 어느 의료팀이 환자의 증상을 너무 잘 다스린 나머지 환자가 병을 완치시키려고 애쓰지 않아 오히려 더 빨리 사망하게 되는 결과를 초래할 수도 있다.

증상을 완화하는 것이 최대의 선을 가져오지 않을 수도 있다. 어느 공리주의자는 비용과 편익의 정확한 계산으로 인해 정의에 기반한 논증과 같은 결론을 내릴 수도 있다. 그 논증이 위와 같은 나눔의 장기적 대가가 단기적 편익의 빛을 잃게 한다는 것을 발견한다면 말이다. 그러나 정의의 옹호자들은 여전히 이런 계산과 무관하게 부정의를 강화하는 행위를 해서는 안 된다고 주장할 수 있다. 정의는 한 가지 이유로 이런 경우 필란트로피에 반대한다.[5] "그것이 세상을 파괴한다고 해도 정의가 행해지게 하자(Fiat Justitia, pereat mundus)"와 같은 극단적인 모토에 반드시 동의할 필요는 없다. 그럼에도 불구하고 우리는 더 큰 번영이라는 결과가 더 정의롭지 않다면 더 번영하는 질서보다 정의로운 질서를 선호할 수도 있다.

공정한 몫: 편익의 대가 지불

나는 거의 모든 대출금을 은행이 아니라 옥스팜에 송금하면 더 큰 선행을 할 수 있게 될 것이다. 그럼에도 정의에 따르면 내가 송금해야 할 곳은 은행이다. 우리 모두는 이런 공식적인 채무뿐만 아니라 다양한 비공식적인 채무를 가지고 있으며, 우리는 자선 기부에 대한 윤리적인 결정을 내릴 때 이것을 반드시 고려해야 한다.

당신이 학비 전액을 내지 않아도 되는 프린스턴대학의 교육을 통해 혜택을 받았다고 가정해보자. 당신의 학비 대부분은 기금과 기부금에서 충당되었다. 당신은 운이 좋았다. 재학 당시 당신은 학비 전액을 감당할 수 없었지만 이제는 부자가 되어 모교에 상당한 금액을 기부할 수 있는 여유가 생겼다. 당신은 과거에 다 내지 못한 비용만큼 (윤리적으로) 프린스턴대학에 빚이 있는가? 아니면 정의는 앞으로 최대한 많은 청년이 당신처럼 혜택을 볼 수 있도록 당신이 낼 수 있는 최대한의 금액을 기부해야 한다고 요구할까? 혹은 만약 프린스턴대학의 재정이 넉넉해서 당신의 기부금이 필요 없다면 당신은 재정이 부족한 다른 학교에 기부해야 할 의무가 있는가? 이런 질문들이 열린 질문이라면—그렇게 보인다—당신이 교육에 공정한 몫을 지불해야 할 의무는 완전히 좁은 의무는 아니다. 하지만 넓은 의무도 아니다. 이 의무는 교육에 대한 좁은 범위인데, 당신이 빚을 진 곳이 교육이기 때문이다.[6] 당신이 말라리아 퇴치에 힘쓰는 단체에 기부하면—필란트로피 의무는 수행하는 것이겠지만—그 빚은 갚지 않는 것이 된다.

대부분의 선진국에서 우리는 전체 비용을 지불하라고 요구받지 않는 편익을 누린다. 미술관의 입장료만으로는 미술관 운영을 지속할 수 없다. 내가 산 실내악 연주회 티켓 값은 연주회 비용을 충당하기 위한 내 몫의 절반도 되지 않을지 모른다. 나머지는 후원자들이 지불한다. 받은 편익에 대한 보답으로 나는 나에게 그럴 능력이 있다면 그 편익의 비용을 지불할 의무가 있는가?

존 롤스(John Rawls 1971, 343)는 이러한 공정한 몫에 대한 논증의 원칙을 다음과 같이 분명히 했다. "우리는 각자의 공정한 몫을 행하지 않으면서 다른 사람의 협력에서 이익을 취해서는 안 된다."[7] 이러한 시민의 즐길거리는 공동체 구성원들이 저렴한 비용으로 이용할 수 있게 설계된다. 많은 사람들이 누릴 수 있게 하기 위해서이다. 그렇다면 당신에게는 그 비용의 공정한 몫을 지불할 도덕적 책무가 있다. 그렇지 않으면 무임승차자가 될 것이다. 무엇이 공정한 몫일까? 이는 분명 당신의 욕구가 충족된 뒤 사용 가능한 자원과 당신의 더 급박한 책무의 함수일 것이다. 어쩌면 당신은 제3세계의 기아와 질병을 예방해야 한다는 필란트로피 의무가 너무 커서 미술관이나 연주회에 기부할 여력이 충분히 남아 있지 않을 수도 있다. 그럴 수 있다. 하지만 당신의 계산에는 공정한 몫에 대한 논증이 꼭 어느 정도 반영되어야 한다. 효율적 이타주의가 당신이 누리는 예술과 교육에 기부해야 하는 책무를 능가할 수도 있지만 그럼에도 불구하고 이러한 책무는 실재하고 다른 의무와 함께 신중히 고려되어야 한다.

당신은 이러한 책무를 피할 수도 있다. 예술을 즐기는 것을 포기하는 선택지도 있고, 기부금을 사용하지 않고 스스로의 힘으로 공부하겠다고 결심할 수도 있기 때문이다. 그러나 모든 조직화된 공동체에는 당신이 포기할 수 없는 몇 가지 편익이 있다. 기회는 당신이 그것을 최대한 활용하든 활용하지 않든 편익이다. 당신이 살고 있는 지역에 공원이 있다면 당신은 공원을 이용할 기회가 있고, 따라서 설령 그 기회를 활용하지 않더라도 당신은 공원을 유지하는 데 빚이 있다. 이러한 책무는 당신의 지방세 청구서에서 찾아볼 수 있다.

그리고 지역의 비영리단체에서 제공하는 안전망이 있다. 일례로 당신과 당신의 가족이 갑자기 형편이 어려워지면 음식을 제공해줄 푸드뱅크를 보자. 당신은 결코 푸드뱅크가 필요하지 않을 수도 있지만 만약 필요해진다면 푸드뱅크는 당신을 위해 그곳에 있을 것이고, 어쩌면 당신은 모르지만 당신의 가까운 지인이 푸드뱅크에 의지하고 있을지도 모른다. 안전망의 존재는 편익이며, 당신은 당신이 안전망을 이용할 확률과는 상관없이 그것의 유지에 공정한 몫을 빚지고 있다. 이 원칙은 보험에 적용되어 있다. 당신의 집에 불이 나지 않아도 당신의 화재보험은 여전히 보험금을 낼 가치가 있다.

로버트 노직(Robert Nozick 1974, 93-94)은 공정한 몫에 대한 논증에 반론을 제기했다. 설령 누려왔고 포기할 수 없는 편익이라고 해도 (그는 방송

시스템을 예로 들었다) 그 편익을 지속시키기 위해 자기 몫을 다할 의무는 없다는 것이다. 그는 자기 몫의 비용이 해당 서비스에서 얻는 편익보다 크다면 자신이 원하는 방식으로 자신의 자원을 사용할 권리가 있다고 주장한다. 필란트로피 세계의 무임승차자는 표를 사지 않고 교통수단을 이용하는 지하철 승객과는 다르다. 로버트 노직은 필란트로피사업에 참여하는 것을 거부하는 사람들에 대해서 다음과 같이 썼다. "그들은 무임승차자가 되려는 것이 아니다. 승차 자체에 아예 관심이 없는 것이다"(267). 이 반론은 지금부터 설명할 미국 해병대의 사례에서처럼 자발적으로 참여한 관행에 근거한 호혜성 논증에 대항할 수 없다. 이런 관행에 참여하는 것은 지하철 타기와 비슷하다. 그러나 로버트 노직의 반론은 우리가 존 롤스의 주장을 약하게 받아들여야 함을 보여준다. 나는 다음과 같이 말하는 쪽을 선호한다. 당신은 누린 편익에 대해 공정한 몫을 지불할 이유가 있지만 이러한 이유가 언제나 다른 고려사항보다 우세하지 않을 수도 있다.

우리의 공정한 몫에 대한 책무는 대부분 지역적이고, 따라서 수많은 필란트로피스트들은 자신의 지역적 책무를 잘 인식하고 있다. 이것은 기부의 다수가 지역적 대의명분을 따르는 이유를 설명해줄 수 있다.[8] 내가 옳다면 이러한 기부는 엄밀히 말해서 필란트로피적인 것이 아니라 정의의 책무를 다하는 공정한 몫의 기부이다. 그러나 대부분의 정의의 책무와 달리 공정한 몫의 책무는 완전히 좁은 의무는 아니다. 예를 들어 연주회에 가는 사람은 어느 연주회를 어느 정도로 후원할지 결정할 수 있다. 대학 졸업자는 정확히 얼마를 어디에 기부하라고 규정된 의무가 없다. 분명한 것은 받은 것에 대한 보답으로 교육을 위해 무언가를 나누어야 한다는 것뿐이다. 효율적 이타주의 같은 필란트로피 의무는 공정한 몫의 책무와 경쟁하지만 효율적 이타주의가 언제나 공정한 몫에 대한 논증보다 우세하는지는 분명하지 않다.

공정한 몫: 호혜성과 구조

당신을 보호하는 안전망을 지지해야 할 의무 이외에도 더 적극적인 의무가 있다. 어려움에 처한 사람을 구할 의무이다. 두 가지 의무 모두 더 일반적인 상호부조의 의무에 속한다고 이해할 수 있다. 상호부조의 의무는 (내가 보기에는) 폭넓게 해석된 정의의 범위에 속하지만 존 롤스는 정의가 아니라 자연적 의무의 범주에 포함시킨다. 그는 이 원칙의 가치를 다음과 같이 설명하고 있다.

> 이 의무를 채택할 충분한 근거는 그것이 일상생활의 질에 널리 미치는 영향이다. 우리가 어려움에 처했을 때 타인의 도움에 의지할 수 있는 사회에 살고 있다는 공유된 지식은 그 자체로 대단한 가치가 있다. …… 이 원칙의 주된 가치는 우리가 실제로 받는 도움에 의해서가 아니라 다른 사람들의 선한 의도에 대한 확신과 신뢰의 감각, 그리고 우리가 필요할 때 그들이 그곳에 있다고 알고 있는 것에 의해 측정된다(1971, 339; 1999, 298).

마지막 구절이 중요하다. "우리가 필요할 때 그들이 그곳에 있다고 알고 있는 것." 이것이 상호부조의 의무를 대체로 지역적인 것으로 만드는 것 같은데, 왜냐하면 우리는 현실적으로 도와줄 타인의 존재가 특정한 범위나 공동체에서만 가능하다는 것을 알고 있기 때문이다(다음 글에서 나는 이 의무의 범위가 어떻게 지역을 초월할 수도 있는지 논할 것이다). 언젠가 당신을 구해줄 수도 있을 사람을 당신이 구할 때 당신은 자신이 상호부조를 실행했다고 생각할 수도 있다. 그러나 수표를 써서 머나먼 가난한 나라의 모르는 사람을 구할 때는 이 같은 생각을 할 수 없다. 이때는 구제받은 사람이 당신을 구해줄 입장이 될 수도 있다는 상상은 할 필요가 없다(상상 속의 당신은 충분히 부유해서 그렇게 할 수도 있지만). 이런 경우 당신은 자신을 움직이는 의무가 무엇이든 상호적인 것이 아니라 필란트로피적인 것으로 이해할 가능성이 높다.

그러나 상호부조의 의무는 대체로 지역적이고 종종 특수한 관행이나 직종에 결부되어 있다. 해병대원은 어려움에 처한 동료 대원을 구할 의무가 있다. 이 의무는 바다에서의 관습에 깊이 뿌리를 두고 있으며, 다음과 같은 의미에서 좁은 의무이다. 당신이 반드시 구해야 하는 것은 정확히 말해서 당신이 안전하게 도달할 수 있는 동료 선원이다. 당신의 배가 난파되지 않는다면 조난 신호를 보았을 때 반드시 어려움에 처한 배 쪽으로 방향을 틀어야 한다. 조난당한 선원 역시 반대의 경우 당신에게 똑같이 할 것이다. 자기 몫의 구조 작업을 하지 않으면서 이 관습이 주는 안전을 누리는 사람은 무임승차자이다.[9]

미국 해병대 훈련병들은 자신의 목숨을 걸고서라도 다른 해병을 구할 의무가 있다고 배운다. 나는 해병대 퇴역군인들이 타당한 이유로 다른 해병들이 정말로 자신들을 위해 목숨을 내놓을 것으로 믿는다고 말하는 것을 들은 적이 있다. 그들은 그것이 자신들에게 위험한 임무를 수행할 수 있는 자신감을 준다는 것을 알고 있었다. 자신은 구조 작업을 하지 않을 것이라는 생각으로 미국 해병대에 입대하는 것은 무임승차일 것이다. 위험한 구조 작업을 한 군인들은 왜 그런 위험을 감수했느냐는 질문에 종종 이렇게 대답한다. "그 사람들도 나를 위해 똑같이 했을 것이기 때문입니다."

미국 해병대의 구조 작업과 관련한 의무는 피터 싱어(1972)의 강한 원칙[10]이 부여하는 의무보다 더 강한 것이라는 데 주목해야 한다. 미국 해병대에 입대한 사람에게는 최상의 결과가 예상되지 않더라도 목숨을 걸고 동료 해병대를 구해야 할 의무가 주어진다. 비용과 편익의 계산을 통해 부상당한 해병대를 구하지 않는 것이 낫다고, 흉포한 적이 그를 고문하고 죽이게 놓아두는 것이 전체를 위해 더 낫다는 결과가 예측되는 상황을 상상해보자. 이런 경우에도 미국 해병대의 구조 의무는 사라지지 않는다. 왜냐하면 해병들은 입장이 바뀌었을 경우 상대도 자신을 구하려고 애쓸 것임을 알기 때문이다. 이와 유사하게 강한 원칙이 소방관 등 구조가 직업인 사람들에게도 적용될 수 있다. 하지만 이 원칙은 미국 해병대와 선원들의 의무처럼 상호부조에 근거하지는 않는다.

상호부조의 모든 관습의 기저에 있는 것은 정의와 관련된 더 큰 원칙, 즉 호혜성이다.

호혜성: 내가 특정 관행에 자발적으로 동참하고 그로 인해 보호받는다면 나에게는 그 관행의 다른 참여자들을 비슷하게 보호할 책무가 있다.

당신의 구조 의무는 당신을 구해줄 수 있는 사람들에 대한 호혜성의 범위에만 국한되는 것처럼 보일 것이다. 그렇지만 호혜성에서 파생한 습관은 관행 밖에 있는 사람들에게까지 편익을 줄 수 있다. 미국 해병들은 한국의 압록강에서 패배한 후 훈련받은 대로 목숨을 걸고 서로를 구했다. 하지만 그들은 그러한 위험을 감수하는 훈련을 받지 않은, 아마도 해병이 위험에 처했어도 구하려고 하지 않았을 다른 군 관계자들까지 구조했다.

위험에 처한 사람을 구하는 이유는 다양할 수 있다. 관습에 기초한 호혜성은 이러한 사례에 적용되는 유일한 원칙이 아니다. 호혜성 원칙은 칸트주의적·덕윤리적·공리주의적인 이유를 배제하지 않지만, 특정 관행에 기반할 경우 그 어떤 일반적인 윤리 이론에서보다 더 강력하다. 호혜성 원칙의 힘은 대체로 윤리 이론이 의존하지 않는 편파성에 의존한다.

필란트로피적 이유는 호혜성의 이유보다 약하다. 육지 사람들도 선원들을 위한 구호 기금에 기부하는 방식으로 필란트로피의 의무를 이행할 수 있으며, 그 의무는 선원들이 아무리 멀리 떨어져 있어도 동일하다. 그러나 수표를 쓰는 것에는 위험이 거의 없다. 선원들도 조난당한 선원을 위한 필란트로피 기금에 기부할 수 있지만, 그들에게는 추가적인 의무이자 더 강력한 바다에서의 관습에 기반한 의무가 있다. 모든 선원이 편익을 얻는 특정적 관습의 관점에서 선원들이 서로에게 지는 호혜성의 의무는 가까이 있는 조난자들에게만 특정적이다. 또 하나의 차이점은 특정적 관행과 결부된 구조 의무는 대체로 일반적인 필란트로피 의무보다 요구적이다. 타인을 위해 목숨을 걸어야 할 의무를 갖게 될 수도 있다.

해병대 훈련과 선원의 관습은 사람들이 호혜성을 초월하는 구조에 대한 태도를 기르는 데 도움이 되는 것으로 보인다. 우리는 해병대 퇴역군인들이나 은퇴한 선원들이 다른 사람들보다 '착한 사마리아인'일 가능성이 더 크다는 사실을 발견할 수도 있다. 만약 그렇다면 그들은 호혜성 관습이나 심지어 더 일반적인 상호부조 원칙의 제약을 받지 않기 때문에 더 선한 사람들이다. "그들은 미국 해병대이고 나를 위해서도 똑같이 할 것이기 때문에"는 "그들은 동료 인간이고 인간은 천성에 의해 서로 도우려는 마음이 생기기 때문에"로 발전할 수 있다. 존 롤스는 상호부조를 자연적 의무로 명명하면서 내심 그렇게 생각했을지도 모른다. 이러한 생각은 우리를 관습을 초월한, 심지어 공동체라는 한계를 초월한 곳으로 이끌 수 있다. 모든 인간이 상호부조자로 태어난다고 믿는 한 보편적 관습으로서 상호부조의 가능성을 믿을 필요는 없다.

호혜성 관습을 넘어서

구조 의무는 몇 가지 방식으로 이해할 수 있다. 대부분의 사람들은 우물에 빠진 아이가 구해달라고 할 때 지나가던 어느 누구라도 지나친 위험이나 대가 없이 구조할 수 있다면 아이를 구해줘야 한다고 생각한다.[11] 이 '해야 한다'는 어디에서 오는 것일까? 호혜성이 (적어도 명백하지 않게) 수반되지 않는 경우 구조해야 할 타당한 이유를 제공하지 않는 도덕 이론은 결함이 있을 것이다. 피터 싱어는 자신의 강한 원칙을 뒷받침하기 위해 이런 아이의 예시를 이용하고 있다. 그의 논증은 대체로 공리주의적인 것으로 보인다.[12]

직관론자들은 이러한 상황에서 구조에 찬성하는 직관을 어렵지 않게 소환해낸다. 맹자는 우물에 빠진 아이의 예시를 정상적인 인간이라면 누구나 최소한 자애의 덕의 싹을 가지고 태어난다는 것을 보여주기 위한 사고실험으로 사용했다. 자애는 우리가 지나가던 사람이라면 그 아이를 구해야 한다고 느낄 때 스스로를 드러낸다. 이러한 감정을 인식하면서 우리는 그동안 내면에 감추고 있었을지도 모르는 존재를 "누설한다"(Ivanhoe 2000, 19).

지나가는 사람이 우물 속 아이를 구해야 할 이유가 얼마나 선한지와 무관하게 이러한 이유들이 지구 반대편에 있는 수십만 명의 아이들을 구조하는 데 적용되면 직관적으로 더 약해 보인다. 이것은 이해할 수 없다. 큰 숫자가 어떤 차이를 만들어내는 것일까 아니면 먼 거리 때문일까? 기술은 이미 거리를 정복했다. 우리는 이제 먼 곳의 고통과 사실상 대면할 수 있으며, 수많은 사람을 구하기 위해 기금을 모을 수도 있다. 만약 가까운 곳의 아이 한 명을 외면함으로써 먼 곳의 아이 수십 명을 구하고 더 큰 선을 이룰 수 있다면 아마도 우리는 그렇게 할 것이다. 먼 곳의 아이들을 구하는 비용이 훨씬 적다면 가까운 곳의 아이 한 명을 외면하고 그들에게 도움의 손길을 보내 더 많은 선을 행할 것이다.

대부분의 윤리 이론은 윤리적 이유가 비편파적이어야 한다고 본다. 칸트주의자들과 공리주의자들도 이것에 동의할 것이다. 먼 곳의 우물에 빠진 아이들과 대조되는 가까운 곳의 우물에 빠진 아이에 대한 비편파성은 (이런 이론들에서) 비합리적이고 잘못된 것이다. 하지만 대부분의 자선 기부는 지역에 대한 편파성에 영향을 받는다. 이 경우 지역 기부자들은 비합리적일까?

지금까지 우리는 공정한 몫에 대한 논증이 지역 기부를 합리적으로 어느 정도 지지하고, 원상회복 논증은 우리 때문에 착취당한 이들—그들이 가까이 있든 멀리 있든 간에—에 대한 기부를 지지한다는 것을 살펴보았다. 이제 나는 호혜성 원칙이 모든 인간에게 그리고 인간을 넘어 공감능력과 지각이 있는 다른 생물에게까지 확장될 수 있는 가능성을 탐험하고 싶다.

우물에 빠진 아이의 예에서 볼 수 있듯이 인간이 공감과 비슷한 무언가를 위한 능력을 가지고 태어난다는 맹자의 생각은 옳은 것처럼 보인다. 맹자가 옳다면 나는 멀리 다른 문화권의 사람들이 위험에 처한 내 손자와 손녀를 구해줄 것이라는 합리적인 기대를 할 수 있다. 가능성은 없지만 상상할 수 없는 일은 아니다. 이러한 점을 마음에 새기면 나는 호혜성의 측면에서 국제 구호에 참여하려는 나의 노력을 긍정적으로 상상할 수 있을 것이다. 이 호혜성은 선원이나 미국 해병대의 관행 같은 특정적 관습이 아니라 우리의 공통된 인간성에, 즉 우리의 인간적 행위 실행에 기반하고 있을 것이다.[13]

더 읽어보기

기부 윤리와 관련된 저작이 쏟아져나오고 있다. 여기에서는 중요한 최근의 저작만 소개하고자 한다.

1972년 피터 싱어는 「기근, 풍요, 도덕Famine, Affluence, and Morality」을 집필해 필란트로피에 대한 현재의 철학적 논의를 촉발시켰으며, 그후 『물에 빠진 아이 구하기*The Life You Can Save*』(2010)를 출간했다. 『당신이 행할 수 있는 최대의 선*The Most Good You Can Do*』(2015)에서는 효율적 이타주의를 주장했다. 같은 해 윌리엄 매캐스킬은 『냉정한 이타주의자*Doing Good Better*』에서 효율적 이타주의를 더욱 심도 있게 옹호했다. 퍼트리샤 일링워스(Patricia Illingworth), 토머스 포기(Thomas Pogge), 레이프 위나(Leif Wenar)가 엮은 『기빙웰-잘 받고 잘 주는 나눔의 윤리*Giving Well: The Ethics of Philanthropy*』(2010)는 이 주제에 대해 철학자들이 쓴 글을 엮은 괜찮은 신간이다. 주디스 리히텐베르크(Judith Lichtenberg)는 『먼 곳의 낯선 사람들-윤리학, 심리학, 글로벌 빈곤*Distant Strangers: Ethics, Psychology, and Global Poverty*』(2014)에서 필란트로피의 심리학적 동기를 모색한다. 줄리 살라몬

(Julie Salamon)의 『람밤의 사다리–관대함에 대한 명상과 기부해야 하는 이유*Rambam's Ladder: A Meditation on Generosity and Why It Is Necessary to Give*』(2003)는 널리 읽힐 가치가 있다. 칼 진스마이스터(Karl Zinsmeister)의 『다음 순서는? 정치적 좌절의 시기에 사적 기부자들이 미국을 구할 수 있는 방법*What Comes Next? How Private Givers Can Rescue America in an Era of Political Frustration*』(2016)은 역사적 관점에서 필란트로피의 가치를 논한다. 이들 저작에 관한 추가 정보는 7장의 참고문헌에 실었다.

감사의 말

이 글들은 이 책에 싣기 위해 작성되었으며, 대부분은 존 데이(John Deigh)와 조너선 댄시(Jonathan Dancy), 폴 우드러프(Paul Woodruff)가 주최한 학회에서 발표되었다. 본 학회는 로열 프로페서십 인 에식스 앤드 아메리칸 소사이어티(Royal Professorship in Ethics and American Society)와 필란트로피 담론 활성화에 헌신하는 원스 어폰 어 타임 파운데이션(Once Upon a Time Foundation)의 후원을 받았다. 우리 모두는 본 프로젝트로 이어진 논의들을 촉발한 대학 강의 프로그램인 필란트로피 랩(Philanthropy Lab)의 창설자이자 원스 어폰 어 타임 파운데이션의 후원자인 제프리 레이너(Geoffrey Raynor)에게 감사한다.

나는 조언과 편집에 대해 제안을 해준 존 데이와 조너선 댄시에게 감사한다. 또한 옥스퍼드대학출판부의 이름 모를 독자들의 도움도 받았다. 포맷과 내용에 관한 판단에 도움을 준 나의 보조 편집인 J. 드레이크(J. Drake)에게 가장 많은 도움을 받았다.

주

1장 필란트로피 기부의 의무와 선택 - 칸트주의적 관점

1. Kant (2003), *Groundwork for the Metaphysics of Morals* (이하 *G*로 약칭), 214-218 [4:413-417]. 각 괄호 안의 숫자는 프로이센 왕립학술원판(Prussian Academy edition) 칸트 전집의 권수와 쪽수이다.
2. 칸트의 정식, 특히 선행과 관련된 상이한 해석들을 Hill 2012, 35-70에서 기술했다.
3. 예외적으로 목적의 왕국의 '원수(head)'는 인간의 욕구와 결함이 없으므로 법에 **구속되는** 것이 아니라 필연적으로 법에 따른다. 이것은 형식적으로 주권(저자, 법률에 구속되지 않음)의 전통적 특징을 공유하는 신 또는 '신성한 의지(holy will)'를 지시하지만 다른 합리적·자율적 입법자들과 같은 법을 필연적으로 바라며, 따라서 법의 **제약**을 받거나 그에 대한 **책무가** 있다고 하지 않는다(*G* 234 [4:433-434]).
4. 자신의 개인적 목적에 대한 합리적인 관심은 **그것이 모두가 승인할 수 있는 근본적인 원칙과 양립할 수 있는 한** 자격요건(qualification)의 영향을 받는다. 칸트의 목적의 왕국 정식에서 파생된 도덕적 관점은 내가 요약하면서 설명한 것과 같이 비유를 사용하게 되어 있다. 칸트가 이야기했듯이 도덕 원칙을 "감정에 더 가깝게", "직관에 더 근접하게" 가져오기 위해서이다(*G* 237 [4:436]).
5. 이 추정상의 이점들은 나의 예전 글 "The Kingdom of Ends"(Hill 1972)에 나온다.
6. Kant (1996), *The Metaphysics of Morals*, 이하 *MM*으로 약칭.
7. 마샤 배런이 강조하듯이 다양한 불완전한 의무들의 허용 범위는 매우 다를 수 있다. 이 점을 고려하면 타자의 행복을 추구하고 스스로의 정신과 신체를 계발하라는 불완전한 의무와 도덕적 덕을 함양하라는 불완전한 의무는 서로 다르다.
8. 데이비드 커미스키와 마샤 배런에 대해서는 Hill 2002에서 논했다.
9. 공정하게 말하자면 나는 데이비드 커미스키가 내 초기 논문(Hill 1971)에 대해 이야기하고 있다고 언급해야 한다. 그 논문에서는 이 글에서와 달리 칸트의 입장을 설명하지 않았다. 나는 그 논문이 데이비드 커미스키의 반론의 대상이 될 만한 글이라고 생각하지 않지만, 그는 다르게 생각했을 수도 있음을 이해한다.
10. 상호부조의 원칙은 어째서 곤경에 처한 이를 돕기 위해 종종 큰 희생을 치러야 하

는지를 설명하기에는 부족할 수도 있다. 태만한 수영선수의 예에서처럼 곤경에 처한 이를 구할 수 있는 다른 사람이 없는 특별한 비상 상황에서는 인간의 존엄성에 관한 칸트주의적 관념에 내포된 가치들이 상당한 대가를 치르더라도 도와주라고 요구할 수도 있다.

11. Hill 1999에서 마이클 슬로트의 반론에 대해 논했다.
12. 여기서 행복이라는 개념은 대략 칸트가 *G* 216-220 [4:415-419]에서 설명한 것이지만, 다른 구절들에서 행복은 오래가는 만족감으로 여겨진다. 예를 들어 *G* 195 [4:393]을 보라.
13. 이 문제들에 관한 마샤 배런의 입장은 Baron 1995, 2015; Baron and Seymour Fahmy 2009에 제시되어 있다.

2장 덕윤리, 두터운 개념, 선행의 역설

1. Philippa Foot 1985, 198에 나오는 표현이다.
2. 여기서 내가 구체적으로 '도덕적' 이유에 관해 덕윤리에서 유래하지 않은 개념에 대해 이야기하고 있지 않음을 밝히는 것은 중요하다. 이 개념은 분석적인 전통에서 매우 좁은 개념일 뿐만 아니라 실천적 영역 내의 분류 범주로서도 논란의 여지가 많다. 이 쟁점에 대해서는 Swanton 2014 참조.
3. 이러한 관점이 두터운 것이 얇은 것보다 선험적임을 함축하지는 않는 것에 유의하라. "구체적 개념과 일반적 개념은 상호의존적일 수 있다"(Hurley 1989, 14).
4. *Aristoteles Metaphysics IX*를 인용한 것으로, 출처는 Golob, *Heidegger on Concepts*, 82. Heidegger 1982, 205ff도 참조. Gadamer 1989, 412의 다음 부분과 비교해보자. "따라서 그 상관적인 배치인 로고스는 말과 사물의 대응을 훨씬 뛰어넘는 것이다. …… 로고스에 담긴 진실은 단지 지각의(노에인의) 진실이 아니고, 그저 존재가 나타나게 하는 것도 아니다. 그것은 항상 존재를 관계 안에 두고 존재에 무엇인가를 부여한다."
5. Heidegger, *Logik: Die Frage nach der Wahrheit*(1976), 153을 인용한 것으로, 출처는 Golob 2014, 72. 앞의 책의 'a as b' 구조에 관한 훌륭한 논의 및 'a as b'는 "미완의 또는 불명확한 명제적 내지는 판단적 지향성과 동일시될" 수 없다는 주장은 Golob 참조.
6. '4중 단일체 개방성'의 면면은 이해를 위해 분리해 기술할 수 있지만 실상은 분리되어 있지 않다. 4중의 나머지 면에 관한 명쾌한 논의는 이 장의 범위에서 벗어난다. Swanton 2013을 참조할 것.

7. 규칙과 관련해 옳고 그름을 아는 것과는 다른 사이코패스의 정서적 결손에 관해서는 Bloom (2013:33-40) 참조.

8. 데이비드 흄의 관점에 관한 상세한 설명은 Swanton 2015c 참조.

9. 익숙함이라는 관념은 접근성 및 관련 개념을 통해 사회인지심리학에 조작화되어 있다. 간략히 이야기하면 "구조는 더 자주 활성화되거나 더 최근에 준비될수록 사회적 정보를 처리하기 위해 접근 가능성이 커져야 한다. …… 자주 활성화된 구조는 시간이 흐르면서 더 쉽게 혹은 '만성적으로' 접근 가능해져야 한다"(Lapsley and Narvaez 2005, 29). 윤리의 로고스에 대한 익숙함은 광범위한 두터운 평가적 개념에 대한 그리고 관련된 탁월성 개념에 대한 익숙함을 요구한다. 이것은 윤리적 범주가 "현저하고, 만성적으로 접근 가능하고, 쉽게 주어지고, 쉽게 활용될"(31) 수 있기 위해서이다.

10. 정서적 해석 관념에 관해서는 Roberts 2003 참조.

11. 아이리스 머독의 사유에 대한 이러한 측면에 대한 통찰은 Taylor 1996 참조.

12. 상세한 설명은 Swanton 2015b 참조.

13. 잔인한, 정의로운과 같은 일부 두터운 개념의 경우 이러한 주장에 예외가 있을 수 있다. '급진적 특수주의' 및 그것과 두터운 개념의 관계에 대한 추가적인 정보는 Dancy 2004를 보라.

14. Swanton 2015a에서 조너선 댄시의 특수주의와 양립 가능한 이러한 버전의 체계화를 지지한다.

15. 더 나아가야 한다. 두터운 개념은 찬반 평가를, 심지어 그 정도까지도 개념의 의미 중 일부로서 가질 필요가 없다. 맥락과 무관한 경어나 경멸어일 필요도 없다. Dancy 2013, 58에 음탕한(lewd)의 예가 나온다. 나는 좀더 점잖은 예인 감상적(sentimental)을 제시한다.

16. 유덕하다는 것은 충분히 유덕하다는 뜻이다. 개인은 그가 향상시킬 수 있는 덕의 역치에 도달해야 한다.

17. 흥미로운 예로서 마이클 슬로트가 예시한 스티븐 스베르들리크(Steven Sverdlik)의 악의적인 기소에 관한 논의를 생각해보라(2001, chapter 7). 스티븐 스베르들리크가 보기에 만약 기소자의 동기가 복합적이며, 그가 '규칙대로 일처리를 한다'면 악의적인 동기는 행위의 의무적인 본성에 영향을 미치지 않는다. 나는 동의한다. 기소자는 잘못된 이유로 옳은 일을 하는 것이다. 본 사례는 칸트의 정직하지만 동기가 선하지 않은 가게 주인 쪽에 더 가깝다. 반면 정의의 맥락에서 악의로 움직이는 이 악의적인 기소자가 절차를 무시한다면 그는 잘못된 동기로 잘못된 수단을 사용하는 것이며, 설사 평결이 올바르다고 해도 우리는 그의 기소가 잘못이라고 더 기꺼이 말할지 모른다. 수단의 차원들의 맥락적 현저성과 관련된 조합과 정도의 모호함, 그리고

어떤 차원에서든 과녁을 맞히려면 무엇이 필요한지를 고려하면 여기에 하나의 진실이 존재할 필요는 없다(Swanton 2010 참조).

18. 이 부분과 관련해 개릿 컬리티(Garrett Cullity)에게 감사한다.
19. the Royal Conference on Philanthropy에 발표자로 초대해준 오스틴대학과 본 학회의 청중, 논평해준 개릿 컬리티에게 감사한다. 초안을 개선한 논평과 질문에 대해 디르크 발트지(Dirk Baltzy), 대니얼 스타(Daniel Star), 개릿 컬리티, 모니크 요나스(Monique Jonas) 등 2014년 7월 캔버라에서 열린 오스트랄라시아 철학학회(the Australasian Association of Philosophy Conference)의 청중에게, 편집과 관련해 훌륭한 조언을 해준 폴 우드러프(Paul Woodruff)에게 감사한다.

3장 선의 이행과 최대선의 이행

1. 이 논문의 초고는 2015년 2월 오스틴의 텍사스대학에서 필란트로피와 철학을 주제로 열린 학회에서 발표되었다. 초고에 대한 계몽적인 논평을 써준 시난 도그라마시(Sinan Dogramaci)에게 진심으로 감사한다. 차후 원고에 대한 매우 유익한 논평을 써준 린다 에거트(Linda Eggert), 벤 색스(Ben Sachs), 특히 세런 퍼머(Theron Pummer)에게 감사한다. 논의에 활기를 불어넣어준 토미 프랜시스(Tomi Francis), 아딜 아흐마드 하케(Adil Ahmed Haque), 토머스 싱클레어(Thomas Sinclair), 티스 사우던(Thys Southan)에게도 감사한다.

4장 극심한 빈곤은 부정의한 비상사태

1. 힐러리 그리브스(Hilary Greaves), 미셸 허친슨(Michelle Hutchinson), 세런 퍼머(Theron Pummer), 폴 우드러프(Paul Woodruff)의 매우 유익한 논평에 감사한다.
2. 국제적 빈곤선은 구매력 평가(purchasing power parity)로 하루 1.25달러이다. hdr.undp.org에서 현재의 다차원적인 빈곤을 측정할 수 있다.
3. 원조가 '좋은 정책 환경'이 있는 국가에서 빈곤 완화에 긍정적인 영향을 미쳤다는 주장(Collier and Dollar 1998 참조).
4. 물론 후자—지구의 탄소흡수력—는 화석연료보다 훨씬 더 빨리 고갈될 것이다.
5. 화석연료 고갈에 대한 보상은 청정에너지로의 전환 비용 상쇄를 포함한다(Shue 2014 등 참조).
6. GiveWell, 'Some more considerations against investment in cost-effectiveness'

available at: http://blog.givewell.org/2011/11/04/some-considerations-against-more-investment-in-cost-effectiveness-estimates/ and GiveWell, 'Why we can't take expected value estimates literallly (even when they are unbiased)', available at: http://blog.givewell.org/2011/08/18/why-we-cant-take-expected-value-estimates-literally-even-when-theyre-unbiased/.

7. 엘리자베스 크립스(Elizabeth Cripps 2013)는 이런 의무를 '약하게 집단적인(weakly collective)' 의무로 묘사한다. 우리가 잠재적인 집합체의 구성원으로서 지닌 의무라는 것이다. 그는 인간중심적 기후변화로 인한 해악을 방지할 의무에 초점을 맞추고 있다.
8. 이러한 응답을 정리해준 힐러리 그리브스에게 감사한다.

5장 자기충실성 및 정체성과 자선단체의 선택

1. 피터 싱어는 다른 지면에서 이 전제를 지지했다. 예를 들어 그는 〈뉴욕 타임스〉 사설에서 과립성결막염의 확산 방지에 기부할 수 있는데도 박물관에 기부금을 내는 것에 반대한다(Singer 2013 참조).
2. 피터 싱어의 논증에서 공리의 최대 증가는 식량, 주거지, 의료 부족으로 인한 고통의 감소를 통해 가능하다고 추정된다. 만약 온실가스 감축 활동을 벌이는 등 공리가 더 큰 단체에 기부해 더 많은 선을 행할 수 있다면 다른 선택지 대신 그런 단체에 기부해야 한다는 것이다(Singer 2013 참조).
3. 물론 공리주의는 궁극적으로 행위의 결과에 주목하므로 행위가 정말로 공리를 극대화한다면 그는 행위의 바탕이 되는 추론에 과도하게 신경쓰지는 않을 것이다. 현재 상태로는 여느 행위자도 다양한 가능성을 고려할지 모르지만 그래도 결국은 식량, 주거, 의료 부족이 야기하는 고통과 죽음의 감소를 목표로 하는 단체에 기부하기로 결정한다. 이 추론에 대한 공리주의적 우려의 중심에는 그 결정의 취약성이 있을 것이다. 이번에는 다른 결정이 내려졌을 수도 있으므로 다음에는 추론이 달라질(즉 그릇되게 될) 수도 있다는 것이다.
4. 내가 논증한다면 관용의 덕 및 공동체 개념에 더 집중할 것이다. 그럼에도 결론은 매우 비슷하다.
5. 그는 예시들을 제시한 직후 행위자들의 추론에 집중한다는 것을 분명히 하면서 이 문제가 "단순히 해답의 옳음이나 명백함의 문제"가 아니라고 밝힌다. "답을 찾는 과정에 어떤 종류의 고려사항이 포함되는지의 문제이기도 하다"(Williams 1973, 99).
6. 부언하자면 나는 이 글을 쓰면서 동료에게 이 사례를 논문에 써도 되는지 물어보았으며, 내 추측이 맞았음을 알게 되었다.

7. 한 가지 관련된 우려는 그 방향이 다르다. 정체성을 강조하는 것은 여러 면에서 실망스러울 수도 있다. 예를 들어 동물권에 신경을 쓰는 사람들은 이 대의명분을 위해 적극적으로 행동하기를 원하지만, '비건(vegan)'이 되기 위한 필요한 신념의 수준을 알게 되면 압도당할 수도 있다. 이런 경우 정체성은 고기와 동물성 가공식품을 덜 먹기와 같은 해당 대의명분을 위한 더 작은 행위들을 좌절시키는 역할을 한다. 내가 제안하는 방식으로 정체성을 보는 것도 이런 우려를 피하는 데 도움이 된다.
8. 이것은 놀랍지 않은데 'LGBTQ 앨라이'는 분명 누군가 가지고 있을 수 있는 정체성이기 때문이다.
9. 이것은 정체성과 덕의 관계에 관한 흥미로운 의문을 제기한다. 나는 여기서 이 관계를 길게 설명할 생각은 없지만, 정체성이 일종의 예시되거나 특정화된 덕인 것 같다고 생각한다. 예를 들어 환경주의자나 헌신적인 반인신매매 활동가가 되는 것은 정의에 근거한, 정의를 위한 행위방식처럼 보인다.
10. 물론 앞의 정체성 개념 설명을 고려하면(신념을 가지고 그것을 위해 행동하기) 어떤 정체성은 자의적일 수 있다. 자의적으로 무엇인가를 중시하고 그것을 위해 행위하게 하는 정체성은 그렇다. 그러나 데이비드 포스터 월리스를 언급한 것은 우리가 정체성에 통제력을 행사할 수 있음을 보여주기 위해서이다. 우리는 세상을 보고 행위할 방식을 선택함에 있어 그런 정체성을 창조하고 유지할 수 있다.
11. 나는 인류 역사의 다른 시점에서 그것이 더 쉽거나 어려웠다고 주장하려는 것이 아니다. 현재의 수많은 사람들에게 매우 어렵다고 이야기하려는 것뿐이다.
12. 더 최근의 논의인 〈모니스트(The Monist)〉(86, no. 3, 2003)는 도덕적 거리라는 문제에 집중했다. 이 문제에 대해 더 자세히 언급하지는 않겠다. 시민됨과 크게 관련이 없다고 생각하기 때문이다.
13. 만약 클라크가 잠시 스몰빌에서 사는 것이므로 그 지역의 공동체를 중시하지 않는다면 이 명분을 고려하지 않아도 거의 문제가 되지 않을 것이다. 정체성에 반해 행위하는 것이 아니기 때문이다. 그러나 그는 공동체와 그것의 목표를 중시해야 할 이유가 있으므로 그가 공동체 행사에 참여하고 자신의 지역에 자부심을 가지고 있음을 고려하면, 해당 이유를 고려하지 않는 것은 스몰빌 주민으로서 상당한 실패가 될 것이다.
14. 나는 토마스 아퀴나스가 설명한 충실(piety)을 아퀴나스가 생각한 것 이상으로 확장되기는 했지만 따르고 있다. 그가 생각하는 충실은 공평하게 되갚을 수 없는, 즉 우리 존재라는 빚에 대응하는 것이다. 그의 관점에서 보면 우리는 먼저 신에게, 다음은 부모와 국가에 충실을 빚지고 있다. 나는 이 개념을 확장해 공평하게 완전히 되갚을 수 없는 다른 빚들도 포함시켰는데, 여기에서는 교육과 관련된 빚이다(Aquinas 1485, Ⅱ-Ⅱ, Q.101 참조).

15. 현재 교육의 상품화로 인해 이 예시와 관련해 다소 문제가 발생한다. 교육과 관련된 일부 사례들에서는 특별히 충실의 빛이 없다. 교육이 학생들이 돈을 주고 사는 상품과 매우 흡사하게 취급 또는 실시되기 때문이다. 그러나 나는 이 예시가 금전을 추구하는 상품 교환을 초월한 교육의 한 사례임을 분명히 하고자 했다. 그래도 미심쩍다면 보이스카우트나 걸스카우트로 인해 혜택을 받는 사람이나 관련 명분에 기부하는 사람을 떠올려보기 바란다.

16. 한 가지는 이 챌린지의 허영 지향적 본질과 관련되어 있지만, 이 주제는 다음 기회에 다른 지면에서 논하고자 한다.

17. ALS재단(2015)은 이미 아이스버킷챌린지를 매년 실시하기로 결정했다.

18. 실용적이고 구체적인 제안 하나. 이런 종류의 대규모 모금 캠페인을 실시하는 단체는 홈페이지의 '자주 하는 질문' 코너에 다른 신념을 가진 사람들은 어떤 이유에서든 마음 편히 다른 단체에 기부하라고 명시해두는 것은 어떨까. 나아가 캠페인에 동참하면서도 기부는 다른 곳에 하는 사람들을 홍보하며 이러한 결정에 대한 암묵적인 지지를 표명하는 것도 좋을 듯하다. 해당 단체의 이익이 줄어들어 사업상으로는 나쁜 결정이겠지만 좋은 자선단체(여러 면에서 기업과는 크게 다른)가 되는 데에는 정말 괜찮은 행보가 될 것 같다.

19. 이 장은 'the University of Texas Royal Ethics Conference of 2015'의 발표자들 및 참석자들의 유익한 논평을 바탕으로 수정되었다.

6장 기부는 지나친 요구가 아니다

1. 데릭 파핏(Derek Parfit 1984, 4)이 서술했듯이 "모든 이론에서 행복과 쾌락은 적어도 우리의 삶을 더 좋게 만드는 것의 가장 큰 원인이고, 괴로움과 고통은 적어도 우리의 삶을 악화시키는 가장 작은 원인이다. 타당한 객관적 목록 이론이라면 그렇게 주장할 것이다. …… 모든 이론에서 쾌락주의 이론은 최소한 진실의 일부이다."

7장 후기 : 정의와 자선 기부

1. 칸트([1797] 1996, [6.453] 202)는 자애와 선행을 구분한다. "자애는 타자의 행복에서 만족감을 느끼는 것이다." 이것은 "우리로 하여금 아무런 대가도 치르게 하지 않는" 반면, **선행**은 의무이며 행위를 요구한다. 이것은 "대가를 바라지 않으면서 자신의 형편에 따라 타자의 행복을 추구하는 것이다."

2. 이 의무를 인정하는 조지타운대학의 예를 생각해보라(Swarns 2016).
3. 칸트([1797] 1996, [6.390] 153-154)의 넓은 의무와 좁은 의무 구분 참조. 그의 불완전한 의무와 완전 의무의 구분과 흡사하다. 철학자들은 이 구분을 이해할 수 있는 방식을 두고 의견을 달리했다. 이 장에서 나는 완전성을 정도의 문제로 보았다. 훔친 물건을 돌려줘야 할 의무는 도둑의 의무가 빚진 양과 대상 모두에 있어 명시적이므로 완전 의무이다. 그러나 오랜 세월에 걸쳐 발생한 구조적 부정의를 보상할 의무는 복합적이다. 빚진 대상은 명확할 수도 있지만—착취를 당한 이들 또는 그들의 후손—빚의 크기는 명확하지 않다.
4. 수혜자를 희생시켜 기부자의 자존감을 향상시킬 때처럼 기부가 실제로 부정의에 해당하는 경우들이 있을 수 있다.
5. 이 쟁점에 관해서는 이 책에 나오는 엘리자베스 애슈퍼드의 세심한 논증을 보라.
6. 이 책에서 브랜던 보쉬는 성(聖)토마스 아퀴나스를 따라 이것을 정의의 빚이 아닌 충실의 빚으로 보고 있다.
7. 나는 공정한 몫에 대한 논증이 정의에 관한 것이라고 보고 있다. 존 롤스(John Rawls 1999, 98, 297-298)는 다르다. 롤스의 상호부조 의무는 (그의 표현에 따르면) 자연적 의무이지 책무가 아니다. 롤스에 대한 로버트 노직(Robert Nozick 1974, 93-94)의 반론 참조.
8. 지역적 기부에 관해서는 피터 싱어(2010, 15-16)를, 기부 전반에 관해서는 이 책의 윌리엄 매캐스킬(William MacAskill)과 그의 동료들의 글을 보라. 효율적 이타주의에 대한 강력한 옹호론은 윌리엄 매캐스킬(2015) 참조.
9. 다른 선원의 도움을 절대로 받지 않기로 결심하고 구조 의무를 꺼리는 사람은 무임승차자일까? 나는 그렇다고 본다. 그는 결국 아주 오래된 해상의 관습을 수용하게 될 것이므로.
10. 피터 싱어(1972)의 강한 원칙: "비슷한 도덕적 중요성이 있는 것을 희생시키지 않는 한 나쁜 일이 일어나지 않도록 요구한 강한 버전은 실제로 스스로를 한계 효용 수준까지 격하시키라고 요구하는 것처럼 보인다. 나는 이 강한 버전이 올바른 것 같다. 나는 더 온건한 버전을 제안했는데—도덕적으로 중요한 무언가를 희생해야 하지 않는다면 나쁜 일이 일어나지 않게 막아야 한다—그렇게 한 유일한 이유는 결코 부인할 수 없는 이 원칙조차 따르려고 하면 삶의 방식을 크게 바꿔야 한다는 것을 보여주기 위해서였다. 이 더 온건한 원칙에 따르면 스스로를 한계 효용의 수준까지 격하시키는 일은 발생하지 않을 수도 있다. 누군가는 자신과 가족을 이 수준까지 격하시키는 것이 상당히 나쁜 일의 발생 원인이 된다고 생각할지도 모르기 때문이다. 이것이 사실인지에 대해서는 논하지 않겠다. 앞에서 언급했듯이 나는 강한 버전이 아니라 온건한 버전의 원칙을 고수해야 할 타당한 이유를 전혀 찾을 수 없기 때문이

다." 내가 이야기하고 싶은 것은 호혜성이—똑같은 것이 아니라—더 큰 도덕적 중요성이 있는 것을 희생하라고 요구할지도 모른다는 것이다.

11. "지나친 위험이나 대가 없이"라는 표현의 의미에 많은 것이 달려 있다. 피터 싱어(1972)의 온건한 제안에서는 "도덕적으로 중요한 것을 희생시키지 않고"라는 뜻이다.
12. 물에 빠진 아이와 관련한 피터 싱어(1972; 2010, 3)의 의견 참조. 그의 '기본 논증'(2010, 15-16)은 돕지 않는 것은 잘못이라는 결론으로 이어진다. 대체로 공리 행위주의자들은 예상되는 최상의 결과를 약속하는 잠재적 행위를 선택하지 않는 것이 잘못이라고 생각한다. 효율적 이타주의운동은 공리주의와 노골적으로 제휴하지는 않지만 이러한 경우들에서 도덕적 직관에 의지한다. 피터 싱어(2010, 4)를 보라. 피터 싱어의 효율적 이타주의는 다양한 가치를 고려한다(2015, 8-9). 그러나 윌리엄 매캐스킬(2015, 31-32)은 결과주의적 추론에 노골적으로 호소한다.
13. 이 주제에 관해 더 읽어보려면 줄리 살라몬(Julie Salamon 2003)과 주디스 릭턴버그(Judith Lichtenberg 2014) 등을 보라. 이외에도 일링워스(Ilingworth)와 그의 동료(2011), 칼 진스마이스터(Karl Zinsmeister 2016)를 보라.

참고문헌

1장 필란트로피 기부의 의무와 선택 - 칸트주의적 관점

Baron, Marcia (1995). *Kantian Ethics (Almost) without Apology*. Ithaca, NY: Cornell University Press.

Baron, Marcia (2015). "The Supererogatory and Kant's Imperfect Duties." In Mark Timmons and Robert Johnson (eds.), *Reason, Value, and Respect: Themes from the Philosophy of Thomas E. Hill, Jr.* Oxford: Oxford University Press, 215-231.

Baron, Marcia and Melissa Seymour Fahmy (2009) "Beneficence and Other Duties of Love in *The Metaphysics of Morals*." In Thomas E. Hill Jr. (ed.), *The Blackwell Guide to Kant's Ethics*. Oxford: Wiley-Blackwell, 211-228.

Cummiskey, David (1996). *Kantian Consequentialism*. New York: Oxford University Press.

Dancy, Jonathan (2004). *Ethics without Principles*. Oxford: Oxford University Press.

Herman, Barbara (2007). "Making Room for Character." In Barbara Herman (ed.), *Moral Literacy*. Cambridge, UK: Cambridge University Press, 1-28.

Hill, Thomas E., Jr. (1971). "Kant on Imperfect Duty and Supererogation." *Kant-Studien* 62 (1-4): 55-76. Reprinted in Thomas E. Hill Jr. (1992), *Dignity and Practical Reason in Kant's Moral Theory*. Ithaca, NY: Cornell University Press, 157-177.

Hill, Thomas E., Jr. (1972). "The Kingdom of Ends." In Lewis White Beck (ed.), *Proceedings of the Third International Kant Congress*. Dordrecht: Reidel. Reprinted in Thomas E. Hill Jr. (1992), *Dignity and Practical Reason in Kant's Moral Theory*. Ithaca, NY: Cornell University Press, 58-66.

Hill, Thomas E., Jr. (1999). "Happiness and Human Flourishing in Kant's Ethics." *Social Philosophy and Policy* 16 (1): 143-175. Reprinted in Thomas E. Hill Jr. (2002), *Human Welfare and Moral Worth*. New York: Oxford University Press, 182-191.

Hill, Thomas E., Jr. (2002). "Meeting Needs and Doing Favors." In Thomas E. Hill Jr. (ed.), *Human Welfare and Moral Worth*. Oxford: Oxford University Press, 201-243.

Hill, Thomas E., Jr. (2012). *Virtues, Rules, and Justice: Kantian Aspirations*. Oxford: Oxford University Press.

Hill, Thomas E., Jr. (2016). "Human Dignity and Hard Choices." *Proceedings and Addresses of the American Philosophical Association* 89, 74-94.

Kant, Immanuel (1996). *The Metaphysics of Morals*. Edited by Mary Gregor. Cambridge, UK: Cambridge University Press.

Kant, Immanuel (1997a). An Answer to the Question: What Is Enlightenment? In *Practical Philosophy*. Translated and edited by Mary Gregor. Cambridge, UK: Cambridge University Press, 11-22.

Kant, Immanuel (1997b). *Critique of Practical Reason*. Edited by Mary Gregor. Cambridge, UK: Cambridge University Press.

Kant, Immanuel (2003). *Groundwork for the Metaphysics of Morals*. Translated and edited by Thomas E. Hill Jr. and ArnulfZweig. Oxford: Oxford University Press.

Rawls, John (1999). *A Theory of Justice*. Cambridge, MA: Harvard University Press.

Slote, Michael (1992). *From Morality to Virtue*. New York: Oxford University Press.

Urmson, J. O. (1958). "Saints and Heroes." In A. I. Melden (ed.), *Essays in Moral Philosophy*. Seattle: University of Washington Press, 198-216.

2장 덕윤리, 두터운 개념, 선행의 역설

Angle, Sten C. (2009). *Sagehood: The Contemporary Significance of Neo-Confucian Philosophy*. Oxford: Oxford University Press.

Annas, Julia. 2011. *Intelligent Virtue*. Oxford: Oxford University Press.

Anscombe, G. E. M. 1958 "Modern Moral Philosophy." Reprinted (1997) in Roger Crisp and Michael Slote (eds.), *Virtue Ethics*. Oxford: Oxford University Press, 26-44.

Baron, Marcia (1995). *Kantian Ethics Almost without Apology*. Ithaca, NY: Cornell University Press.

Bloom, Paul (2013). *The Origins of Good and Evil*. New York: Crown.

Broackes, Justin (2012). Introduction in Justin Broackes (ed.), *Iris Murdoch,*

Philosopher: A Collection of Essays. Oxford: Oxford University Press, 1-92.

Chang, Ruth (2009). "Voluntarist Reasons and the Sources of Normativity." In David Sobel and Steven Wall (eds.), *Reasons for Action*. Cambridge, UK: Cambridge University Press, 243-271.

Crisp, Roger (2013). "Supererogation and Virtue." In Mark Timmons (ed.), *Normative Ethics*, vol. 3. Oxford: Oxford University Press, 13-34.

Cullity, Garrett (2000). "Pooled Beneficence." In Michael J. Almeida (ed.), *Imperceptible Harms and Benefits*. Dordrecht: Kluwer, 9-42.

Dancy, Jonathan (1993). *Moral Reasons*. Oxford: Blackwell.

Dancy, Jonathan (2004). *Ethics without Principles*. Oxford: Clarendon Press.

Dancy, Jonathan (2013). "Practical Concepts." In Simon Kirchin (ed.), *Thick Concepts*. Oxford: Oxford University Press, 44-59.

Foot, Philippa (1985). "Utilitarianism and the Virtues." *Mind* 94 (374): 196-209.

Gadamer, Hans-Georg (1989). *Truth and Method*. Translated by Joel Weinsheimer and Donald G. Marshall. 2d edition. New York: Crossroad.

Glover, Jonathan and M. J. Scott-Taggart (1975). "It Makes No Difference Whether or Not I Do It." *Proceedings of the Aristotelian Society, Supplementary Volumes* 49: 171-209.

Golob, Sacha. (2014). *Heidegger on Concepts, Freedom and Normativity*. Cambridge: Cambridge University Press.

Haidt, Jonathan (2013). *The Righteous Mind: Why Good People Are Divided by Politics and Religion*. London: Penguin Books.

Heidegger, Martin (1982). *Basic Problems of Phenomenology*. Translated by Albert Hofstadter. Revised edition. Bloomington: Indiana University Press.

Heidegger, Martin (1994). *Basic Questions of Philosophy*. Translated by Richard Rojcewicz and Andre Schuwer. Bloomington: Indiana University Press.

Heidegger, Martin (1995). *The Fundamental Concepts of Metaphysics*. Translated by W. McNeill and N. Walker. Bloomington: Indiana University Press.

Hofmann, Wilhelm, Daniel C. Wisnieski, Mark J. Brandt, and Linda J. Skitka (2014). "Morality in Everyday Life." *Science* 345 (6202): 1340-1343.

Hurley, S. L. (1989). *Natural Reasons: Personality and Polity*. New York: Oxford University Press.

Hurley, Susan (1985). "Objectivity and Disagreement." In Ted Honderich (ed.), *Morality and Objectivity: A Tribute to J. L. Mackie*. New York: Routledge, 54-97.

Hursthouse, Rosalind (1999). *On Virtue Ethics*. Oxford: Oxford University Press.

Jones, Karen (2012). "Trustworthiness." *Ethics* 123 (1): 61-85.

Lapsley, Daniel K. and Darcia Narvaez (2005). "Moral Psychology at the Crossroads." In Daniel K. Lapsley and F. Clark Power (eds.), *Character Psychology and Character Education*. Notre Dame, IN: University of Notre Dame Press, 18-35.

Little, Margaret Olivia (2000). "Moral Generalities Revisited." In Brad Hooker and Margaret Olivia Little (eds.), *Moral Particularism*. Oxford: Clarendon Press, 276-304.

McDowell, John (1994). *Mind and World*. Cambridge, MA: Harvard University Press.

McDowell, John (1995). "Two Sorts of Naturalism." In Rosalind Hursthouse, Gavin Lawrence, and Warren Quinn (eds.), *Virtues and Reasons: Philippa Foot and Moral Theory*. Oxford: Clarendon Press, 149-179.

McDowell, John (2007). "What Myth?" *Inquiry* 50 (4): 338-351.

Nefsky, Julia (2015). "Fairness, Participation and Collective Harm." In Mark Timmons (ed.), *Oxford Studies in Normative Ethics*, vol. 5. Oxford: Oxford University Press, 245-271.

Nietzsche, Friedrich (1976). "Thus Spoke Zarathustra." In Walter Kaufmann (ed. and trans), *The Portable Nietzsche*. New York: Penguin, 103-439.

Parfit, Derek (1984). *Reasons and Persons*. Oxford: Oxford University Press.

Peterson, Christopher and Martin E. P. Seligman (2004). *Character Strengths and Virtues: A Handbook and Classification*. Cary, NC: Oxford University Press.

Raz, Joseph (2002). *Engaging Reason: On the Theory of Value and Action*. Oxford: Oxford University Press.

Roberts, Debbie (2011). "Shapelessness and the Thick." *Ethics* 121 (3): 489-520.

Roberts, Debbie (2013). "It's Evaluation, Only Thicker." In Simon Kirchin (ed.), *Thick Concepts*. Oxford: Oxford University Press, 78-96.

Roberts, Robert C. (2003). *Emotions: An Essay in Aid of Moral Psychology*. Cambridge, UK: Cambridge University Press.

Slote, Michael (2001). *Morals from Motives*. Oxford: Oxford University Press.

Stangl, Rebecca (2016). "Neo-Aristotelian Supererogation." *Ethics* 126 (2): 339-365.

Sverdlik, Steven (2011). *Motive and Rightness*. Oxford: Oxford University Press.

Swanton, Christine (2003). *Virtue Ethics: A Pluralistic View*. Oxford: Oxford

University Press.
Swanton, Christine (2010). "Virtue Ethics and the Problem of Moral Disagreement." *Philosophical Topics* 38 (2), 157-180.
Swanton, Christine (2014). "The Notion of the Moral: The Relation between Virtue Ethics and Virtue Epistemology." *Philosophical Studies* 171 (1), 121-134.
Swanton, Christine (2015a). "A Particularist but Codifiable Virtue Ethics." In Mark Timmons (ed.) *Normative Ethics*, vol 5. Oxford: Oxford University Press, 38-63.
Swanton, Christine (2015b). "Pluralistic Virtue Ethics." In Lorraine Besser-Jones and Michael Slote (eds.), *The Routledge Comparison to Virtue Ethics*. New York: Routledge, 209-221.
Swanton, Christine (2015c). *The Virtue Ethics of Hume and Nietzsche*. New York: Wiley-Blackwell.
Taylor, Charles (1996). "Iris Murdoch and Moral Philosophy." In Maria Antonaccio and William Schweiker (eds.), *Iris Murdoch and the Search for Human Goodness*. Chicago: University of Chicago Press, 3-28.
Thomas, Alan (2006). "Consequentialism, Integrity, and Demandingness." In Timothy Chappell (ed.), *The Problem of Moral Demandingness: New Philosophical Essays*. London: Palgrave Macmillan, 123-147.
Urmson, J. O. (1958). "Saints and Heroes." In A. I. Melden (ed.), *Essays on Moral Philosophy*. Seattle: University of Washington Press, 198-216.
Walker, Lawrence and Karl Hennig (2004). "Differing Conceptions of Moral Exemplarity: Just Brave and Caring." *Journal of Personality and Social Psychology* 93, 845-860.
Wall, John (2005). *Moral Creativity: Paul Ricoeur and the Poetics of Possibility*. Oxford: Oxford University Press.
Williams, Bernard (1985). *Ethics and the Limits of Philosophy*. London: Fontana.
Williams, Bernard (1995). "What Does Intuitionism Imply?" In *Making Sense of Humanity and Other Philosophical Papers*. Cambridge, UK: Cambridge University Press, 182-191.
Zagzebski, Linda (2010). "Exemplarist Virtue Theory." In Heather Battaly (ed.), *Virtue and Vice: Moral and Epistemic*. New York: Wiley-Blackwell, 39-55.

3장 선의 이행과 최대선의 이행

Horton, Joe (2017). "The All or Nothing Problem." *Journal of Philosophy* 114 (2): 94-104.

Kagan, Shelly (1989). *The Limits of Morality*. Oxford: Clarendon Press.

Parfit, Derek (1982). "Future Generations: Further Problems." *Philosophy and Public Affairs* 11 (2) : 113-172.

Pummer, Theron (2016). "Whether and Where to Give." *Philosophy and Public Affairs* 44 (1): 77-95.

Toobin, Jeffrey (2008). "Rich Bitch: The Legal Battle over Trust Funds for Pets." *The New Yorker*, September: 38-47.

4장 극심한 빈곤은 부정의한 비상사태

Acemoglu, Daron (2015). "The Logic of Effective Altruism." *Boston Review*, July/August. https://bostonreview.net/forum/logic-effective-altruism/daron-acemoglu-response-effective-altruism.

Barry, Christian and Sanjay G. Reddy (2008). *International Trade and Labor Standards: A Proposal for Linkage*. New York: Columbia University Press.

Basu, Kaushik (1999). "Child Labor: Cause, Consequence and Cure, with Remarks on International Labor Standards." *Journal of Economic Literature* 37 (3): 1083-1119.

Clough, Emily (2015). "Effective Altruism's Political Blind Spot." *Boston Review*, July. http://bostonreview.net/world/emily-clough-effective-altruism-ngos.

Collier, Paul (2007). *The Bottom Billion: Why the Poorest Countries Are Failing and What Can Be Done about It*. Oxford: Oxford University Press.

Collier, Paul and D. Dollar (1998). "Aid Allocation and Poverty Reduction." *World Bank Research Papers*. http://www.worldbank.org/research/aid/background/toc.htm.

Cripps, Elizabeth (2013). *Climate Change and the Moral Agent: Individual Duties in an Interdependent World*. Oxford: Oxford University Press.

Davarajan, S, D. Dollar, and T. Holmgren (2001). *Aid and Reform in Africa*. Washington, DC: World Bank.

Deaton, Angus (2015). "The Logic of Effective Altruism." *Boston Review*, July/

August. https://bostonreview.net/forum/logic-effective-altruism/angus-deaton-response-effective-altruism.

De Waal, Alex (1997). *Famine Crimes: Politics and the Disaster Relief Industry in Africa*. Oxford: James Currey.

Farmer, Paul (2005). *Pathologies of Power: Health, Human Rights, and the New War on the Poor*. Berkeley: University of California Press, 2005.

Gabriel, Iason (2017) "Effective Altruism and Its Critics." *Journal of Applied Philosophy* 34 (4): 457-473.

GiveWell, "Some More Considerations Against Investment in Cost-effectiveness." http://blog.givewell.org/2011/11/04/some-considerations-against-more-investment-in-cost-effectiveness-estimates/

GiveWell, "Why We Can't Take Expected Value Estimates Literally (Even When They Are Unbiased)." http://blog.givewell.org/2011/08/18/why-we-cant-take-expected-value-estimates-literally-even-when-theyre-unbiased/.

Hattori, Tomohisa (2003). "The Moral Politics of Foreign Aid." *Review of International Studies* 29 (2): 229-247.

Kahn, Beth (2016). "Poverty, Injustice and Obligations to Take Political Action." In Helmut Gaisbauer, Gottfried Schweiger, and Clemens Sedmak (eds.), *Ethical Issues in Poverty Alleviation*. Switzerland: Springer.

Kirk, Martin (2012). "Beyond Charity: Helping NGOs Lead a Transformative New Public Discourse on Global Poverty and Social Justice." *Ethics International Affairs* 26 (2): 245-263.

Kuper, Andrew (2002). "More Than Charity: Cosmopolitan Alternatives to the 'Singer Solution.'" *Ethics and International Affairs* 16 (2): 107-128.

MacAskill, William (2015). *Doing Good Better: Effective Altruism and a Radical New Way to Make a Difference*. London: Faber & Faber.

Miller, David (2007). *National Responsibility and Global Justice*. Oxford: Oxford University Press.

Parfit, Derek (1984). *Reasons and Persons*. Oxford: Oxford University Press.

Pogge, Thomas. 2008. *World Poverty and Human Rights: Cosmopolitan Responsibilities and Reforms*. 2d edition. Cambridge, UK: Polity Press.

Reuter, Peter (ed.) (2012). *Draining Development? Controlling Flows of Illicit Funds from Developing Countries*. Washington, DC: World Bank.

Rubenstein, Jennifer (2015a). *Between Samaritans and States: The Political Ethics of*

Humanitarian INGOs. Oxford: Oxford University Press.
Rubenstein, Jennifer (2015b). "The Logic of Effective Altruism." *Boston Review*, July/August. https://bonstonreview.net/forum/logic-effective-altruism/jennifer-rubenstein-response-effective-altruism.
Staz, Debra (2010). *Why Some Things Should Not Be for Sale: The Moral Limits of Markets*. Oxford: Oxford University Press.
Shue, Henry (1996). *Basic Rights*. 2d edition. Princeton, NJ: Princeton University Press.
Shue, Henry (2014). *Climate Justice: Vulnerability and Protection*. Oxford: Oxford University Press.
Singer, Peter (1972). "Famine, Affluence and Morality." *Philosophy & Public Affairs* 1 (1): 229-243.
Singer, Peter (2015a). "The Logic of Effective Altruism." *Boston Review*, July/August. https://bonstonreview.net/forum/logic-effective-altruism/peter-singer-reply-effective-altruism-responses.
Singer, Peter (2015b). *The Most Good You Can Do: How Effective Altruism Is Changing Ideas about Living Ethically*. London: Yale University Press.
Srinivasan, Amia (2015). "Stop the Robot Apocalypse: Review of *Doing Good Better: Effective Altruism and a Radical New Way to Make a Difference*, by William MacAskill." *London Review of Books* 37 (18): 3-6.
Steiner, H., P. Alston, and R. Goodman (1996). *International Human Rights in Context: Law, Politics, Morals*. Oxford: Oxford University Press.
Tumber, Catherine (2015). "The Logic of Effective Altruism." *Boston Review*, July/August. https://bostonreview.net/forum/logic-effective-altruism/catherine-tumber-response-effective-altruism.
United Nations Development Programme. 1996. *Human Development Report*. New York: Oxford University Press.
Weiss, Thomas G. (1998). "Principles, Politics and Humanitarian Action." *Humanitarianism and War Project*. http://hwproject.tufts.edu/publications/electronic/e_ppaha.html.
Wenar, Lief (2011). "Poverty Is No Pond: Challenges for the Affluent." In Patricia Illingworth, Thomas Pogges, and Lief Wenar (eds.), *Giving Well: The Ethics of Philanthropy*. Oxford: Oxford University Press.
Wenar, Lief (2016). *Blood Oil: Tyrants, Violence, and the Rules That Run the World*.

Oxford: Oxford University Press.

5장 자기충실성 및 정체성과 자선단체의 선택

Adeyeri, Ed, Simon Skinner, Lauren Ingram, Joe Edwards, and Warren Johnson (2014). "Ice Bucket Challenge: What Are the Lessons for Marketers?" *The Guardian*, August 27. http://www.theguardian.com/media-network/media-network-blog/2014/aug/27/ice-bucket-challenge-lessons-marketing.

ALS Association (2014). "The ALS Association Expresses Sincere Gratitude to Over Three Million Donors." Press release. http://www.alsa.org/news/media/press-releases/ice-bucket-challenge-082914.html.

ALS Association (2015). "The ALS Ice Bucket Challenge Is Back This August." Press release. http://www.alsa.org/news/media/press-releases/als-ice-bucket-challenge-is-back.html.

Aquinas, Thomas (1485). *Summa Theologica. New Advent*. http://www.newadvent.org/summa/3101.htm.

Aristotle [1999]. *Nichomachean Ethics*. Translated by Terrence Irwin. Indianapolis, IN: Hackett.

Galifianakas, Zach (2014). "Between Two Ferns with Zach Galifianakas: President Barack Obama." *YouTube*. https://www.youtube.com/watch?v=UnW3xkHxIEQ.

Hutcheson, Francis (1990). "An Inquiry concerning Moral Good and Evil." In D. D. Raphael (ed.), *British Moralists 1650-1800*. Indianapolis, IN: Hackett, 280-283.

Muscular Dystrophy Association (2015). "MDA Telethon Ends Historic Run, Urgent Fight for Families Continues." Press release. https://www.mda.org/mda-telethon-ends-historic-run-urgent-fight-for-families-continues.

Singer, Peter (2009). *The Life You Can Save*. New York: Random House.

Singer, Peter (2013). "Good Charity, Bad Charity." *New York Times*, August 10. http://www.nytimes.com/2013/08/11/opinion/sunday/good-charity-bad-charity.html.

Smith, Mychal Denzel (2013). "The Case against 'Allies.'" *Feministing*. http://feministing.com/2013/10/01/the-case-against-allies/.

Unger, Peter (1996). *Living High and Letting Die*. New York: Oxford.

Wallace, David Foster (2009). *This Is Water: Some Thoughts, Delivered on a*

Significant Occasion, about Living a Compassionate Life. New York: Little, Brown.
Williams, Bernard (1973). "A Critique of Utilitarianism." In *Utilitarianism: For and Against*. New York: Cambridge University Press, 75-150.

6장 기부는 지나친 요구가 아니다

Aknin, Lara, Michael Norton, and Elizabeth Dunn (2009). "From Wealth to Wellbeing? Money Matters, but Less Than People Think." *Journal of Positive Psychology* 4: 523-527.
Aknin, Lara et al. (2010). "Prosocial Spending and Wellbeing: Cross-Cultural Evidence for a Psychological Universal." Working Paper 11-038. Harvard Business School, Cambridge, MA.
Boyd, Norman et al. (1990). "Whose Utilities for Decision Analysis?" *Medical Decision Making* 10: 58-67.
Braithwaite, R. Scott et al. (2008). "What Does the Value of Modern Medicine Say about the $50,000 per Quality-Adjusted Life-Year Decision Rule?" *Medical Care* 46: 349-356.
Bruckner, D. (2009). "In defense of Adaptive Preferences." *Philosophical Studies* 142: 307-324.
Charities Aid Foundation (2015). "UK Giving 2014." April. https://www.cafonline.org/docs/default-source/about-us-publications/caf-ukgiving2014.
Diener, Ed and Robert Biswas-Diener (2002). "Will Money Increase Subjective Wellbeing? A Literature Review and Guide to Needed Research." *Social Indicators Research* 57: 119-169.
Diener, Ed et al. (2010). "Wealth and Happiness across the World: Material Prosperity Predicts Life Evaluation, Whereas Psychosocial Prosperity Predicts Positive Feeling." *Journal of Personality and Social Psychology* 99: 52-61.
Dunn, Elizabeth, Lara Aknin, and Michael Norton (2008). "Spending Money on Others Promotes Happiness." *Science* 319: 1687-1688.
Dunn, Elizabeth, Daniel Gilbert, and Timothy Wilson (2011). "If Money Doesn't Make You Happy Then You Probably Aren't Spending It Right." *Journal of Consumer Psychology* 21: 115-125.
Easterlin, Richard (2001). "Income and Happiness: Towards a Unified Theory."

Economic Journal 111: 465-484.
Food and Agriculture Organization (2015). *State of Food Insecurity in the World: Meeting the 2015 International Hunger Targets. Taking Stock of Uneven Progress.* http://www.fao.org/3/a-i4646e.pdf.
Gilbert, Daniel et al. (1998). "Immune Neglect: A Source of Durability Bias in Affective Forecasting." *Journal of Personality and Social Psychology* 75: 617-638.
GiveWell (2015). "Cost-Effectiveness Analysis of LLIN Distribution." http://www.givewell.org/files/DWDA percent202009/Interventions/GiveWell_ cost-effectiveness_analysis_2015.xlsx.
Giving Institute (2017). "Giving USA 2017 Highlights: An Overview of Giving in 2016." https://store.givingusa.org/products/giving-usa-2017-report-highlights
Hooker, Brad (2009). "The Demandingness Objection." In Tim Chappell (ed.), *The Moral Problem of Demandingness: New Philosophical Essays.* New York: Palgrave, 148-162.
Kagan, Shelly (1989). *The Limits of Morality.* Oxford: Oxford University Press, 231-270.
Kahneman, Daniel (1999). "Objective Happiness." In Daniel Kahneman, Ed Diener, and Norbert Schwarz (eds.), *Wellbeing: The Foundations of Hedonic Psychology.* New York: Russell Sage, 3-25.
Kahneman, Daniel et al. (2006). "Would You Be Happier If You Were Richer? A Focusing Illusion." *Science* 312: 1908-1910.
MacAskill, William (2015). *Doing Good Better: How Effective Altruism Can Help You Help Others, Do Work that Matters, and Make Smarter Choices about Giving Back.* New York: Penguin.
National Institute for Health Care Excellence (2014). *Developing NICE Guidelines: The Manual.* https://www.nice.org.uk/article/pmg20/.
Nussbaum, Martha (2001). "Adaptive Preferences and Women's Options." *Economics and Philosophy* 17: 67-88.
Organisation for Economic Co-operation and Development (2015). "Development Aid Stable in 2014 but Flows to Poorest Countries Still Falling." http://www.oecd.org/dac/stats/development-aid-stable-in-2014-but-flows-to-poorest-countries-still-falling.htm.
Parfit, Derek (1984). *Reasons and Persons.* Oxford: Oxford University Press.
Sackett, Daniel and George Torrance (1978). "The Unility of Different Health States

as Perceived by the General Public." *Journal of Chronic Diseases* 31:697-704.

Shiffrin, Seanna (1991). "Moral Autonomy and Agent-Centred Options." *Analysis* 5: 244-254.

Singer, Peter (1972). "Famine, Affluence, and Morality." *Philosophy & Public Affairs* 31: 229-243.

Slote, Michael (1985). *Common-sense Morality and Consequentialism*. London: Routledge and Kegan Paul.

Social Security Administration (2014). "Measures of Central Tendency for Wage Data." https://www.ssa.gov/oact/cola/central.html.

Stevenson, Betsey and Justin Wolfers (2013). "Subjective Wellbeing and Income: Is There Any Evidence of Satiation?" *American Economic Review* 103: 598-604.

Stone, Arthur, Saul Shiffman, and Marten deVries (1999). "Ecological Momentary Assessment." In Daniel Kahneman, Ed Diener, and Norbert Schwarz (eds.), *Wellbeing: The Foundations of Hedonic Psychology*. New York: Russell Sage, 26-39.

Tengs, Tammy O. et al. (1995). "Five-Hundred Life-Saving Interventions and Their Cost-Effectiveness." *Risk Analysis* 15: 369-390.

UNdata (2015). "Somalia." http://data.un.org/CountryProfile.aspx?crName=somalia.

UNICEF (2015). "Levels and Trends in Child Mortality Report 2015: Estimates Developed by the UN Inter-agency Group for Child Mortality Estimation." http://www.who.int/maternal_child_adolescent/documents/levels_trends_child_mortality_2015/en/.

UNESCO (2014). "Adult and Youth Literacy." *UIS Fact Sheet* 29. http://unesdoc.unesco.org/images/0022/002295/229504e.pdf.

UNESCO (2015). *Education for All 2000-2015: Achievements and Challenges*. Paris: United Nations Educational, Scientific and Cultural Organization.

Williams, Bernard (1973). "A Critique of Utilitarianism." in J. J. C. Smart and Bernard Williams, *Utilitarianism: For and Against*. Cambridge, UK: Cambridge University Press, 77-150.

Wilson, Timothy and Daniel Gilbert (2005). "Affective Forecasting: Knowing What to Want." *Current Directions in Psychological Science* 14, 131-134.

World Bank (2015). "World Policy Research Note No. 3: Ending Extreme Poverty and Sharing Prosperity. Progress and Policies." http://www.worldbank.org/en/research/brief/policy-research-note-03-ending-extreme-poverty-and-sharing-prosperity-progress-and-policies.

World Health Organization and UNICEF (2015). *Progress on Sanitation and Drinking Water: 2015 Update and MDG Assessment*. New York: UNICEF.
World Value Survey Group (1994). *World Values Survey, 1981-1984 and 1990-1993*. Ann Arbor, MI: Institute for Social Research, ICPSR.

7장 후기 : 정의와 자선 기부

Ilingworth, Patricia, Thomas Pogge, and Lief Wenar (2011). *Giving Well: The Ethics of Philanthropy*. New York: Oxford University Press.
Ivanhoe, P. (2000). *Confucian Self-Cultivation*. 2d edition. Indianapolis, IN: Hackett.
Kant, I. ([1797] 1996). *The Metaphysics of Morals*. Edited by Mary Gregor. Cambridge, UK: Cambridge Texts in the History of Philosophy.
Lichtenberg, Judith (2014). *Distant Strangers: Ethics, Psychology, and Global Poverty*. Cambridge, UK: Cambridge University Press.
MacAskill, W. (2015). *Doing Good Better: How Effective Altruism Can Help You Make a Difference*. New York: Gotham Books.
Nozick, Robert (1974). *Anarchy, State, and Utopia*. New York: Basic Books.
Rawls, John (1971). *A Theory of Justice*. Cambridge, MA: Harvard University Press.
Rawls, John (1999). *A Theory of Justice*. 2d edition. Cambridge, MA: Harvard University Press.
Salamon, Julie (2003). *Rambam's Ladder: A Meditation on Generosity and Why It Is Necessary to Give*. New York: Workman.
Singer, Peter (1972). "Famine, Affluence, and Morality." *Philosophy and Public Affairs* 1 (1), https://www.utilitarian.net/singer/by/1972.
Singer, Peter (2010). *The Life You Can Save*. New York: Random House.
Singer, Peter (2015). *The Most Good You Can Do: How Effective Altruism Is Changing Ideas about Living Ethically*. New Haven, CT: Yale University Press.
Swarns, Rachel L. (2016). "Georgetown University Plans Steps to Atone for Slave Past." New York Times, September 1. http://www.nytimes.com/2016/09/02/us/slaves-georgetown-university.html?_r=0.
Zinsmeister, Karl (2016). *What Comes Next? How Private Givers Can Rescue America in an Era of Political Frustration*. Washington, DC: Philanthropy Roundtable.

찾아보기

기부의 윤리학

초판 1쇄 인쇄 2022년 2월 28일
초판 1쇄 발행 2022년 3월 8일

지은이 폴 우드러프, 엘리자베스 애슈퍼드, 브랜던 보쉬, 토마스 E. 힐 주니어, 윌리엄 매캐스킬,
제프 맥머핸, 안드레아스 모겐센, 토비 오드, 크리스틴 스완턴
옮긴이 강선정 | 감수자 양옥경

편집 박민애 정소리 김윤하 | 디자인 신선아 이주영 | 마케팅 배희주 김선진
브랜딩 함유지 함근아 김희숙 정승민 | 저작권 박지영 이영은 김하림
제작 강신은 김동욱 임현식 | 제작처 영신사

펴낸곳 (주)교유당 | 펴낸이 신정민
출판등록 2019년 5월 24일 제406-2019-000052호

주소 10881 경기도 파주시 회동길 210
전화 031.955.8891(마케팅) | 031.955.2692(편집) | 031.955.8855(팩스)
전자우편 gyoyudang@munhak.com

인스타그램 @gyoyu_books | 트위터 @gyoyu_books | 페이스북 @gyoyubooks

ISBN 979-11-92247-02-1 03330

* 교유서가는 (주)교유당의 인문 브랜드입니다.